Aus guter Familie: Leidensgeschichte eines Mädchens

Gabriele Reuter

Nabu Public Domain Reprints:

You are holding a reproduction of an original work published before 1923 that is in the public domain in the United States of America, and possibly other countries. You may freely copy and distribute this work as no entity (individual or corporate) has a copyright on the body of the work. This book may contain prior copyright references, and library stamps (as most of these works were scanned from library copies). These have been scanned and retained as part of the historical artifact.

This book may have occasional imperfections such as missing or blurred pages, poor pictures, errant marks, etc. that were either part of the original artifact, or were introduced by the scanning process. We believe this work is culturally important, and despite the imperfections, have elected to bring it back into print as part of our continuing commitment to the preservation of printed works worldwide. We appreciate your understanding of the imperfections in the preservation process, and hope you enjoy this valuable book.

Aus guter Familie

Leidensgeschichte eines Mädchens
von
Gabriele Reuter

Achtzehnte Auflage

S. Fischer, Verlag, Berlin
1908

Alle Rechte
insbesondere das der Übersetzung
vorbehalten.

Erster Teil

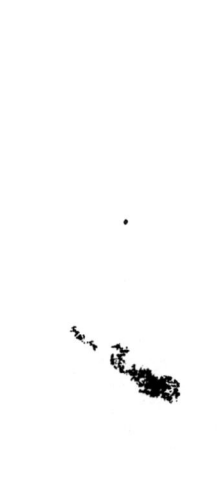

I.

Breit und hell fiel ein Strahl der Frühlingssonne durch das verstaubte Bogenfenster einer Dorfkirche. Er durchschnitt als warmer, glänzender Streifen die graue Dämmerung und verlor sich hinter weißem Gitter in den schattig-feuchten Tiefen des Pfarrstuhles, den mehrere festlich gekleidete Herren und Damen besetzt hatten. Mitten in der Lichtbahn stand die Konfirmandin vor dem Altar. Das kleine Kreuz auf ihrer Brust glühte gleich einem überirdischen Symbol, und wie ein Kranz weltlicher Herrlichkeit flimmerte, von tausend Goldfunken durchsprüht, das braune Haar über dem rosenroten, thränenbetauten, feierlichen Kindergesicht.

Sie stand ganz allein an dem heiligen Orte, durchschauert von der Bedeutung des Augenblicks — bangend, das Gelübde auszusprechen, das auf ihren Lippen schwebte und sie für ein Leben der Wahrheit und der Heiligung unwiderruflich verpflichten sollte.

Hinter ihr, zwischen den schmalen Holzbänken, hörte sie das Gepolter einiger niederknieenden Tagelöhnerkinder, die bereits die Einsegnung empfangen hatten. Agathe wünschte plötzlich mit krankhafter Heftigkeit, unter den peinlich glattgekämmten und rotgeseiften Köpfen, den ungeschickten Gestalten dort sich verbergen, sich an der Gemeinschaft mit ihnen stärken zu können.

Ihr Herz wollte sein Schlagen aussetzen, eine Furcht ergriff sie, ein Schwindel, indem sie auf die Kniee sank und den Kopf mit dem Gefühl neigte, es müsse in der nächsten Minute ihr Dasein, das froh empfundene Dasein, gegen einen Zustand von fremder Schauerlichkeit, voll erhabener Schmerzen und beklemmender Wonnen eingetauscht werden.

Ueber sich hörte Agathe die sanfte, ernstfeierliche Stimme des Geistlichen die Frage an sie richten: ob sie dem Teufel, der Welt und allen ihren Lüsten entsagen, ob sie Christo angehören und ihm folgen wolle. In süßer Schwermut hauchte sie „ja", fühlte die Berührung der segnenden Hände auf ihrem Haupte und versuchte mit gewaltsamer Anstrengung, alle ihre Sinne einzutauchen in die Anbetung der ewigen Gottheit — des Herrn, der über ihr schwebte.

Aber sie vernahm das Rauschen ihres eigenen seidenen Kleides; ein gerührtes Flüstern und unterdrücktes Schluchzen drang aus dem Pfarrstuhl, wo ihre Eltern saßen, zu ihren Ohren; sie hörte ein Gesangbuch irgendwo polternd zur Erde fallen und eine gemurmelte Entschuldigung — sie lauschte auf die falschen Töne, die der Küster bei seiner leisen Orgelbegleitung griff — sie mußte an ein Buch denken, an eine anstößige Stelle, die sie verfolgte .. Thränen quollen unter ihren gesenkten Lidern hervor, krampfhaft falteten sich ihre Hände, auf den schwarzen Handschuhen sah sie die Thränentropfen nasse Flecke bilden — sie konnte nicht beten ...

Nicht in dieser Stunde? Nicht während weniger Sekunden konnte sie Gott allein angehören? Und sie hatte geschworen, für ihr ganzes Leben dem Irdischen abzusagen! Sie hatte einen Meineid geleistet — eine untilgbare Sünde begangen! Mein Gott, mein Gott, welche Angst!

Versuchte der Teufel sie? Es gab doch einen Teufel. Sie fühlte ganz deutlich, wie er in ihrer Nähe war und sich freute, daß sie nicht beten konnte. Lieber Gott, verlaß mich doch nicht! — Vielleicht kam die Prüfung über sie, weil sie in der Beichte, die sie hatte niederschreiben und dem Geistlichen überreichen müssen, nicht aufrichtig gewesen .. Hätte sie sich so entsetzlich demütigen sollen .. das bekennen? Nein — nein — nein — das war ganz unmöglich. Lieber in die Hölle!

Der Schweiß brach ihr aus, so peinigte sie die Scham.

Das konnte sie doch nicht aufschreiben. Tausendmal lieber in die Hölle!

... Jetzt nicht daran denken ... Nur nicht denken. Wie war es denn anzustellen, um Macht über das Denken zu bekommen? Sie dachte doch immer .. Alles war so geheimnisvoll schrecklich bei diesem christlichen Glaubensleben. Sie wollte es ja annehmen .. Und sie hatte ja auch gelobt — nun mußte sie — da half ihr nichts mehr!

Mit einem unerträglichen Zittern in den

Knieen begab das Mädchen sich an ihren Platz zurück. Der Gesang der Gemeinde und das Spiel der Orgel schwollen stärker an, während der Geistliche die Vorbereitungen zum Abendmahl traf, aus der schöngeformten Kanne Wein in den silbernen Kelch goß und das gestickte Leinentuch von dem Teller mit den heiligen Oblaten hob.

Das Licht der hohen Wachskerzen flackerte unruhig. Agathe schloß geblendet die Augen vor dem hellen Sonnenschein, der die Kirche durchströmte, und in dem Milliarden Staubatome wirbelten. War die Himmelssonne nur dazu da, alles Verborgene zu schrecklicher Klarheit zu bringen?

In stumpfem Erstaunen hörte sie neben sich zwei ihrer Mitkonfirmandinnen leise flüstern — flachsköpfige Mädchen, die einen Duft von schlechter Pomade um sich verbreiteten.

„Wiesing — wo is Dien Modder?"

„Sei möt uns' lütt' Kalf börnen."

„Ju! Hewet et ji all? Dat's fin! Dat kunnst mi ok glief vertellen!"

„Klock Twelf hat's de Bleß bracht. Wie sünd all die Nacht in'n Stall west!"

Wie konnte man über so etwas in der Kirche reden, dachte Agathe. Ein Zug hochmütiger Mißachtung bewegte ihre Mundwinkel. Sie wurde ruhiger, sicherer im Gefühl ihres heißen Wollens. Eine Müdigkeit — eine Art von seliger Ermattung beschlich sie bei dem Gesange jenes alten mystischen Abendmahlsliedes:

Freue dich, o liebe Seele,
Laß die dunkle Sündenhöhle,
Komm ans helle Licht gegangen,
Fange herrlich an zu prangen.

Denn der Herr voll Heil und Gnaden
Will dich jetzt zu Gaste laden,
Der den Himmel kann verwalten
Will jetzt Zwiesprach' mit dir halten.

Eile, wie Verlobte pflegen,
Deinem Bräutigam entgegen,
Der da mit dem Gnadenhammer
Klopft an deines Herzens Kammer.

Oeffn' ihm deines Geistes Pforten,
Red' ihn an mit süßen Worten:
Komm, mein Liebster, laß dich küssen,
Laß mich deiner nicht mehr missen.

Nun war es nicht der erhabene Gott-Vater, der das Opfer forderte, nicht mehr der heilige Geist, der unbegreiflich-furchtbare, der mit den Gluten des ewigen Feuers seinen Beleidigern droht, der niemals vergiebt — jetzt nahte der himmlische Bräutigam mit Trost und Liebe.

„Wer da unwürdig isset und trinket, der sei verdammt" — heißt es zwar auch hier. Aber über das Mädchen kam eine frohe Zuversicht. Vor ihr inneres Auge trat Jesus von Nazareth, wie ihn die Kunst, wie ihn Tizian gebildet hat, in seiner schönen, jungen Menschlichkeit — ihn hatte sie lieb . . Ein schmachtendes Begehren nach der geheimnisvollen Vereinigung mit ihm durchzitterte die Nerven des jungen Weibes. Der starke Wein rann feurig durch ihren erschöpften Körper — ein sanftes, zärtliches und doch entsagungs-

volles Glück durchbebte ihr Innerstes — sie war
würdig befunden, seine Gegenwart zu fühlen.

* * *

Auch Agathes Eltern, ihr Bruder, ihr Onkel,
und die Frau des Predigers, in dessen Hause sie
seit einigen Monaten lebte, nahmen das Abendmahl, um sich in Liebe dem Kinde zu verbinden.
Darum hatte der Geistliche zuerst seine ländlichen
Konfirmanden und deren Angehörige absolviert
und dann die Tochter des Regierungsrates und
ihre Familie zum Tisch des Herrn treten lassen.
So stand denn Agathe umgeben von all denen,
die ihr die nächsten waren auf dieser Welt.

Gleichgültig sahen die mürrischen alten
Bauern, die schläfrigen Knechte, voll Neugier aber
die Pächter- und Taglöhnerfrauen dem Gebaren
der Fremden zu. Der stattliche Herr mit dem
Orden, der den hohen Hut im Arm trug, konnte
eine Bewegung in seinen Zügen trotz der würdevollen Haltung nicht verbergen. Er wandte seinen
Kopf zur Seite, um mit der Fingerspitze eine
leichte Feuchtigkeit von den Wimpern zu entfernen. Das vermerkten die Frauen mit Genugthuung. Und dann weckte das schwarze Atlaskleid
und der Spitzenumhang der Mutter leise geraunte Bewunderung. Die Regierungsrätin selbst
jedoch hatte die Empfindung, ihr Kleid wirke aufdringlich in dieser bescheidenen Umgebung, und
als sie zum Altar trat, hielt sie die Schleppe

ängstlich und verlegen an sich gedrückt, dabei weinte sie und seufzte von Zeit zu Zeit tief und schmerzlich. Als die Gemeinde den letzten Vers sang, stahlen sich ihre Finger nach Agathes Hand und drückten sie krampfhaft. Kaum war der Gottesdienst zu Ende, so umarmte Frau Heidling ihre Tochter mit einer Art von kummervoller Leidenschaft, die wenig für die Gelegenheit zu passen schien, und murmelte mehrere Mal unter Thränen: mein Kind, mein süßes, geliebtes Kind! — ohne mit ihrem Segenswunsch zu Ende gelangen zu können.

Doch die bewegte Mutter durfte das Kind nicht an ihrem Herzen behalten. Der Vater verlangte nach ihr, Onkel Gustav, Bruder Walter, Frau Pastor Kandler — alle wollten ihre Glückwünsche darbringen. Ein jeder gab dabei noch an der Kirchthür dem Mädchen ein wenig Anleitung, wie sie sich dem kommenden Leben gegenüber als erwachsener Mensch zu verhalten habe.

Sie hörte mit verklärtem Lächeln auf dem verweinten Gesichtchen alle die goldenen Worte der Liebe, der älteren Weisheit. So schwach fühlte sie sich, so hilfsbedürftig und so bereit, jedermann zu Willen zu sein, alles zu beglücken, was in ihre Nähe kam. Sie war ja selbst jetzt so glücklich!

Ihr Bruder, der Abiturient, lief aufmerksam nochmals in die Kirche zurück, ihr vergessenes Bouquet zu holen, während alle anderen sich auf den Weg zum Pfarrhaus begaben. Agathe wartete auf ihn, sah ihn dankbar an und legte den Arm in den seinen. So folgten sie den Eltern.

„Verzeihe mir auch alle meine Ungefälligkeiten," murmelte Agathe demütig dem Abiturienten zu. Walter errötete und brummte etwas Unverständliches, indem er sich vor Verlegenheit von der Schwester losriß.

„Na, Jochen, — was macht der Braune?" schrie er dem Pastorskutscher zu, setzte mit Anlauf und geschicktem Turnersprung über einen auf dem sonnenbeglänzten Hof stehenden Pflug hinweg und verschwand mit Jochen in der Stallthür. Agathe ging allein ins Haus. Es waren einige Pakete für sie gekommen, die man ihr vorenthalten hatte, um sie am Morgen vor der heiligen Handlung nicht zu zerstreuen. Nur das schöne Kreuz an seiner goldenen Kette hatte Papa ihr beim Frühstück um den Hals gelegt. Jetzt durfte sie sich wohl schon ein wenig der Neugier auf die Geschenke von Verwandten und Freundinnen hingeben.

In der niedrigen, an diesem Frühlingstage noch etwas kellerig-kühlen guten Stube des Pfarrhauses erquickten sich die Erwachsenen an Wein und kleinen Butterbrötchen. Agathe verspürte keinen Hunger. Sie setzte sich eifrig mit ihren Paketen auf den Teppich, riß an den Siegeln, schlug sich mit den Packpapieren herum. Ihre Wangen brannten glühendrot, die Finger zitterten ihr.

„Aber, Agathe, zerschneide doch nicht all die

guten Bindfaden," mahnte ihre Mutter. „Wie Du immer heftig bist!"

„Wenn ein Mädchen geduldig Knoten lösen kann, so bekommt es einen guten Mann," ergänzte die Pastorin aus dem Nebenzimmer, wo der Eßtisch gedeckt wurde.

„Ach, ich will gar keinen Mann!" rief Agathe lustig, und ritsch — ratsch flogen die Hüllen herunter.

„Na — verschwör's nicht, Mädel," sagte der dicke Onkel Gustav und guckte mit listigem Lächeln hinter seinem Gläschen Marsala hervor. „Von heute ab mußt Du ernstlich an solche Sachen denken."

„Das wollt' ich mir verbeten haben," fiel die Regierungsrätin ihm ins Wort; den Ton durchklang das Siegesbewußtsein, welches die Mütter sehr junger Töchter erfüllt: Kommt nur, ihr Freier ihr ... heiraten soll mein Kind schon — aber wer von Euch ist eigentlich gut genug für sie?

„Rückerts Liebesfrühling!" schrie Agathe da plötzlich laut auf und schwenkte ein kleines rotes Büchelchen so entzückt in der Luft, daß alles um sie her in Gelächter ausbrach.

„Zur Konfirmation? Etwas früh!" bemerkte Papa verwundernd und tadelnd.

„Gewiß von Eugenie?" fragte die Regierungsrätin; sie antwortete sich selbst: „Natürlich — das ist ganz wie Eugenie."

Inzwischen kam der Inhalt eines zweiten Paketes zu Tage.

"Gerok's Palmblätter — von der guten Tante Malvine," berichtete Agathe diesmal ruhiger mit andächtiger Pietät.

"Ach — das wonnige Armband! Gerade solches hab' ich mir gewünscht! Eine Perle in der Mitte! Nicht wahr, Mama, das ist doch echt Gold?" Sie legte es gleich um ihr Handgelenk. Knips! sprang das Schlößchen zu.

"— Und hier wieder ein Buch! Der prachtvolle Einband! Des Weibes Leben und Wirken als Jungfrau, Gattin und Mutter ... Von wem denn nur? Frau Präsident Dürnheim. Wie freundlich! — Nein, aber wie freundlich! Sieh doch nur, Mama! Das Weib als Jungfrau, Gattin und Mutter mit Illustrationen von Paul Thumann und anderen deutschen Künstlern!"

"Nein — nein — wie ich mich aber freue!"

Agathe sprang mit einem Satz vom Teppich auf und tanzte vor ausgelassenem Glück in der Stube zwischen den gelben und braunen Papieren herum; die losen Löckchen auf ihrer Stirn, die Kette und das Kreuz auf ihrer Brust, der Liebesfrühling und das Weib als Jungfrau, Gattin und Mutter, das sie beides zärtlich an sich drückte — alles hüpfte und tanzte mit.

Die erwachsenen Leute auf dem Sofa und in den Lehnstühlen lächelten wieder. Wie reizend sie war! Ach ja — die Jugend ist etwas Schönes!

Endlich fiel Agathe ganz außer Atem bei ihrer Mutter nieder, warf ihr all ihre Schätze in den

Schoß und rieb wie ein vergnügtes Hündchen den braunen Kopf an ihrem Kleide.

„Ach — ich bin ganz toll," sagte sie beschämt, als Mama leise ihr Haupt schüttelte. Agathe fühlte ein schlechtes Gewissen, weil Pastor Kandler gerade jetzt eintrat. Er hatte den Talar abgelegt und trug seinen gewöhnlichen Hut in der Hand.

„Du gehst noch aus?" fragte seine Frau erschrocken.

„Ja — wartet nicht auf mich mit dem Essen. Ich muß doch bei Groterjahns gratulieren — ich höre, daß ihre Familie durch ein Kälblein vermehrt worden ist," sagte er mit der gutmütigen Ironie des resignierten Landgeistlichen, der längst erfahren hat, daß er die Dorfleute nur durch sein persönliches Interesse für ihre materiellen Sorgen fügsam zur Anhörung der christlichen Heilslehre macht. „Ich bestelle also Wiesing zu heut Abend herauf —, Du wolltest doch wohl selbst mit ihr sprechen, liebe Cousine?" fragte er die Regierungsrätin.

„Ja — wenn das Mädchen Lust hätte, in die Stadt zu ziehen, möchte ich es schon einmal mit ihr versuchen," antwortete diese.

Agathe saß bei Tisch vor einem Teller, der mit gelben Schlüsselblumen umkränzt war, zwischen Vater und Mutter. Der Konfirmandin gegenüber hatte Pastor Kandler seinen Platz, neben ihm leuchtete Onkel Gustavs rosiges Gesicht aus den blonden Bartkoteletten über der weißen vorgesteckten Serviette. Die Pastorin war von dem Regierungsrat geführt worden. Unten, zwischen der Jugend, saß eine alte Näherin, die stets das Osterfest im Pfarrhause zuzubringen pflegte. Nach jedem Gang zog sie ihr Messer zwischen den Lippen hindurch, um ja nichts von den prächtigen Speisen und der nahrhaften Sauce zu verlieren. Walter fühlte sich in seiner Abiturientenwürde sehr gekränkt, weil man ihm die zahnlückige Person als Nachbarin gegeben hatte, und es war ihm fatal, daß er nicht recht wußte, ob es schicklicher von ihm sein würde, sie anzureden oder ihre Gegenwart einfach zu übersehen. Die Regierungsrätin warf gleichfalls unbehagliche Blicke auf die alte Flickerin, denn sie dachte, ihr Mann möchte vielleicht an deren Gegenwart Anstoß nehmen.

Aber auf den Regierungsrat Heidling wirkte sie nur sanft belustigend. Er war ja ganz im Klaren darüber, daß er sich unter naiven, weltfremden Leutchen befand. Mit wohlüberlegter Absicht hatte er seine Tochter nicht im Kreise ihrer Freundinnen bei dem Modeprediger in M. konfirmieren lassen, sondern bei dem bescheidenen Vetter seiner Gattin. Er schätzte eine positive Frömmigkeit an dem weiblichen Geschlecht. Für den deutschen Mann die Pflicht — für die deutsche Frau der Glaube und die Treue.

Daß der Fonds von Religion, den er Agathe durch die Erziehung mitgegeben, niemals aufbringlich in den Vordergrund des Lebens treten durfte, verstand sich bei seiner Stellung und in den Verhältnissen der Stadt ebenso von selbst, wie das Tischgebet und die alte Flickerin hier in dem pommerschen Dörfchen an ihrem Platz sein mochten. „Luise" von Voß fiel ihm ein — in jungen Jahren hatte er das Buch einmal durchgeblättert. Es that seiner Tochter gut, diese Idylle genossen zu haben. Agathe war frisch und stark und rosig geworden in dem stillen Winter, bei den Schlittenfahrten über die beschneiten Felder, in der klaren, herben Landluft. Sein Kind hatte ihm nicht gefallen, als es aus der Pension kam. Etwas Zerfahrenes, Eitles, Schwatzhaftes war ihm damals an ihr aufgefallen. Nur das nicht! Er stellte ideale Forderungen an die Frau.

Unwillkürlich formten sich ihm die Gedanken zu rednerischen Phrasen. Er schwieg bei den Gesprächsversuchen der Pastorin und spielte mit der gepflegten Hand an dem graublonden Bart.

Inzwischen schlug schon Pastor Kandler an sein Glas. Die Regierungsrätin zog aus Vorsicht, sobald er sich räusperte, ihr feuchtes Battisttuch — es war ihr Brauttaschentuch — hervor. Und das war gut, denn unaufhörlich tropften ihr bei seinen Worten die Thränen über das verblühte matte Antlitz, dessen Wangen eine fliegende, nervöse Röte angenommen hatten. Er sprach so ergreifend! Er rührte ihr an so vieles!

Die Grundlage der Rede bildete das Bibelwort: Alles ist euer — ihr aber seid Christi. Pastor Kandler suchte in seiner Phantasie nach einer naturwahren Beschreibung der Freuden, die das Leben einer modernen jungen Dame der feinen bürgerlichen Gesellschaft ihr zu bieten habe: in der Familie, im Verkehr mit Altersgenossinnen, durch Natur, Kunstbestrebungen und Lektüre. Er deutete auch andere Glückseligkeiten an, die ihrer warteten — denn es war nun einmal der Lauf der Welt — hold, unschuldig, wie sie da vor ihm saß, das liebe Kind, in ihrem schwarzseidenen Kleidchen, die braunen Augen aus dem weichen, hellen Gesichtchen andächtig auf ihn gerichtet — wie bald konnte sie Braut sein. Alles ist Euer! '

Aber wie soll dieses „Alles" benutzt werden? Besitzet, als besäßet Ihr nicht — genießet, als genösset Ihr nicht! — Auch der Tanz — auch das Theater sind erlaubt, aber der Tanz geschehe in Ehren, das Vergnügen an der Kunst beschränke sich auf die reine, gottgeweihte Kunst. Bildung ist nicht zu verachten — doch hüte Dich, mein Kind, vor der modernen Wissenschaft, die zu Zweifeln, zum Unglauben führt. Zügle Deine Phantasie, daß sie Dir nicht unzüchtige Bilder vorspiegele! Liebe — Liebe — Liebe sei Dein ganzes Leben — aber die Liebe bleibe frei von Selbstsucht, begehre nicht das ihre. Du darfst nach Glück verlangen — Du darfst auch glücklich sein — aber in berechtigter Weise .... denn Du bist Christi Nachfolgerin, und Christus starb am Kreuz! Nur wer das Irdische ganz überwunden hat, wird durch die dornenumsäumte Pforte eingehen zur ewigen Freude — zur Hochzeit des Lammes!

Agathe mußte wieder sehr weinen. Aufs Neue erfaßte sie das ängstigende Bewußtsein, welches sie durch alle Konfirmandenstunden begleitete, ohne daß sie es ihrem Seelsorger zu gestehen wagte: sie begriff durchaus nicht, wie sie es anzustellen habe, um zu genießen, als genösse sie nicht. Oft schon hatte sie sich Mühe gegeben, dem Worte zu folgen. Wenn sie sich mit den Pastorsjungen im Garten schneeballte, versuchte sie, dabei an Jesum zu denken. Aber bedrängten die Jungen sie ordentlich, und sie mußte sich nach allen Seiten wehren, und die Lust wurde so recht toll — dann vergaß sie den Heiland ganz und gar. — Schmeckte ihr das Essen recht gut — und sie hatte jetzt immer einen ausgezeichneten Appetit — sollte sie da thun, als ob es ihr nicht schmeckte? Aber das wäre ja eine Lüge gewesen.

Wahrscheinlich hatte sie das Geheimnis des Spruches noch gar nicht verstanden. Ach — sie fühlte sich der Gemeinschaft gereifter Christen recht unwürdig! Aber es war doch wunderhübsch, nun konfirmiert zu sein — und es war auch an der Zeit, sie wurde doch schon siebzehn Jahre alt.

Hatte der Pastor dem Kinde seine Verantwortung als Himmelsbürgerin klar zu machen gesucht, so begann der Vater Agathe nun die Pflichten der Staatsbürgerin vorzuhalten.

Denn das Weib, die Mutter künftiger Geschlechter, die Gründerin der Familie, ist ein wichtiges Glied der Gesellschaft, wenn sie sich ihrer

Stellung als unscheinbarer, verborgener Wurzel recht bewußt bleibt.

Der Regierungsrat Heidling stellte gern allgemeine, große Gesichtspunkte auf. Sein Gleichnis gefiel ihm.

„Die Wurzel, die stumme, geduldige, unbewegliche, welche kein eigenes Leben zu haben scheint und doch den Baum der Menschheit trägt..."

In diesem Augenblick wurde noch ein Geschenk für Agathe abgegeben. Der Landbriefträger hatte es als Dank für das am Morgen erhaltene reichliche Trinkgeld trotz des Feiertages von der kleinen Bahnstation herübergebracht.

„Ach nein! — Das schickt Mani!" sagte Agathe und wurde rot. „Er hatte es versprochen, aber ich dachte, er würde es vergessen."

„Dein Vetter Martin, von dem Du so viel erzählst?" erkundigte sich die Pastorin neugierig.

Agathe nickte, in glücklichen Erinnerungen verstummend.

Herweghs Gedichte. — — Und die Sommerferien bei Onkel August in Bornau — der sonnenbeschienene Rasen, auf dem sie gelegen und für die glühenden Verse geschwärmt hatte, die Martin so prachtvoll deklamieren konnte... Wie sie sich mit ihm begeisterte für Freiheit und Barrikadenkämpfe und rote Mützen — für Danton und Robert Blum.... Agathe schwärmte dazwischen auch für Barbarossa und sein endliches Erwachen...

Sie hatte Martin seitdem noch nicht wiedergesehen. Er diente jetzt sein Jahr. Ach, der gute, liebe Junge.

Agathe war zu beschäftigt, das Buch aufzuschlagen und ihre Lieblingsstellen nachzulesen, um zu bemerken, daß eine peinliche Stille am Tische entstanden war.

Als sie emporsah, begegnete ihr Blick dem von verhaltenem Lachen ins Breite gezogenen Gesicht von Onkel Gustav, der sich eifrig mit dem Oeffnen einer Champagnerflasche beschäftigte. Pastor Kandler stand auf, ging schweigend um den Tisch herum und nahm ihr den Herwegh aus der Hand. Er trat zu dem Regierungsrat und zeigte ihm hier und da eine Stelle. Beide Herren machten ernste Mienen. Es lag etwas Unangenehmes in der Luft.

„Daß der Bengel noch so dumm wäre, hätte ich ihm doch nicht zugetraut," brach der Regierungsrat ärgerlich los.

„Mein liebes Kind," sagte Pastor Kandler beschwichtigend zu Agathe, „ich denke, wir heben Dir das Buch auf und bitten Vetter Martin, es gegen ein anderes umzutauschen. Es giebt ja so viele schöne Lieder, die für junge Mädchen geeigneter sind und Dir besser gefallen werden."

Agathe war ganz blaß geworden.

„Ich hatte mir Herweghs Gedichte gewünscht," stieß sie ehrlich heraus.

„Du kanntest wohl das Buch nicht?" fragte ihr Vater mit derselben beängstigenden Milde, die des Pastors Vorschlag begleitete. Man wollte sie an ihrem Konfirmationstage schonen, aber es war sicher — sie hatte etwas Schreckliches gethan!

„Doch!" sagte sie eilig und leise und setzte noch schüchterner hinzu: „Ich fand sie schön!"

„Du wirst einige gekannt haben," entschuldigte Pastor Kandler. Sein Blick haftete eindringlich auf ihr. Sollte das sanfte Kind ihn mit ihrer innigen Hingabe an das Christentum getäuscht haben? Woher plötzlich dieser Geist des Aufruhrs?

„Was gefiel Dir denn besonders an diesen Gedichten?" prüfte er vorsichtig.

„Die Sprache ist so wunderschön," flüsterte das Mädchen verlegen.

„Hast Du Dir nie klar gemacht, daß diese Verse mit manchem, was ich Dich zu lehren versuchte, in Widerspruch stehen?"

„Nein — ich dachte, man sollte für seine Ueberzeugung kämpfen und sterben!"

„Gewiß, mein Kind, für eine gute Ueberzeugung. Aber für eine thörichte, verderbliche Ueberzeugung soll man doch wohl nicht kämpfen?"

Agathe schwieg verwirrt.

Vater und Seelsorger sprachen mit einander.

„Das sind doch besorgliche Symptome," sagte der Regierungsrat. „Ich verstehe meinen Neffen absolut nicht! In des Königs Rock! Geradezu unerhört!"

„Ich glaube, wir brauchen die Sache nicht so ernst zu nehmen," meinte Pastor Kandler, mit seinem stillen, ironischen Lächeln den Regierungsrat betrachtend. „Die Jugend hat ja schwache Stunden, wo ein berauschendes Gift wohl eine Wirkung thut, die bei gesunder Veranlagung schnell vorübergeht. Das wissen wir ja alle aus Erfahrung!" Er legte das anstößige Buch beiseite und ging auf seinen Platz zurück.

„Wäre den Herrschaften nicht ein Stückchen Torte gefällig?" fragte die Pastorin freundlich.

Onkel Gustav ließ von einer Champagnerflasche, die er mit weitläufiger Feierlichkeit behandelte, weil sie seine Beisteuer zum Feste war, den Pfropfen mit einem Knall in die darüber gehaltene Gabel springen. Die beiden Pastorsjungen jauchzten über das Kunststück, der schäumende Wein floß in die Gläser, man erhob sich und stieß an. Der Schatten, den die blutdürstige Revolutionslust der Konfirmandin auf die Gesellschaft geworfen, war der alten, stillbewegten Heiterkeit gewichen. Nur in Agathes braunen Augen war noch etwas Sinnendes zurückgeblieben. Onkel Gustav klopfte dem Nichtchen begütigend die volle Wange und rief dabei mit seinem jovialen Lachen:

„Vorläufig doch mehr Blüte als Wurzel!"

Dann flüsterte er Agathe ins Ohr: „Dummes Ding — Geschenke von netten Vettern packt man doch nicht vor versammelter Tischgesellschaft aus!"

Leider war Onkel Gustav selber ein Familienschatten. Er hatte keine Grundsätze und brachte es deshalb auch zu nichts Rechtem in der Welt. So heiratete er z. B. eine Frau, die allerlei Abenteuer erlebt hatte und sich schließlich von einem Grafen entführen ließ. Das mochten ihm die Verwandten nicht verzeihen. Agathe hatte ihn trotzdem lieb. Er war so gut; bot sich die Gelegenheit, einem Menschen in kleinen oder großen Dingen zu helfen, so fand man ihn gewiß bereit. Was er sagte, konnte freilich nicht sehr ins Gewicht fallen. Agathe blieb nachdenklich.

„Alles ist Euer," war ihr eben versichert worden, und gleich darauf nahm man ihr das Geschenk ihres liebsten Vetters fort, ohne sie auch nur zu fragen. Widerspruch wagte sie natürlich nicht. Sie hatte ja Gehorsam und demütige Unterwerfung gelobt für das ganze Leben.

* * *

Später, als die Erwachsenen in allen Sofaecken des Pfarrhauses ihr Verdauungsschläfchen hielten — man war ein bißchen heiß und müde geworden von dem reichlichen Mittagsmahl und dem Champagner — ging Agathe den breiten Gartenweg hinter dem Hause auf und nieder. Die Jungen hatten den Befehl erhalten, sie heute nicht zu stören und zum Spielen zu holen, wie sonst. Sie machten mit Walter einen Spaziergang. Die Pastorin half, ungesehen von den Gästen, der Magd in der Küche beim Tellerwaschen; von dorther tönte bisweilen ein Geklapper, sonst herrschte Stille in Hof und Garten.

Agathe hörte mit heimlichem Vergnügen ihre seidene Schleppe über den Kies rauschen, hatte die Hände gefaltet und bat den lieben Gott, er möge ihr doch nur den Aerger aus dem Herzen nehmen. Es war doch zu schrecklich, daß sie heut, am Konfirmationstage, ihrem Pastor und ihrem Vater böse war! Hier fing gewiß die Selbstüberwindung und die Entsagung an. Sie war doch noch recht dumm! Ein so gefährliches Gift für schön zu halten ... Der Anfang von Martins Lieblingsliede fiel ihr ein:

„Reißt die Kreuze aus der Erden.
Alle sollen Schwerter werden —
Gott im Himmel wirds verzeih'n"

Ja, das war schon eine fürchterliche Stelle, und auf die war Onkel Kandler gewiß gerade gestoßen. Aber doch — es lag so eine Kühnheit darin — und dann wurde der liebe Gott ja doch auch besonders um Verzeihung gebeten. Das hatte Agathe immer sehr gefallen in dem Liede.

Aber so war es fortwährend: was einem gefiel, dem mußte man mißtrauen.

Sie blickte fragend und zweifelnd gerade in den hellblauen Frühlingshimmel hinauf. Kein Wölkchen zeigte sich daran, er war unendlich heiter, und die Sonne schien warm. Es gab noch fast keinen Schatten im Garten, die goldenen Strahlen konnten überall durch die Baumzweige auf die Erde niedertanzen. Und das Singen und Jubeln der Vögel hörte nicht auf.

Schade, daß sie morgen nach der Stadt zurück

mußte, gerade nun es hier so reizend wurde — täglich schöner! Seit gestern hatte sich alles schon wieder verändert. Busch und Strauch trugen nicht mehr das Grau des Winters — wie durchsichtige bunte Schleier lag es über dem Gezweig. Trat man näher und beugte sich herzu, so sah man, daß die Farbenschleier aus tausend und abertausend kleinen Knöspchen zusammengesetzt waren. Nein, aber wie süß! Agathe ging von einem zum andern. Dunkelrot schimmerte es an den knorrigen Zweigen der Apfelbäume, die sich über den Weg streckten, grünweiß hoch oben an dem großen Birnbaum, und schneeig glänzte es schon von den losen Zweigen der sauren Kirschen. Bei den Kastanien streckten sich aus braunglänzenden klebrigen Kapseln wollige grüne Händchen neugierig heraus, und die Herlitze war ganz in helles Gelb getaucht. Der Flieder — die Hainbuche — jedes besaß seine eigene Form, seine besondere Farbe. Und das entfaltete sich hier still und fröhlich in Sonnenschein und Regen zu dem, was es werden sollte und wollte.

Die Pflanzen hatten es doch viel, viel besser als die Menschen, dachte Agathe seufzend. Niemand schalt sie — niemand war mit ihnen unzufrieden und gab ihnen gute Ratschläge. Die alten Stämme sahen dem Wachsen ihrer braunen, roten und grünen Knospenkinderchen ganz unbewegt und ruhig zu. Ob es ihnen wohl weh that, wenn die Schrecken, die Raupen und die Insekten eine Menge von ihnen zerfraßen?

Agathe streichelte leise die borkige Rinde des alten Apfelbaumes.

Sollten die Vögel vielleicht das Ausschelten übernommen haben? Das war eine komische Vorstellung, Agathe kicherte ganz für sich allein darüber. Ach bewahre — die Vögel hatten um diese Zeit schon furchtbar viel mit ihrem großen Liebesglück zu thun. Ob es wohl auch Vögel gab, die eine unglückliche Liebe hatten? Na ja — die Nachtigall natürlich! Uebrigens — ganz genau konnten das die Dichter auch nicht wissen.

Ach — wäre sie doch lieber ein Vögelchen geworden oder eine Blume!

Auf einem ganz schmalen Pfade ging Agathe endlich zum Mühlteich hinab. Er lag am Ende des Gartens, der sich vom Hause her in sanfter Senkung bis zu ihm streckte. Weil die Pastorsjungen beständig ins Wasser gefallen waren, hatte man den Weg zuwachsen lassen. Agathe mußte die Gebüsche auseinanderbiegen, um hindurch zu schlüpfen. Sie wollte Abschied von dem Bänkchen nehmen, das unten, heimlich und traulich versteckt, am Rande des Weihers stand. Im vergangenen Herbst hatte sie viel dort gesessen und gelesen oder geträumt, auch in diesem Frühling schon, in warmen Mittagsstunden.

Am linken Ufer des stillen Sees, der weiter hinaus zu einem sumpfigen Rohrfeld verlief, lag die Mühle mit ihrem überhängenden Strohdach und dem großen Rade. In der Bucht am Pfarrgarten zeigten sich auf dem Wasser kleine Nymphäen-Blätter. Im Herbst war es hier ganz bedeckt gewesen von den grünen Tellern, und darüber flirrten die Libellen. Die schleimigen Stiele der Pflanzen drängen sich sogar durch die grauen Planken des zerfallenen Bootes, welches dort im Wasser faulte.

Anfangs hegte Agathe romantische Träume über den alten Kahn: daß er draußen in Sturm und Wellen gedient — daß er das Meer gesehen habe und an Felsenklippen gescheitert sei. Die kleinen Pastorsjungen hatten sie aber mit dieser Geschichte ausgelacht. Das Boot wäre immer schon auf dem Mühlteiche gewesen, doch bei den vielen Wasserpflanzen und den Rohrstengeln könne man ja gar nicht fahren; da sei es durchs Stilleliegen allmählich ein so elendes, nutzloses Wrack geworden. Nun konnte Agathe das Boot nicht mehr leiden. Es stimmte sie traurig. Ihre junge Mädchenphantasie wurde bewegt von unbestimmten Wünschen nach Größe und Erhabenheit. Sie dachte gern an die Ferne — die Weite — die grenzenlose Freiheit, während sie an dem kleinen Teich auf dem winzigen Bänkchen saß und sich ganz ruhig verhalten mußte, damit sie nicht umschlug und damit die Bank nicht zerbrach, denn sie war auch schon recht morsch.

Plötzlich fiel Agathe die Beichte wieder ein, die sie hatte niederschreiben und ihrem Seelsorger übergeben müssen. Ihre Halbheit und Unaufrichtigkeit ... und nun wurde es ihr zur Gewißheit, die Schuld des Unfriedens, der diesen heiligen Tag störte, lag in ihr selber. Schamvoll bekümmert starrte sie in das Wasser, das auf der Oberfläche so klar und mit fröhlichen, kleinen goldenen Sonnenblitzen geschmückt erschien und tief unten angefüllt war mit den faulenden Ueberresten der Vegetation vergangener Jahre.

II.

Die Freundschaft zwischen Agathe Heidling und Eugenie Wutrow bestand schon sehr lange — seitdem sie eines Morgens mit weißen Schürzchen und neuen Tafeln und Fibelbüchern zum ersten Mal in die Schule gebracht wurden und ihre Plätze nebeneinander angewiesen bekamen. Da hatten sie die Bonbons aus ihren Zuckertüten getauscht, und nun waren sie Freundinnen. Ihre beiden Mamas schickten sie in diese kleine vornehme Privatschule, denn in der staatlichen höheren Töchterschule kamen doch immerhin Kinder von allerlei Leuten zusammen, und sie konnten leicht ein häßliches Wort oder gewöhnliche Manieren mit nach Haus bringen.

Entweder holte Agathe die kleine Wutrow zum Schulweg ab, oder Eugenie klingelte um dreiviertel auf acht Uhr bei Heidlings, wozu sie sich auf die Zehen stellen mußte, bis Mama Heidling ein Strickchen an den gelben Messingring des Glockenzuges band. Auch in ihren Freistunden steckten die Mädelchen beständig zusammen. Am liebsten war Agathe bei Eugenie, dort blieben sie ungestörter mit ihren Puppen und Bildchen und Seidenflöckchen, mit ihren Geheimnissen und ihrem endlosen Gezwitscher und Gekicher.

Das große alte Kaufmannshaus, welches

Eugenies Eltern gehörte, barg eine Unmenge von Ecken und Winkeln, köstlich zum Spielen und um sich zu verstecken. Dunkle Korridore gab es da, in denen auch bei Tage einsame Gasflammen brannten und dünnbeinige Kommis eilig an den kleinen Mädchen vorüberstrichen — hinter vergitterten, staubigen Fenstern das Komptoir, und darin saß Herr Wutrow, ein verschrumpftes, taubes, grobes Männchen, auf einem hohen Drehstuhl — ein Hof mit ungeheuren leeren Kisten und graue, schmutzige Hintergebäude, angefüllt mit einer Schar Arbeiter und Arbeiterinnen, die in kahlen Räumen Cigarren drehten. Die Fabrik — das Komptoir — die Korridore — alles roch nach Tabak. Der süßlich-scharfe Geruch drang sogar bis in die großen Wohnzimmer des Vorderhauses. Hier ließ Frau Wutrow beständig das Parquett bohnen und die Spiegelscheiben der Fenster putzen, deshalb war es immer kalt und zugig. Aber der Tabaksgeruch blieb trotzdem haften.

Auf Agathe übte das Haus, in dem alles ganz anders war als bei ihren Eltern, eine geheimnisvolle Anziehung aus. Sie fürchtete sich vor den Kommis und den Arbeiterinnen und noch mehr vor Herrn Wutrow selbst, sie hatte eine instinktive Abneigung gegen Frau Wutrow, und mit Eugenie zankte sie sich sehr oft, lief dann schluchzend nach Haus und haßte ihre Freundin. Aber Eugenie holte sie immer wieder, und alles blieb wie zuvor. Eugenie konnte niemals ordent=

lich spielen. Sie hatte ihre Puppen nicht wirklich lieb und glaubte nicht, daß es eine Puppensprache gäbe, in der Holdewina, die große mit dem Porzellankopf, und Käthchen, das Wickelkind, munter zu plaudern begannen, sobald ihre kleinen Mütter außer Hörweite waren.

Agathe verdankte ihrer Freundin verschiedene Strafpredigten, weil Eugenie sie verführte, mit ihr in allerlei Nebengassen der Stadt herumzubummeln, an den Klingeln zu reißen und dann fortzulaufen, alten Damen, die an Parterrefenstern hinter Blumentöpfen saßen, die Zunge herauszustecken und sich mit Schuljungen zu unterhalten.

Am liebsten hielt Eugenie sich in der Fabrik auf. Sie schlich sich an die Männer heran und streichelte die schmutzigen Röcke der Arbeiterinnen und steckte ihnen Kuchen und Aepfel zu, die sie heimlich aus ihrer Mutter Speisekammer holte, damit die Mädchen ihr dafür Geschichten erzählten. Beständig mußten die Aufseher sie fortjagen — im Umsehen war sie wieder da.

Ja — und Eugenie wußte auch, daß Walter eine Braut hätte, mit der er sich küßte, und wenn die Lehrer das hörten, käme er vor die Konferenz. Meta Hille aus der dritten Klasse ware sein Schatz — na so eine! — Ja — ja — ja — ganz gewiß, wahrhaftig!!

Hatte Eugenie etwas Derartiges herausgespürt, so schüttelte sich ihr kleines, schlankes Körperchen vor Vergnügen, sie kniff ihre grauen

Augen zusammen und blinzelte triumphierend über ihr hübsches Näschen hinweg.

Hei — das war fein!

Eines Sonntags Nachmittags saßen die kleinen Freundinnen auf dem untersten Ast des niedrigen alten Taxusbaumes in Wutrows Garten. Sie hielten ihre Battiströckchen mit den Fingerspitzen und wehten damit hin und her, denn sie waren von einer bösen Fee in zwei Vögel verwandelt und schüttelten nun ihr weißes und rosenrotes Gefieder. Das Spiel hatte Agathe angegeben. Sie wollte immer so gerne fliegen lernen.

Und dann wußten sie nicht mehr, was sie anfangen sollten, um den Sonntag Abend hinzubringen.

Arm in Arm gingen sie an den Beeten mit blühenden Aurikeln oder Stiefmütterchen, an ihren steifen Buchsbaum-Einfassungen entlang. Zwischen den Mauern der Hinterhäuser, die den altmodischen, zierlich gepflegten Stadtgarten einschlossen, wurde es schon grau und dämmerig, während hoch über den Kindern eine rosa Wolke am grünlichen Aprilhimmel langsam verblaßte.

„Du," flüsterte Agathe ganz leise, „es ist doch nicht wahr — das von den kleinen Kindern.... Meine Mama...."

„Pfui — geklatscht! Du Petzliese!"

„Nein — ich habe ja bloß gefragt!"

„Ach, Deine Mama.. Mütter lügen einem immer was vor!"

„Meine Mutter lügt nicht!" schrie Agathe gekränkt.

Aus dem Streit entspann sich ein heimliches Tuscheln und Flüstern zwischen den kleinen Freundinnen. Agathe rief ein paarmal: „Pfui, Eugenie — ach nein, das glaube ich nicht ..."

Hilfeschreie, die aus dem Abendschatten unter dem alten Taxusbaum, wo die kleinen Mädchen zusammenkauerten, hervorklangen, wie eine geängstete Vogelstimme, wenn die Katze zum Nest schleicht. Und vor Aufregung und Scham und Neugier frierend und glühend, horchte und horchte sie doch und fragte leise, sich dicht an Eugenie pressend, und schließlich in ein maßloses Gekicher verfallend.

Das war zu komisch — zu komisch ...

Aber Mama hatte doch gelogen, als sie ihr erzählte, ein Engel brächte die kleinen Babies.

Eugenie wußte alles viel besser.

Wie sie beide erschraken und in die Höhe fuhren, als Frau Wutrows scharfe Stimme sie hineinrief. Agathe klopfte das Herz entsetzlich — es war beinahe nicht auszuhalten. Sie getraute sich nicht in das Zimmer mit der hellen Lampe, holte eilig ihren Hut vom Flur und lief davon, ohne Adieu zu sagen.

Was Eugenie ihr sonst noch erzählt hatte — nein, das war ganz abscheulich. Pfui — pfui — ganz greulich. Nein, das konnte gar nicht wahr sein. Aber — wenn es doch wahr wäre?

Und ihre Mama und ihr Papa ... Sie schämte sich tot.

Als Mama kam, ihr einen Gutenachtkuß zu geben, drehte sie hastig den Kopf nach der Wand und wühlte das heiße Gesicht in die Kissen. Nein — sie konnte ihre Mama niemals — niemals wieder nach so etwas fragen.

Am andern Morgen trödelte Agathe bis zum letzten Augenblick mit dem Schulgang. Nun war es schon viel zu spät, um Eugenie noch abzuholen. Als sie in der Klasse hörte, daß Eugenie sich erkältet habe und zu Haus bleiben müsse, wurde ihr leichter. Mit wahren Gewissensqualen mußte sie sich fortwährend vorstellen: Eugenie könnte vielleicht sterben .... Und dann würde kein Mensch auf der Welt erfahren, was sie gestern miteinander gesprochen hatten. Das wäre doch zu gräßlich — ach — wenn doch Eugenie lieber stürbe!

„Frau Wutrow schickte schon zweimal, Du möchtest herüberkommen," sagte Frau Heidling zu ihrer Tochter. „Warum gehst Du nicht hin? Habt Ihr Euch gezankt?"

„Ich kann Eugenie nicht mehr leiden."

„O, wer wird seine Freundschaften so schnell wechseln," sagte Frau Heidling tadelnd. „Was hat Dir denn Eugenie gethan?"

„Gar nichts."

„Nun, dann ist es nicht hübsch von meinem kleinen Mädchen, ihre kranke Freundin zu vernachlässigen. Bringe Eugenie die Vergißmeinnicht, die ich auf dem Markt gekauft habe. Eugenie ist manchmal ein bißchen spöttisch, aber mein Agathchen ist auch sehr empfindlich. Du kannst viel von Eugenie lernen. Sie macht so hübsche Knixe und hat immer eine freundliche Antwort bereit, läßt nie das Mäulchen hängen, wie mein Träumerchen!"

Agathe sah ihre Mutter nicht an, mürrisch packte sie ihre Bücher aus. Es that ihr schrecklich weh im Halse, als wäre ihr da alles wund. Sie hätte sich am liebsten auf die Erde geworfen und laut geschrieen und geweint. Doch nahm sie gehorsam und ohne weiter etwas zu sagen den Strauß und ging. Unterwegs traf sie eine Bürgerschülerin, die sie kannte. Da warf sie die Blumen fort und schlenderte mit dem Mädchen.

Als sie auf ihren ziellosen Streifereien wieder am Hause ihrer Eltern vorüber kamen, sah Mama aus dem Fenster und rief sie zum Essen.

Agathe antwortete nicht und ging ruhig weiter. Sie hörte ihre Mutter hinter sich her rufen und ging immer weiter. Sie wollte überhaupt nicht wieder nach Hause zurück.

Auf einem freien Platz mit Blumenbeeten setzte sie sich auf eine der eisernen Ketten, die, zwischen Steinpfeilern herabhängend, die Anlagen schützen sollten, hielt sich mit beiden Händen fest und baumelte mit den Beinen. Das thaten nur die allergemeinsten Kinder! Das Mädchen aus der Bürgerschule setzte sich auch auf eine von den Ketten. So unterhielten sie sich. Von Amerika. Wie weit es wäre, um dorthin zu kommen. Der Lehrer hatte ihnen erklärt, Amerika läge ganz genau auf der andern Seite von der Erde. Man brauchte nur ein Loch zu graben, furchtbar tief — immer tiefer — dann käme man schließlich in Amerika an.

„Aber dazwischen kommt erst Wasser und dann Feuer," sagte Agathe nachdenklich." Das hatte der Lehrer nicht gesagt. Aber Agathe glaubte es, ganz bestimmt. Eine entsetzliche Lust plagte sie, das mit dem Lochgraben einmal zu versuchen.

Da kam drüben auf dem Trottoir im hellen Sonnenschein Eugenie mit ihrer Mutter. Sie hatte ihren neuen lila Sammetpaletot an und das Barett mit dem Federbesatz. Wie sie sich zierte! Sie ging ganz sittsam zwischen ihrer Mutter und einem Offizier. Plötzlich bemerkte sie Agathe und stand erstaunt still, sie winkte und rief ihren Namen. Aber Agathe baumelte mit den Beinen und kam nicht. Frau Wutrow sagte etwas zu Eugenie, alle drei Personen sahen, wie es Agathe schien, empört zu ihr hin und spazierten dann weiter.

Agathe lachte verächtlich. Dann ging sie mit der Bürgerschülerin, die schon um zwölf Uhr zu Mittag gegessen hatte, trank mit ihr Kaffee und versuchte mit ihr im Hof das tiefe Loch zu graben, das nach Amerika führen sollte. Ach — wenn es wirklich wahr wäre!! Sie müßten sich ganz entsetzlich, nur erst den Kies und die Erde fortzubringen. Dann trafen sie zu ihrem grenzenlosen Erstaunen auf rote Ziegelsteine. Es wurde Agathe ganz seltsam zu Mut, so, als müsse jetzt ein Wunder geschehen — weiß Gott, was sie nun sehen würden. Mit aller Gewalt suchten sie die Ziegelsteine loszubrechen, schwitzten und stöhnten dabei. Und als der eine sich eben schon ein wenig bewegte — da kam jemand. Das andere Mädchen schrie laut auf vor Schrecken: „Hu — die schwarze Jule! Die schwarze Jule!"

Heidi jagte sie fort und Agathe hinterdrein. Während die Hauswirtin ins Leere über ihren verwüsteten Hof keifte, steckten beide kleine Mädchen im Holzstall und regten und rührten sich nicht vor Angst.

Aber das Nachhausekommen . . . . .! Sie mußte doch einmal — es wurde schon dunkel — in der Nacht hätte sie sich auf der Straße totgefürchtet. Es gab auch Mörder da. Sie mußte schon. „Ach Gott! Ach lieber Gott, laß doch Mama in Gesellschaft sein!"

Er war ja so gut — vielleicht that er ihr den Gefallen.

Frau Heidling hatte inzwischen zu Wutrows geschickt, ob Agathe bei ihnen gewesen wäre.

Nein — sie hätte auf dem Kasernenplatze gesessen und mit den Beinen gebaumelt.

Agathe hatte jetzt alles vergessen, was sie am Morgen gequält. Sie empfand nur noch eine große Furcht vor ihrer Mutter, wie vor etwas schrecklich Erhabenen, vor dem sie nur ein kleines

rmchen war. Und dabei mischte sich auch eine
estimmte Sehnsucht in die große Angst. Viel-
ht dachte ihre Mutter, sie hätte bei Wutrows
pielt, und alles war gut.

Als sie zaghaft und ganz leise klingelte, riß
lter die Thür auf, lachte laut und rief: „Da
sie ja, die Range!"

Ihre Mutter nahm sie bei der Hand und
rte sie in die Logierstube. Dort ließ sie sie
Dunkeln stehen.

Mama würde doch nicht? Nein — sie war ja
n ein großes Mädchen, dachte Agathe und fror
Angst — nein, das konnte Mama doch nicht..
ging doch schon in die Schule...

Frau Heidling kam mit einem Licht und mit
Rute wieder.

„Nein! Nein! Ach bitte, bitte nicht!" schrie
the und schlug wie rasend um sich. Es war
wilder Kampf zwischen Mutter und Tochter,
the riß Mama die Spitzen vom Kleide und
t nach ihr. Aber sie bekam doch ihre Schläge —
ein ganz kleines Kind.

Als die schauerliche Strafe zu Ende war,
kte Frau Heidling erschöpft in ihr Schlaf-
mer und sank keuchend und weinend auf ihr
t nieder. Sie wußte, daß sie sich nicht aufregen
te, und daß sie furchtbare Nervenschmerzen
zustehen haben würde. Bis zuletzt, während
Sorge und Angst um Agathe hatte sie ge-
pft, ob sie es thun müsse. Ja, es war ihre
icht. Das Kind durfte sich nicht so über alle

Autorität hinwegsetzen. Als sie Agathe sah, hatte auch der Zorn sie übermannt.

Das Mädchen lag in der Logierstube auf den Dielen und schrie noch immer, schluckend und schluchzend, sie konnte die Töne nur noch heiser hervorstoßen, und ihr ganzer kleiner Leib zuckte krampfhaft dabei. Sie wollte sich totschreien. Mit einer solchen Schmach auf sich konnte sie doch nicht mehr leben . . .! Was würde Papa sagen? Ihm würde es wohl leid thun, wenn er sein kleines Mädchen nicht mehr hätte. Aber Mama — der war es ganz recht — ganz recht . . .

Endlich wurde sie so müde, daß alles um sie her und in ihr verschwamm. Mit wüstem Kopf stand sie auf und kroch taumelnd in ihr Bett.

— — — — — — — — — —

Agathe hatte ihre Mutter nicht mehr lieb. Heimlich trug sie die Gewissensnot und den Schmerz darüber — eine zu schwere Bürde für ihre Kinderschultern. Ihre Haltung wurde schlaff, in ihrem Gesichtchen zeigte sich ein verdrießlicher, müder Zug. Aber der Arzt, den man befragte, meinte, das käme von dem gebückten Sitzen auf der Schulbank.

Einige Zeit später wurde Agathes Vater als Vertreter des Landrats in eine kleinere Stadt versetzt. Hier gab es keine höhere Töchterschule und Agathe bekam eine Gouvernante.

Allmählich erholte sie sich und wurde wieder munter. Wahrscheinlich verhielt sich alles gar nicht so, wie Eugenie gesagt hatte, dachte sie nun.

Weil es ihr zu unmöglich erschien, vergaß sie ihre verworrene Weisheit zuletzt so ziemlich. Nur hin und wieder durch ein Wort von Erwachsenen, eine Stelle in einem Buch, durch ein Bild geweckt, zuweilen ohne jede Veranlassung wachte die Erinnerung an die Stunden in Wutrows Garten und in den dunklen Korridoren in ihrem Gedächtnis auf und quälte sie wie ein schlechter Geruch, den man nicht los wird, oder wie die Mitwissenschaft eines trüben, verhängnisvollen Geheimnisses.

III.

Frau Heidling hegte das unbestimmte Ideal eines innigen Verhältnisses zwischen einer Mutter und ihrer einzigen Tochter. Doch wußte sie durchaus nicht, wie sie es beginnen sollte, ein solches zwischen sich und Agathe herzustellen. Sie sorgte mit peinlicher Pflichttreue für deren Anzug, für Zahnbürsten, Stiefel und Korsetts. Aber wenn Agathe mit einem Ausbruch ihres brennenden Interesses für alles und jedes in der Welt: für die Rätsel in Neros Charakter und für Bürgers Liebe zu Molly, für die Ringe des Saturn und die Auferstehung der Toten zu ihrer Mutter kam, sah sie immer nur dasselbe halb verlegene, halb beschwichtigende Lächeln auf dem blassen, kränklichen Gesicht. Und gerade dann wurde ihr meist das Wort abgeschnitten mit einer von den unaufhörlichen Ermahnungen: Halt' Dich gerade, Agathe — wo ist Dein Zopfband wieder geblieben! Wirst Du denn nie ein ordentliches Mädchen werden? Das reizte sie bis zu Thränen und ungezogenen Antworten.

Frau Heidling fragte sich oft erstaunt, ob sie selbst nur einmal so schrecklich lebhaft und exaltiert gewesen sein könne — jetzt war ihr doch alles, was außerhalb ihrer Familie und ihres Haushaltes vorging, sehr gleichgültig. Ihr Mann

elt die in seine Form gekleidete geistige Be=
eidenheit an der Frau vor allem hoch, und
bt man einen Mann, so sucht man doch un=
llkürlich genau so zu werden, wie er es gern
t. Ja — und die vielen Wochenbetten und der
od von kleinen Kindern — das macht den Kopf
ner Frau recht müde. Aber dafür hat man seine
flicht im Leben erfüllt. Frau Heidling konnte
h oft ängstigen, daß Agathe durch dieses un=
hige Umherfahren ihrer Gedanken noch ein=
al auf Abwege geraten werde.

Mit der Gouvernante hatte das Mädchen
glich die heftigsten Scenen. Fräulein wurde
nz von dem Plan beherrscht, den wohlhabenden
otheker des Städtchens oder einen ältlichen
richtsrat dahin zu bringen, sie zu heiraten.
athe verachtete sie deshalb aus vollem Herzen.
it bitteren Gefühlen machte sie sich aber klar,
ß nicht nur zwischen Fräulein und ihr, sondern
h zwischen Eltern und Kindern eine unaus=
llbare Kluft bestehe. Einsam und von niemand
rstanden, werde sie an diesem Kummer sterben
üssen. Mit einem wahren Schwelgen in grau=
men Rachegelüsten konnte sie sich dann die
uethränen ihrer Mutter, die Verzweiflung
es Vaters vorstellen. Papa hatte sie übrigens
ch lieber als ihre Mutter. Zwar lachte er
eistens, wenn sie eine Meinung äußerte, aber
zankte doch wenigstens nicht so viel. Eigentlich
r es noch ein Trost, dem Gedanken nachzu=
ngen, sie sei vielleicht gar nicht das rechte Kind

ihrer Eltern und darum könne sie sie nicht so heiß lieben, wie es ihr sehnlichster Wunsch war. Denn sonst — sonst wäre sie ja ein ganz schlechtes, verdorbenes Kind gewesen.

Frau Heidling erkundigte sich bei anderen vertrauenswürdigen Frauen, wie heranwachsende Mädchen zu behandeln seien. „Man soll ja nicht murren," sagte sie seufzend, „aber es ist doch recht wunderlich vom lieben Gott eingerichtet, daß die Mutter, die die Kinder geboren hat, nachher gar keine Kraft mehr übrig behält, sie auch zu erziehen. Agathe greift mich furchtbar an."

Ueberall riet man ihr „die Pension". Sie sah also, daß das Uebel, welches sie quälte, ein weitverbreitetes war, und das beruhigte sie vollständig.

Da sie in ihrem früheren Wohnort, der Hauptstadt der Provinz, mannigfache Beziehungen unterhielt, wandte sie sich dorthin, um von einem geeigneten Institut zu hören. Sie wählte, damit ihre Tochter sich in der Fremde nicht verlassen fühlen möge, die Anstalt, wo sich mehrere frühere Freundinnen von Agathe befanden, unter ihnen Eugenie Wutrow.

* * *

„Du — gestehe mal gleich, wer ist denn Dein sweetheart?"

So lautete eine der ersten Fragen, die ihre Mitschülerinnen an Agathe richteten, nachdem die

Vorsteherin sie in das Arbeitszimmer geführt hatte, wo die jungen Mädchen mit Heften, Büchern und Handarbeiten um einen großen Tisch saßen.

Agathe lernte bereits seit einem Jahre Englisch, aber das Wort sweetheart war in der Grammatik noch nicht vorgekommen. Das sagte sie schüchtern und wurde furchtbar ausgelacht.

Agathe bewohnte mit Eugenie denselben Schlafsaal. Anfangs wurde sie von der kindischen Furcht beunruhigt, Eugenie könne irgend welche Anspielungen auf die Gespräche machen, die sie als kleine Mädchen miteinander geführt. Aber Eugenie schien die Erinnerung daran vollständig verloren zu haben. Sie war ein hübsches und schon recht elegantes Mädchen geworden. Agathe faßte, zu ihrer eigenen Verwunderung, sofort eine heftige Liebe für sie. Es gab nun kein größeres Vergnügen, als mit Eugenie Wutrow zusammen zu sein, sich an sie zu schmiegen und sie zu küssen. Eugenie behandelte die Zuneigung ihrer Kindheitsgespielin wie die Verehrung eines Mannes. Bisweilen war sie kalt und spröde und wies Agathes Liebkosungen herbe ab. Agathe konnte sie weder durch das Anerbieten, die Rechenaufgaben für sie zu lösen, noch durch schwärmerische Briefe, die sie auf das Kopfkissen ihrer Freundin niederlegte, erweichen. Plötzlich war Eugenie dann aber wieder entzückend nett.

Agathe litt neuerdings viel an Zahnweh und geschwollenen Backen. Wenn sie des Nachts hinter dem Wandschirm — der Schlafsaal wurde in dieser Weise zu verschiedenen Privatkämmerchen geteilt — auf ihrem Lager stöhnte und wimmerte, kam Eugenie mit bloßen Füßen herübergeschlichen, brachte Eau de Cologne oder Chloroform, saß auf ihrem Bettrand und strich ihr langsam und gleichmäßig über die Stirn, bis die Schmerzen nachließen, und Agathe unter der magnetischen Wirkung der weichen Mädchenhand einschlief.

Eugenie war eine praktisch beanlagte Natur, sie erriet in jeder Lage ohne viel Besinnen, was hier zu thun sei. Sie war allgemein beliebt unter den Backfischen. Agathe wurde viel von Eifersucht geplagt, wenn Eugenie mit anderen ging oder wenn sie gar den Arm um die Taille einer anderen legte.

Es war ihr darum auch schrecklich traurig, daß sie in einer Frage, welche die Gemüter der Pensionärinnen heftig erregte, nicht zu der geliebten Freundin stehen konnte. Etwa zehn der jüngeren, die noch nicht konfirmiert waren, hatten Religionsunterricht bei dem Direktor des Instituts, einem Doktor der Theologie und Philologie, Namens Engelbert. Er gehörte dem Protestantenverein an, war aus Gewissensbedenken nicht Geistlicher geworden und sprach seinen Schülerinnen offen die Ansicht aus: er halte Jesus Christus nur für einen Menschen, den richtigen Sohn der Maria und des Josef. Darob entstand ein großer Aufruhr unter den Mädchen. Die Tochter eines englischen Predigers erklärte, ihre Eltern würden sie sofort zurückrufen, wenn sie so etwas von Dr. Engelbert hörten. Agathes frommer Wunderglaube empörte sich gegen eine so nüchterne Auffassung der Erlösungsgeschichte. Dr. Engelbert gab sich aber besondere Mühe, gerade sie zu seiner Ansicht zu bekehren. Es waren nicht viele unter den jungen Mädchen, die weltgeschichtliche Fragen mit einem so persönlichen Interesse erfaßten, wie Agathe. Zum ersten Mal wurde sie vor eine selbständige Entscheidung gestellt, Dr. Engelbert forderte stets Selbständigkeit von seinen Zöglingen. Agathe blieb hartnäckig ihrem Gott-Heilande treu. Ohne Wunder und ohne das Walten überirdischer Mächte schien die Welt ihr öde und langweilig. Wohin sie schaute, war alles Leben, Geburt und Tod ihr nur ein Wunder, sie fühlte sich umgeben von unbegreiflichen Geheimnissen, an die man nicht zu tasten wagte.

In den Religionsstunden gab es leidenschaftliche Disputationen, unbestimmte, aber desto heftigere Auseinandersetzungen, bis Agathe schluchzte, und auch Dr. Engelbert, einem weichmütigen Idealisten, die hellen Thränen in seinen großen Vollbart liefen. Der Glaubensstreit wurde in den Freistunden und bis in die Schlafsäle hinein fortgesetzt. Eugenie stellte sich gleich auf die Seite von Dr. Engelbert. Sie äußerte, daß nur ein beschränkter Verstand an Wunder glauben könne. Agathe bebte in der Furcht, Eugenie möchte sie für dumm halten und ihr die Freundschaft kündigen. Aber die Aussicht in ein ewiges Leben voll

Engelgesang und himmlischer Glorie konnte sie der Freundin doch nicht opfern.

Welches Glück empfand Agathe daher, als Eugenie sie eines Abends in ihr Kämmerchen herüberholte und mit Chokolade fütterte. Eine ältere, aus Gleichgültigkeit gegen alles Deutsche ziemlich duldsame Engländerin führte die Oberaufsicht über den Saal. Außer Agathe und Eugenie schliefen nur noch einige neu angelangte Landsmänninnen der Miß darin.

„Agathe, hast Du schon einmal einen Mann gern gehabt?" fragte Eugenie leise.

„Aber Eugenie, wie kannst Du denn so etwas denken," flüsterte Agathe erschrocken und wurde dunkelrot.

„Du hast kein Vertrauen zu mir," sagte Eugenie verletzt und schloß die Schachtel mit der Chokolade in ihre Kommode.

„Geh' nur, ich bin müde." Sie blies das Licht aus und legte sich zu Bett. „Wenn Du offen wärest, würde ich Dir auch etwas gesagt haben. Aber Du bist immer so versteckt. Du bist eine Tugendheuchlerin. Ja, das bist Du."

Eugenie drehte sich nach der Wand. Agathe saß zaghaft im Korsett und Unterrock auf dem Bettrand. Aus den andern Kammern drang ruhiges Atmen und ein zufriedenes Murren, welches die Engländerin beim Schlafen auszustoßen pflegte. Es war behaglich warm im Zimmer und roch nach Mandelkleie und guter Seife.

Agathe entschloß sich endlich, zu gestehen, daß sie ihren Vetter Martin gern habe. Sie wollte sich des Vertrauens der angebeteten Eugenie würdig zeigen.

Eugenie hob den Kopf. „Habt Ihr Euch geküßt?"

Agathe beteuerte, daß es nicht „so" wäre; sie habe ihren Vetter ja nur lieber als die anderen Jungen.

Eugenie streckte sich auf ihrem Lager aus und legte den Arm unter den Kopf.

„Agathe, ich habe geliebt!" sprach sie nach einer Weile dumpf und feierlich.

Agathe schlug das Herz wie ein Hammer in der Brust.

„Und — und — hast Du . . .?"

„Geküßt —; ach — zum ersticken! Und er mich!"

Eugenie hatte sich aufgerichtet, beide Arme um die Freundin geworfen und preßte sie heftig an sich. Agathe fühlte, wie das Mädchen am ganzen Leibe bebte.

„Deshalb haben sie mich ja in Pension geschickt! — Aber es wäre doch zu Ende gewesen. Der Erbärmliche! Agathe — er war mir treulos!"

Sie warf sich in die Kissen zurück, aus den Federn drang ihr ersticktes Schluchzen.

„Wer war es denn?"

„Einer aus unserm Comptoir . . . Weißt Du — das kleine Zimmer, wo die Kisten mit den

Cigarrenproben stehen, wo es so dunkel ist — da war es, da haben wir uns immer getroffen. Ach — wie er schmeicheln konnte, wie er süß war und mich auf seine Knie nahm, wenn ich nicht wollte . . . ."

Eugenie küßte Agathe leidenschaftlich und stieß sie dann fort. „Geh, Du bist ein Kind — ich hätte Dir das nicht sagen sollen."

Agathe beteuerte, daß sie kein Kind sei.

„Schwöre, daß Du es niemand erzählen willst! Auch nicht Deiner Mutter. Hebe die Finger in die Höhe! Schwöre bei Gott!"

Agathe schwur. Sie war ganz betäubt vor Staunen.

„Er wollte mir nachreisen," stieß die aufgeregte Eugenie hervor.

„Hierher?"

„Er soll nur kommen! Mit den Füßen stoße ich ihn fort! Er hat mich betrogen! Der Schuft! Mit Rosa hat er's zu gleicher Zeit gehalten, und die hat alles erzählt, aus Rache! Ich hasse ihn!"

„Eugenie — ach Du arme Eugenie! Ich ahnte ja nicht, wie unglücklich Du warst," flüsterte Agathe mit scheuer Verehrung.

„Nein, man sieht es mir nicht an," sagte Eugenie. „Am Tage verstelle ich mich. Aber des Nachts —! Da will ich mir oft das Leben nehmen. Wenn ich dies Chloroform austrinke, bin ich tot. Ich trage es immer bei mir!"

Entsetzt riß Agathe der Freundin das Fläschchen mit den Zahntropfen aus der Hand und bechwor sie unter Thränen, um ihrer Eltern und der Freundschaft willen das Dasein zu ertragen.

Sie stand unter dem Zauber der großen klassischen Leidenschaften — Erinnerungen an Egmont, an Amalia und Thekla taumelten durch ihre Phantasie, die Freundin wuchs ihr zu einer unerhörten Größe durch das Geständnis, daß auch sie „gelebt und geliebt" habe.

Nur das rachsüchtige Fabrikmädchen war ihr störend in dieser heiligen Sache. Uebrigens glaubte sie nicht, daß der Commis treulos sei. Er würde sicher bald erscheinen und alles aufklären. Aber wenn ihn dann Eugenie mit den Füßen fortstieße? Wenn er sich aus Verzweiflung erschießen würde? Agathe sah tragische Auftritte voraus und lag mit glühenden Wangen und aufgeregten Sinnen noch stundenlang wachend im eigenen Bett. Sie hatte ein Gefühl, als liefen ihr Ameisen leise und eilig über den ganzen Leib. Dabei hörte sie die unruhigen Bewegungen von Eugenie, ihr tiefes Seufzen.

Durch das Träumen über das Geständnis ihrer Freundin schlich sich heimlich die Ueberlegung, ob sie selbst nicht doch ihren Vetter Martin liebe — so — so — wie Eugenie meinte. Aber es war doch nicht, nein, es war ganz anders — ganz anders.

Endlich schlummerte sie ein.

Plötzlich, nach kurzer Zeit, kam sie wieder zur Besinnung, geweckt von einem großen, brennenden Sehnsuchtsgefühl, welches ihr ganz fremd, ganz neu und schreckenerregend und doch entzückend wonnig war, so daß sie sich ihm einen Augenblick völlig hingab.

„Mani!" murmelte sie zärtlich und verwirrt und faltete ängstlich die Hände. „Ach lieber Gott!"

Sie begann auszurechnen, wieviel Tage es noch bis zu den großen Ferien seien, wo sie ihren Vetter wiedersehen werde.

Darüber schlief sie ein und diesmal fest und traumlos — bis zum Morgen.

* * *

Agathe mußte immer aufs neue staunen, wie stark und sicher Eugenie ihre große Leidenschaft in ihrem Herzen verschloß, und mit welcher Lebendigkeit sie den Tag über an allen Thorheiten, die getrieben wurden, ihren Anteil nahm. Neben den religiösen Kämpfen beschäftigten sich die jungen Damen hauptsächlich mit der Frage, wer von ihnen die längsten Augenwimpern habe. Es wurden zur Lösung dieser Zweifel die schwierigsten Messungen vorgenommen. Wirklich gehörte viel Interesse für die Sache dazu, um sich ein Blatt Papier unter das Lid zu schieben und sich mit einem Bleistift dicht vor dem Augapfel herumfuchteln zu lassen.

Mitten im Vierteljahr kam eine neue Schülerin, die Tochter eines berühmten Schriftstellers aus Berlin. Sie wurde mit der größten Spannung empfangen. Ein völlig farbloses, elfenbeinweißes Gesicht und hellgrüne Augen unter schwarzen Brauen, die über der Nasenwurzel dicht zusammengewachsen waren, gestalteten das Aeußere dieses Mädchens eigenartig genug. Dazu eine Fähigkeit, sich mit der großen Zehe an der Nase kitzeln zu können und die Finger ohne jede Schwierigkeit nach allen möglichen und unmöglichen Richtungen zu biegen und auszurenken — das alles mußte die kühnsten Erwartungen von etwas Außergewöhnlichem übertreffen. Agathe befiel bei dem Anblick der Neuen sofort eine böse Ahnung.

Da Klotilde erklärte, ihr Vater habe stets ihre Aufsätze korrigiert, wurde sie natürlich ohne weitere Prüfung in die erste Klasse aufgenommen. Dr. Engelbert glaubte dies dem Ruhm einer deutschen Litteraturgröße schuldig zu sein. Hier erfüllte die junge Dame indessen die auf ihr gebauten Hoffnungen so wenig, daß Dr. Engelbert sich genötigt sah, sie in die zweite Klasse, welche seine Frau leitete, zurückzuführen. Es stellte sich denn auch heraus, daß Klotilde nur die Stieftochter des Dichters war, also nicht wohl seine Talente geerbt haben konnte.

Schon am ersten Abend ging Eugenie mit der Neuen im Garten spazieren und ließ sich von ihr in der Kunst unterrichten, sich eine griechische Nase zu schminken. Agathe wagte einen schüchternen Einwurf. Aber damit kam sie schlecht an. Eugenie vernachlässigte sie in den nächsten Tagen in wahrhaft brutaler Weise.

Eine heftige Korrespondenz erfolgte zwischen den zwei Schlafsaalsgenossinnen, man schrieb sich in pathetischen Ausdrücken die beleidigendsten Dinge. Agathe durchweinte vor Zorn und Eifersucht ganze Nächte. Schließlich erklärte ihr Eugenie rund heraus: sie liebe Klotilde, sie habe es vom ersten Augenblick an gefühlt. Gegen Liebe lasse sich nichts thun, und Agathe möge sich eine andere Freundin suchen. Man sprach nicht mehr zusammen — man ging aneinander vorüber, ohne sich zu sehen.

Daß ein häßliches, kleines Judenmädchen die Gelegenheit ergriff, sich an die Verlassene zu drängen, konnte sie nur wenig trösten. Agathe begann jetzt Eugeniens Liebesgeschichte mit dem Kommis in einem anderen Licht zu sehen und etwas Unerlaubtes, Häßliches darin zu finden. Wer konnte wissen, ob sie nicht Unrecht hatte — sie war ja eine ganz treulose Natur.

Eugenie schien sich indessen mit der Neuen herrlich zu amüsieren. Am Tage lasen die jungen Mädchen Ottilie Wildermuth und die Polko, des Nachts im Bett lasen sie Eugen Sue. Auch ein schmutziger Leihbibliothekband mit herausgerissenem Titelblatt machte die heimliche Runde. Er enthielt die Schicksale einer Frau, die mit einem Mal in Form einer Maus behaftet ist, das sie sorgfältig zu verbergen sucht, während der tückische Zufall das Geheimnis beständig enthüllt. Agathe fand diese Geschichte dumm und eklig.

Da hieß es, sie wäre prüde, und man nahm

sich vor ihr in acht. Klotilde hatte einige von den Werken ihres Vaters mitgebracht, die sie ihren bevorzugten Freundinnen borgte, jedesmal mit der beleidigenden Bemerkung: sie der frommen Agathe nicht zu zeigen!

Und was die Mädchen für rote Köpfe bekamen, wenn sie die Bücher in verborgenen Lauben verschlangen. Es war aber auch gräßlich aufregend, sich vorzustellen, daß ein so feiner, vornehmer Herr, wie der Dichter, gegen den sogar Dr. Engelbert die Unterwürfigkeit selbst gewesen war, so schreckliche Sachen schrieb. — Hätten die Mädchen nur nicht immer ihre geflüsterten Unterhaltungen abgebrochen, wenn Agathe sich näherte. Sie verging vor Neugier, zu erfahren, was jetzt wieder alle so furchtbar beschäftigte. Aber der Stolz hinderte sie, auch nur eine einzige Frage zu thun. Es war ein entsetzlicher Zustand, ausgeschlossen und verachtet zu sein, während man sich grenzenlos nach Vertrauen und Liebe sehnte.

Endlich erfuhr sie das Geheimnis durch das Judenmädchen, das ihr zu ihrem heimlichen Verdruß mit der Treue eines kleinen Hundes nachlief. Frau Dr. Engelbert würde wahrscheinlich ein Kindchen bekommen. Die jungen Damen waren einig in der Empörung, daß man ihnen, den Töchtern der besten Familien, einen so anstößigen Anblick zumuten könne! Warum entrüsteten sie sich nur so heftig? dachte Agathe — sie hatten doch auch kleine Geschwister. Sie war gerührt und ein wenig verwirrt. Wenn Frau

Dr. Engelbert in die Stube kam, suchte sie ihr unbemerkt etwas Liebes zu erweisen und lernte mit Eifer ihre Aufgaben, um sie beim Unterricht nicht zu kränken.

Frau Dr. Engelbert suchte sich mit der tröstlichen Aussicht zu beruhigen, das freudige Familienereignis werde in den großen Ferien fallen. Doch fühlte sie mit steigendem Unbehagen, wie fünfundzwanzig junge Augenpaare mit gierigem Vergnügen jede Veränderung ihres Aeußern beobachteten und fünfundzwanzig schonungslose Mädchenzungen darüber tuschelten und flüsterten.

Ihr Mann fand ihre Aengstlichkeit übertrieben und bewies ihr mit seinem schönen Idealismus: deutsche Mädchen seien viel zu unschuldig und zu wohlerzogen, um die Sache auch nur zu bemerken.

Da wurde das Interesse traurig genug abgelenkt. Eine der Schülerinnen, ein blühendes, freundliches Geschöpf, bekam den Typhus und war in wenigen Tagen eine Leiche. Man hatte sie in der abgelegenen Krankenstube gepflegt, und niemand der Kinder durfte sie im Sarge sehen. Das Unschöne, Traurige sollte den jungen Wesen möglichst fern gehalten werden. Trotz dieser Vorsicht bekamen mehrere Schülerinnen Weinkrämpfe. In den Schlafsälen mußten die Lampen brennen bleiben, weil die meisten sich fürchteten, im Dunkeln zu schlafen.

Auch Agathe war maßlos aufgeregt. Sie wurde von einem unnatürlich gesteigerten Verlangen geplagt, die Leiche zu sehen, ja sie zu berühren.

Sie schämte sich über sich selbst, suchte sich zu beherrschen und las in ihrer Bibel den neunzigsten Psalm.

Es war schon spät am Abend. Eugenie sprach noch mit der Engländerin und erzählte dieser, sie habe ihr Vokabelheft bei Klotilde liegen lassen und wolle noch hinüberlaufen, es zu holen, weil sie morgen früh daraus lernen müsse. Nach einigem Hin= und Herreden verschwand Eugenie. Es verging etwa eine Viertelstunde, dann kam sie zurück und schlüpfte in Agathes Kammer.

"Agathe," flüsterte sie weinend, "wir haben Elsbeths Leiche gesehen. Ich mußte — ich wäre sonst gewiß auch krank geworden."

"Wie kann man denn?" fragte Agathe, sich aufrichtend.

"Die Krankenstube hat doch ein Fenster nach dem Flur — das steht offen, hinter dem Vorhang. Es brennt Licht drin. Sie war so schön — aber grausig! Ach, Agathe, so jung zu sterben, ist schrecklich!"

Die entzweiten Freundinnen fielen sich in die Arme und weinten zusammen, dann zog Agathe ihre Strümpfe an und warf ihre Röcke und ihren Regenmantel über.

"Ich will auch hin!"

"Ja — ein Stuhl steht in einer Ecke vom Flur. Du mußt darauf steigen. Warte erst noch, damit die Miß nichts merkt."

In Furcht und Grauen schlich Agathe durch die dunklen Korridore des großen Hauses, eine Treppe hinab, eine andere hinauf, bis sie an das abgelegene Zimmer des Seitenflügels kam, wo der Sarg mit der jungen Elsbeth stand.

Ein kühler Wind strich durch das Fenster und bewegte ihr Haar, als sie den Vorhang hob, ein merkwürdig schauerlicher Duft wehte ihr entgegen, die Lampe, die auf einem Tisch zur Seite brannte, warf einen klaren Schein gerade auf das Gesicht der Toten und auf die wächsernen Hände, die über der Brust gefaltet lagen.

Als Agathe das ruhige, weiße Antlitz mit den geschlossenen Augen unter dem Schmuck des grünen Myrthenkranzes erblickte, wich ihre krankhafte Erregung und es wurde sehr still in ihr. Sie senkte den kleinen Vorhang und stieg mit schönen feierlichen Gefühlen wieder hinab. Sie faltete die Hände und lehnte sich gegen die Mauer.

„Lieber Gott, laß mich auch sterben," betete sie. Das Leben, auf das sie sich so freute, schien ihr wertlos im Vergleich zu dieser Ruhe. An Auferstehung dachte sie nicht. Sie wäre gern in dem Augenblick vergangen — im Nichts verschmolzen, doch ohne sich darüber klar zu werden. — — Die Traurigkeit und Todessehnsucht hielt lange bei ihr an. Auch als Eugenie sich ihr wieder näherte, machte sie das nicht mehr glücklich.

IV.

Sommerferien auf dem Lande ... Schwebt nicht ein Duft von Rosen und Erdbeeren vorüber? Schäumende Milch, frisch aus dem Kuhstall! — Körbe voll schwarzer und gelb-rot glänzender Kirschen! — Kuchen, halb so groß wie der Tisch, mit einer dicken Butter- und Zuckerkruste — Honigscheiben, die vor neugierigen Augen dem Bienenstock entnommen werden ... Und Sonne — Sonne — Sonne!!

Fahrten durch die Felder, denen der kräftige Geruch des reifenden Kornes entströmt, durch Wälder, wo kleine braune Rehe eilig und furchtsam hinter fernen Baumstämmen hervoräugen. Auf offenem Ponywägelchen Vettern und Cousinen zusammengerüttelt und geschüttelt und überströmt von des Himmels unverhofft niederrauschendem Gewitterregen. Triefende Haarschöpfe und verdorbene Sommerhüte und selige, fröhliche, glühende, junge Gesichter!

Und liebes, heimliches Beieinanderhocken auf kleinen Ecksofas im Schatten altertümlich geschnitzter Schränke, so brüderlich und schwesterlich — und doch nicht ganz Bruder und Schwester ...

Das fanatische Krokettspielen auf dem großen Platz vor dem Hause — oft noch eine Revanche-Partie im Stockfinstern, bei der mangelhaften

Beleuchtung einer Stalllaterne, die von den galanten Vettern von Reifen zu Reifen getragen wird.

Das Tanzen zu der Begleitung einer gepfiffenen Polka durch den weiten, leeren Festsaal mit den Familienbildern aus der Empire- und Biedermannszeit. — Onkels und Tanten als wunderlich geputzte Kinder, welche Kaninchen und weiße Tauben in den Händen halten und von den Wänden herab dem Tollen einer neuen Jugend feierlich lächelnd zuschauen.

Und vor allem die große Mittagstafel, bei der zuletzt von Onkel August ein Gesetz erlassen werden mußte: „Hier wird gegessen, nicht gelacht."

Aber dann hätte man den Vettern und Cousinen auch verbieten müssen, zu sprechen, zu blicken, sich zu bewegen. Was war denn nur fortwährend so unsäglich komisch?

Agathes und Martins gemeinsames Schwärmen? und die nüchternen Bemerkungen, welche Cousine Mimi dazwischen warf? Die zierlichen Redewendungen der Kadetten, der Söhne von Onkel August Bär, oder die unnatürlich tiefe, pathetische Stimme, in der Agathes Bruder sich seit kurzem gefiel?

Man mußte eben lachen über alles und über gar nichts — den ganzen Tag lachen, bis man fast vom Stuhle fiel, bis die Mädchen mit thränenüberströmten Wangen und den seltsamsten Lachseufzern gegeneinander taumelten und die großen Jungen vor Vergnügen brüllten, sich auf die

Schenkel schlugen und wie vom Veitstanz ergriffen in der Stube herumsprangen.

Das zweck- und ziellose Herumjagen in dem schönen Park, das lichttrunkene Träumen im Baumschatten zur Zeit der heißen Mittagsstunden — die weisen Gespräche, das ernsthafte und eifrige Streiten über alle Weltfragen, von denen man nichts verstand! Aber war das thöricht! Ach, war das alles gesund und gut und schön! Jugend, Leben, Kraft- und Frohsinns-Ueberfülle.

Agathe schrieb einmal einen langen Brief an Eugenie, in dem sie eine glühende Schilderung von den köstlichen Ferien in Bornau bei Onkel August Bär entwarf. Martins Name kam fast in jedem Satze vor, aber doch nur in den harmlosesten Beziehungen.

Daß der unausstehliche, komische Junge Agathe ein Strähnchen grüner Wolle, das sie notwendig zu ihrer Stickerei brauchte, gestohlen hatte, schrieb sie nicht. Auch schwieg sie von der furchtbaren Aufregung, in die er Agathchen versetzte, wenn er in Gegenwart der ehrwürdigsten Tanten, der moquantesten Onkels, von Mama und Großmama das Wollensträhnchen mit frecher Gelassenheit aus der Brusttasche seiner grauen Sommerjacke hervorzog, es um seine Finger wickelte, es verräterisch hin- und herschlenkerte, und Agathes Verlegenheit und Zorn aufs Höchste steigerte, indem er das Andenken — allerdings mit entsprechenden Vorsichtsmaßregeln, er ging nämlich dazu in die Fensternische — an sein Herz und seine Lippen drückte. Und niemals hätte sie sich entschließen können, Eugenie zu erzählen, daß der kühne Bursche einmal, als sie beide allein im Zimmer waren, neben dem Stuhl, auf dem sie saß, niederkniete und sagte, er wolle hier liegen bleiben, bis sie ihm einen Kuß geben würde, und es kümmere ihn gar nicht, wenn jemand hereinkäme und es sähe — wenn sie sich so lange zieren wollte, wäre es eben ihre Schuld!

Agathe hatte ihn darauf von sich gestoßen, war aufgesprungen und fortgelaufen, die Treppe hinunter. Sie hörte Martin hinter sich, drei Stufen auf einmal überspringend und floh durch das eiserne Gitterthor, das sie kräftig zuwarf. So jagten sie sich eine Viertelstunde lang um die Linde durch den Hof und um die Ställe herum, bis die Mittagsglocke läutete. Er hatte sie nicht gefangen, niemals war sie so leichtfüßig gewesen. Vielleicht hatte Martin auch ihren ehrlichen Schrecken gesehen und sie gar nicht einholen wollen.

Während Agathe glühend und außer Atem ihre aufgelösten Zöpfe wieder flocht und feststeckte, fühlte sie sich sehr tugendhaft und erhaben. Sie war doch eigentlich etwas ganz Anderes als Eugenie, die sich in einer dunklen Stube einem Kommis aufs Knie setzte. Sie wollte auch immer streng und abweisend bleiben — bis — ja bis Er kommen würde, der Herrlichste von allen! Visionen weißer Schleierwolken und brennender Altarkerzen schwebten durch ihre Phantasie.

Oder tot — still — im schwarzen Sarge mit der Myrthenkrone über der reinen Stirn — ach wie traurig — o wie schön! Agathe liefen bei dem Gedanken gleich die stets bereiten Thränen aus den Augen.

Mit einem herzlichen Mitleid gegen den armen Vetter erschien die junge Spröde zu spät bei Tisch. Martin füllte sich eben den Teller voll Makkaronipudding, aß tapfer drauf los und sah sie gar nicht an. Agathe war ein wenig enttäuscht. Die edle Strenge bekam eine Beimischung von Piquiertheit.

Martin betrug sich in den nächsten Tagen nicht wie ein unglücklich Liebender, auch nicht zudringlich, sondern flegelhaft, grob und ungezogen. Dann brachte er ihr zum Kirchgang am nächsten Sonntag eine von den sonderbaren braunen Calicanthus-Blüten, die es nur noch in dem altmodischen Garten von Bornau gab. Er wußte, daß Agathe ihren starken, schweren Würzduft besonders liebte. Die beiden waren nun wieder gute Freunde. Er machte aber keinen Versuch mehr, Agathe zu küssen. Das grüne Wollsträhnchen kam seit der Zeit nicht wieder zum Vorschein.

V.

Herr Heidling war, während die Erziehung seiner Tochter nach der Pensionszeit bei Pastor Kandler gewissermaßen die letzte Weihe empfing, als Regierungsrat in die Provinzhauptstadt zurückversetzt worden. Die Familie bezog hier die zweite Etage in einem eleganten Hause des neuen Stadtteils, welcher als Verbindungsglied zwischen der engen, dumpfigen, menschendurchwühlten Altstadt und dem im Bau begriffenen mächtigen Centralbahnhof geplant war.

Noch konnte jeder Windzug von den Feldern frei durch die erst halb fertigen Straßen blasen. Es war nicht eben behaglich, daß er stets Kalkstaub und Sandwolken von den vielen Bauplätzen in die Luft emporzuwirbeln fand und den Dampf, sowie den durchdringenden häßlichen Geruch des Asphalts, der in großen schwarzen Kübeln auf offenen Feuern erhitzt und für die Pflasterung der Trottoire zubereitet wurde, bald nach dieser, bald nach jener Seite wehte. Die bereits fertig gestellten Häuser ragten, mit ihren schweren geschnitzten Hausthüren, ihren mit Stuckwerk, Karyatiden und Balkons überladenen Fassaden und den nackten, fensterlosen Seitenflanken, unbeschützt durch gleichgroße Nachbarn, in geradezu erschreckender Höhe empor.

Dennoch sah man schon, daß dieser neue Stadtteil binnen Kurzem die Zierde von M. sein würde. Jeder fand es begreiflich, daß man das neue Gute durch ein unangenehmes Uebergangsstadium erkaufen müsse. Die Wohnungen waren begehrt und sehr teuer.

Hier sollte Agathe ihr Leben als erwachsener Mensch beginnen. Sie wollte es sich ganz nach eigenem Sinne gestalten. Zwar — auf die Eltern hatte sie Rücksicht zu nehmen, aber Papa und Mama liebten sie ja so sehr, daß sie ihr gewiß in allem entgegenkommen würden, besonders da sie nur das Gute wollte und den schönsten Idealen nachstrebte.

Beichte und Abendmahl hatten doch eine entsündigende Macht! Sie fühlte sich frei und leicht, die Seele war ihr wie abgebadet. Und eigentlich — nun sie erwachsen war, konnte es doch auch nicht so schlimm sein, wenn sie manches wußte, von dem niemand ahnen durfte, daß ihre Gedanken sich damit beschäftigten.

In dem Zimmer mit dem hübschen Blumenerker, das die Eltern neu eingerichtet und ihr als Eigentum übergeben hatten, baute Agathe alle ihre Konfirmationsgeschenke feierlich auf.

Herweghs böse Sturmgesänge waren beim Buchhändler gegen eine Gedichtsammlung mit dem Titel „Fromme Minne" eingetauscht. Martin nannte sie verächtlich nur: die fromme Minna.

Er hatte Heidlings nach abgelaufenem Militärjahr auf seiner Reise zur Universität besucht. Aber Agathe verstand sich nicht mehr mit ihm. Er gewöhnte sich eine rohe Art an, über alles, was sie schön fand, zu höhnen und bei jeder Gelegenheit in ein lautes wildes Lachen auszubrechen. Infolge seines unliebenswürdigen Wesens wurde es Agathe noch zweifelhafter, ob Revolution und Christentum sich vereinigen lasse. Sie studierte mit Eifer die Zeitungen, verschob es aber vorläufig noch, sich bestimmt für eine Partei zu entscheiden. Sie wollte sich erst recht gründlich unterrichten.

.... Wie neckisch auf dem Geschenktisch der kleine rote „Liebesfrühling" zwischen den vertrockneten Blumensträußen und den Lederetuis mit den Schmucksachen hervorblickte! Aber über allem thronte als Mittelpunkt der Prachtband: „Des Weibes Wirken als Jungfrau, Gattin und Mutter." Seine reiche Vergoldung strahlte in einem sanften, mystischen Glanz.

Der jetzige Zustand war ein Noviziat, das der Einweihung in die heiligen Geheimnisse des Lebens voranging. Die einfachsten häuslichen Pflichten führten Agathe ein in den gottgewollten und zugleich so süßen, entzückenden Beruf einer deutschen Hausfrau. Durfte sie am Sonntag ein Tischtuch aus dem schönen Wäscheschrank der Mutter holen und die Bettbezüge und Laken für den Haushalt verteilen, that sie es mit froher Andacht, wie man eine symbolische Handlung verrichtet.

In der Bodenkammer unter dem Dach wanderte ein feiner Sonnenstrahl durch die kleine Fensterluke über Spinneweben und Staubwust. Keck und lustig vergoldete er da ein Eckchen und dort ein Zipfelchen von dem alten überflüssigen Plunder, der hier pietätvoll aufbewahrt wurde: Bilder aus dem Haushalt der Großeltern und verblaßte Rückenkissen, Walters Schaukelpferd, und Ballschuhe, in denen die Regierungsrätin als Braut getanzt hatte. Sie konnte sich nie entschließen, sich von einem Dinge, das ihr einmal lieb gewesen, zu trennen, und so wanderte der Inhalt der Bodenkammer auch bei jedem Wohnungswechsel der Familie Heidling getreulich mit.

Zu den köstlichsten Andenken vergangener Zeiten begrub Agathe nun ihr Spielzeug, das sie in eine Kiste sorgsam mit Kamphorsäckchen verpackte. Die ganze Miniaturausgabe einer Kinderstube ging so noch einmal durch ihre Finger, bis zu den Wickeln und Windeln, der Badewanne und den Wärmfläschchen, — den vielen zierlichen Gegenständen, die zur Pflege der Allerkleinsten nötig sind und durch deren Handhabung bei phantasievollem Spiel die geheimsten Empfindungsnerven des werdenden Weibes in erwartungsvoll zitternde Schwingungen versetzt werden.

Träumerisch erinnerte sich Agathe, indem sie ihre Lieblingspuppe zum Abschied leise auf die Stirn küßte, des atemlosen Entzückens, mit dem sie oft ihr Kleid geöffnet hatte, um das harte kalte Wachsköpfchen an die winzigen Knospen ihrer Kinderbrust zu drücken und es trinken zu lassen. Verlegen lächelnd tastete sie nun über die weiche Rundung ihres Busens. Nie konnte ihr die Schneiderin die Taille eng genug machen, sie schämte sich der ungewohnten Fülle ihrer Formen.

Auf dem Grunde der Kiste, unter einer verblichenen rosenroten Decke, lagen die kleinen Sachen, die sie selbst und die gestorbenen Geschwisterchen einmal getragen hatten. Das alles wurde aufbewahrt bis zu dem Tage, wo es Agathe einmal herausnehmen durfte zum Gebrauch für ihre eigenen lebendigen kleinen Kinder. Neugierig hob sie die rosenrote Decke ein wenig und zog ein feines, winziges, spitzenbesetztes Hemdchen hervor. Nein — wie süß! Wie süß!

Sie streckte ihre Finger in die Aermelchen und lachte es an.

— — War das alles rätselhaft, seltsam — ein tiefes Wunder . . . . . Und was sie hörte, was sie träumte, machte alles nur unbegreiflicher . . . . Ach, die schweigsam selige Erwartung in ihr — Tag und Nacht — Tag und Nacht — — — —

Im Gegensatz zu der Mattigkeit und Schlafsucht, gegen die Agathe während ihrer Pensionszeit beständig zu kämpfen gehabt hatte, erfüllte sie jetzt ein immerwährendes Verlangen nach Bewegung und Thätigkeit.

Sie fühlte sich oft namenlos glücklich, auch ohne eine besondere Ursache. Beim Abstäuben der Möbel konnte ihr heller Sopran sich plötzlich zu lautem Jubel aufschwingen. Unzähliges wurde zu gleicher Zeit begonnen: Kunstgeschichte, Schneiderei, Musik und Besuche bei Freundinnen und bei armen Leuten, denen die Ersparnisse ihres Kleidergeldes zuflossen. Ach ja — so recht praktisch, liebevoll, aufopferungsfreudig und dabei gescheut und von gediegener Bildung! Um das zu erreichen, mußte man sich schon tummeln! Alles, alles für ihn — den geliebten, herrlichen, zukünftigen Unbekannten! — Für sich allein, nur aus Freude an den Dingen — nein, das wäre doch Selbstsucht gewesen! Und es war ja auch so schön, so süß, für andere zu leben.

Agathe schloß sich mit neuerwachter Zärtlichkeit ihrer Mutter an. Sie fand reizende kleine Aufmerksamkeiten für ihren Vater. Der Regierungsrat begann seine Tochter mit stiller Verliebtheit zu betrachten. Er fühlte jene herzliche Freude an der beständigen Nähe eines frischen, jungen Mädchens, die älteren Männern das Heim mit einem neuen sonnigen Zauber verklärt, einem Zauber, welcher ungestört von sinnlichen Stürmen, kaum weniger hold, nur friedvoller ist, als der der ersten Ehejahre — ein Zauber, der wie zarter Frühlingsduft die Eltern umspielt, zur Form erstarrte Innigkeit, zur Gewohnheit vertrocknete Zuneigung mit wärmer pulsierendem Leben erfüllend.

* *

In Agathes wohlig durchheiztem Erkerzimmer feierte sie ihren siebzehnten Geburtstag, umgeben von blühenden Rosen und rosigen Freundinnen.

Die Mädchen waren in der gehobenen Stimmung, in der sie sich eigentlich alle Tage befanden, ganz besonders aber, wenn sie zusammentrafen, und das geschah ebenfalls täglich — zum mindesten ein Mal. Darum bekamen ihre Unterhaltungen auch nachgerade eine gewisse ungenierte Zutraulichkeit.

„Wirst Du aber stark, Eugenie! Zeig' mal her! Wahrhaftig Kinder — alles echt!" Die junge Dame mit der neidenswerten Büste ließ sich in siegessicherer Ruhe auf Agathes Kretonnesofa nieder.

„Roggenmehlsuppe mit Eiern zum Frühstück — nachmittags einen Teller voll Griesbrei — da, nun wißt Ihr's."

„Das möcht' ich nicht," rief die blasse Lisbeth Wendhagen und knabberte an einem Makronenstückchen.

„Man muß sich doch auf den Kampf des Lebens vorbereiten," bemerkte Eugenie weise.

„Pfui Genie!"

„Die keusche Agathe errötet," sagte Eugenie, sich behaglich mit Kuchen versorgend. „Das hat sich das gute Kind immer noch nicht abgewöhnt!"

„Ach, es ist schrecklich!" Agathes Wangen erglühten bei dieser ärgerlichen Entschuldigung noch feuriger.

„Du wirst wohl überhaupt nicht mehr rot?" fragte bissig ein älteres Mädchen aus dem Kreise.

„O doch — aber nur wenn ich will! Den Atem anhalten! Seht mal her!"

Mit Bewunderung und viel Gelächter wurde das Kunststück beobachtet.

„Ich werde mir auch Griesbrei kochen lassen," überlegte Fräulein von Henning, welche die ganze Zeit in ernster Betrachtung vor dem Spiegel gestanden hatte. Sie bedachte dabei, ob ihre Mutter wohl die Extraausgabe gestatten würde? Es war doch gemein, sich so einrichten zu müssen!

„Exzellenz Wimpffen hat gesagt, Gries wäre sehr schädlich für den Teint!"

„Wieso denn?"

„Na — die Grieskörner lassen sich, glaube ich, nicht gut verdauen und kriechen dann irgendwie im Körper herum."

„Ach, Unsinn!" widersprach Eugenie.

„Doch! Exzellenz Wimpffen hat zu Mama gesagt: in Rußland essen die jungen Mädchen niemals Gries, weil sich die Grieskörner unter der Haut festsetzen und entzünden, daher kommt die Gänsehaut und Pickel und alles mögliche!"

Es trat eine Stille ein. Das klang ernsthaft!

„Ich glaube nicht daran," sagte Agathes ruhige Stimme. „Jeder will heutzutage etwas wissen! Pfauenfedern sollen auch schädlich sein!"

„Das glaubst Du wohl auch nicht?" fragte Lisbeth Wendhagen wichtig. „Mein alter Onkel . . ."

„Mit Pfauenfedern, das weiß ich nicht," rief die Tochter des Oberpräsidenten — „aber Seerosen . . .! das habe ich selber erlebt, das kann mir keiner abstreiten! Als ich voriges Jahr bei meiner Tante in Potsdam war, schleppte meine Cousine von einer Kahnpartie einen ganzen Arm voll nach Haus. Mehrere Damen warnten sie noch, die Dinger brächten Unglück — aber sie wollte ja nicht hören! Richtig — am andern Morgen bekommt sie Diphtheritis — wäre beinahe dran gestorben! Ne, ne — vor Wasserrosen habe ich allen Respekt!"

— Trotz der Gefahren, die dem Leben und der Schönheit der jungen Geschöpfe von allen Seiten geheimnisvoll drohten, besaßen sie doch Leichtsinn genug, die bevorstehenden Ball=Aussichten eifrig zu besprechen. Wutrows wollten tanzen lassen! Und dann der große Juristenball! Agathe hatte eine entzückende Toilette bekommen: echte Pariser Heckenrosen — schrecklich teuer — von Onkel Gustav.

„Sag' mal — Dein Onkel Gustav hat wohl Geld, daß er so lebt, ohne was zu thun? Das wäre am Ende eine ganz gute Partie?"

„Ach nein — Geld hat er keins! Das heißt, er sagt immer, wenn seine Erfindung glückt, könnte er Millionär werden!"

„Ach, der Jugendborn!" Ein unendliches Gekicher erscholl um den Kaffeetisch, man schien Onkel Gustavs Erfindung, trotz ihres poetischen Namens, nicht eben ernst zu nehmen.

„Dein Onkel ist kostbar! Bei uns heißt er die Kirschblüte wegen seiner schönen, weißen Sommeranzüge! Agathe, Du heiratest ihn am Ende doch noch!"

Agathe lachte laut und lustig und alle stimmten aufs neue ein.

„Du — gestehe! — Hat er Dich schon mal geküßt?"

„Ach, Unsinn, — nur bei Geburtstagen!"

„Ich küsse meine Onkels und Vettern immer," ließ sich das hohe Stimmchen eines niedlichen Schwarzkopfes vernehmen. „Wozu hat man sie denn sonst?"

„In unserer Familie ist's nicht Sitte," sagte Agathe hochmütig.

„Das ist wahr!" rief Eugenie. „Bei Euch gehts haarsträubend solide zu! Aber Dein Vater faßt einen doch ganz gern mal um die Taille!"

„Pfui Eugenie!"

„Gott, sei doch nicht so! Er ist ja ein alter Herr — was schadet denn das?"

„Denkt Euch, neulich Abend bin ich auf der Straße angeredet," begann Lisbeth Wendhagen, ihr kleines, sommersprossiges Gesicht mit den hellen Augenwimpern belebte sich ordentlich. „Es war schauderhaft!"

„Möchtest Du noch Kaffee, Lisbeth?"

„Nein, danke — eins, zwei, drei ... Habe ich mich doch wieder verzählt! Das infame Muster! So. — Also ich — natürlich — gehe immer schneller — er neben mir her ..."

„Wie gräßlich!"

„Was hat er denn zu Dir gesagt?"

„Ach, das kann ich gar nicht wiedererzählen. Endlich fasse ich Mut und sage: „Mein Herr, Sie irren sich!"

„Man soll gar nicht antworten!"

„Ich darf Abends nicht allein ausgehen!"

„Ach manchmal ist es sehr amüsant — wißt Ihr noch, wenn wir als Schulmädchen auf der Breitenstraße bummelten und die Gymnasiasten kamen?"

„Aber was wurde denn? Erzähle doch weiter," riefen ungeduldige Stimmen.

„Ich kam nach Haus — klingelte — in Schweiß gebadet! Denkt Euch — der Kerl! — Antwortet mir: nein, mein Fräulein, ich irre mich nicht! Was sagt Ihr dazu!?"

„Mich hat mal Einer draußen auf den Glacis angeredet," rief Eugenie. „Es war ein Herr, das sah ich gleich. Wißt Ihr, was ich geantwortet habe? — Ich würde ihm für seine Begleitung sehr dankbar sein! — Habe mich ganz gut mit ihm unterhalten, und er hat mich richtig bis vor die Hausthür gebracht! Am andern Morgen bekam ich anonym ein Bouquet zugeschickt!"

„Nein diese Eugenie! Du bist doch ein freches Tier! — Ach Schlagsahne! — An der könnt' ich mich tot essen!"

„Na — Gott segne Deine Studia!"

„Ueberfriß Dich nur nicht vor dem Juristenball!"

„Unser Tanzfest soll gleich hinterher sein,"

schrie Eugenie. „Kinder — ich freue mich ja diebisch! Wir haben auch Deinen Vetter Martin eingeladen, Agathe! Wie sie selig ist...!"

„Es ist nicht wahr — ich interessiere mich gar nicht für ihn!"

„Kindchen, Kindchen, thu' doch nicht so! Das kann ich nicht ausstehn!"

„Ach Du lieber Himmel, ob mich wohl Referendar Sonnenstrahl zum Kotillon engagiert?" seufzte Lisbeth. „Er hat so 'nen himmlischen Schnurrbart!"

„Ich finde den von Lieutenant Bieberitz viel schöner, Dein Sonnenstrahl hat ja krumme Beine."

„Und Dein Lieutenant Bieberitz trägt ein Korsett!"

„Wie kannst Du so etwas behaupten?"

„Ich weiß es ganz bestimmt von unserer Schneiderin. Bei deren Mutter ist er in Logis."

„Habt Ihr die Trine?"

„Zu uns darf sie nicht mehr kommen! Sie klatscht zu gräßlich! Was die für Geschichten weiß! Scheußlich!"

„Erzähle — erzähle!"

„Nein — ich schäme mich."

„Raus — raus mit der Sprache! Na —."

„Denkt nur, der alte verheiratete Tademir .... Ach — Frau Regierungsrat ....!"

„Nun, meine lieben Mädchen, amüsiert Ihr Euch? Agathe, bist Du eine aufmerksame Wirtin? Wie geht es zu Haus?"

„Danke, Frau Regierungsrätin!"

„Agathchen darf doch auf unsern Lämmersprung kommen, Frau Regierungsrätin?"

„Ach, Frau Regierungsrat — wie können Sie nur so etwas sagen — Sie genieren uns doch nicht . . . ."

Andere Stimmen — andere Bewegungen — wohlerzogene Knixe — lächelnde, beruhigte Gesichter — wenn sie auch von dem heftigen Durcheinanderschreien noch in lebhaftem Rosenrot glühten — das stand ihnen gut zu den friedlich auf die Handarbeit gesenkten Augen.

Man sprach von Holzmalerei, von dem letzten Buch einer beliebten Jugendschriftstellerin.

Es waren doch nette Mädchen, Agathes Freundinnen. Eugenie allein erregte Frau Heidling Verdacht. Man munkelte etwas Unbestimmtes von einer dummen Liebesgeschichte, um derentwillen sie aus dem Haus geschickt worden sei. Gewiß nur eine von den gehässigen Nachreden, wie sie hübsche Mädchen so gern verfolgen. Die Regierungsrätin mußte sich gestehen, daß sie noch nichts Bedenkliches hatte an Eugenie entdecken können. Das Mädchen besaß weit bessere Formen, als ihre Mutter, von dem alten Wutrow gar nicht zu reden.

VI.

In den Leitfaden fürs Leben: „Des Weibes Wirken als Jungfrau, Gattin und Mutter" stand zu lesen: Der erste Ball bedeute einen der schönsten Tage im Dasein eines jungen Mädchens. Alle Empfindungen, die das kleine, unter dem Tarlatan hüpfende Herzchen bei den Klängen der Tanzmusik selig durchschauern sollten, waren eingehend geschildert — ja, die Verfasserin verstieg sich in ihrer Beschreibung dieser wichtigsten Jugendfreuden zu einer wahrhaft dithyrambischen Sprache.

Aber nicht nur die aus dem Tempel der Poesie herabtönende Orakelstimme — auch die Präsidentin Dürnheim und die anderen Bekannten von Mama — spitze, hagere Rätinnen und schwere, verfettete Rätinnen, liebenswürdige, geistreiche Rätinnen, und einfache Rätinnen, Rätinnen vom Gericht und von der Regierung und unverheiratete, die sich nur zu Familienrätinnen hatten aufschwingen können — sie alle klopften der kleinen Heidling die Wange oder nickten ihr zu: der erste Ball —! So ein glückliches Kind! Ach ja, der erste Ball! — daß man auch einmal so schlank und froh und morgenfrisch seinem ersten Ball entgegensah....

Es ist also wahr! Der erste Ball muß etwas unerhört Bezauberndes sein.

Agathe hatte ja auch ein wunderhübsches Kleid bekommen. Nur lange Handschuhe wollte die Mama nicht spendieren — in ihrer Zeit trugen die jungen Mädchen niemals so lange Handschuhe, wie sie jetzt Mode waren. Mama begann neuerdings so ängstlich zu sparen — seit Walter sich entschlossen hatte, Offizier zu werden. Die Eltern mußten ihm alle Augenblicke dreihundert Mark schicken — das war freilich schlimm! Aber Eugenie hatte wunderbare Handschuhe — bis an die Ellenbogen — und kaufte sich gleich mehrere Paar, falls eins davon einen Riß bekäme. Es war ordentlich eine Qual, daß Agathe fortwährend an die Handschuhe denken mußte. Dabei gab es soviel anderes, was sie hätte mehr beschäftigen sollen. Z. B. ob sie sich verlieben würde? Das geschah, dem Prachtwerk zufolge, meist auf dem ersten Ball. Schon acht Monate lang ein erwachsenes Mädchen — da war es doch die höchste Zeit!

Martin Greffinger kam, um den Juristenball mitzumachen, aus der nicht sehr entfernten Universitätsstadt herüber.

„Er wird Dir doch ein Bouquet schenken?" hatten Agathes Freundinnen geraten, und Agathe zeigte ihm deshalb eine Probe ihres Kleides. Der Strauß in der Farbe der Toilette — wonnig!

„Für all' den Unsinn, den Du Dir anhängst, könnten drei Proletarier-Familien vier Wochen leben," sagte Martin verächtlich. „Ich soll Dir wohl noch ein Bouquet —? Wenn ich doch mal heute hier den Affen spielen soll bei Euch Gänsen! Ja, Agathe, ich hätte nicht gedacht, daß Du auch gerade so würdest, wie die andern alle!"

Agathe schmollte, und der Regierungsrat setzte seinen Neffen über die ungehörige Ausdrucksweise zur Rede. Agathe wurde für ihre Empfindlichkeit hart gestraft. Denn es entstand infolge dessen zwischen ihrem Vater und Martin ein Streit, der, bei Kaffee und Kuchen begonnen, die gemütliche Vorfeier vergällte und sich bei unzähligen Cigarren bis zum Abend fortspann.

Martins Vorliebe für Herweghs Gedichte wurde strenge getadelt.

Agathe hörte, während sie ab und zu ging, um ihre Ball-Vorbereitungen zu treffen, die zornigen Ausrufe:

„Wie kann man mit solchen Ansichten in den Staatsdienst treten wollen ......? — Das Leiden von Millionen —. Die kapitalistische Wirtschaft —! Reiner Sozialismus — flaches Phrasentum —. Verknöcherte Gewohnheitsmenschen — verrottete Bourgeoisie ...."

Martins Augen bekamen einen wilden, fürchterlichen Ausdruck, und die höhnischen Falten, die jetzt immer um seine trotzig aufgeworfenen und noch fast bartlosen Lippen lagen, verstärkten sich zur Grimasse. Der Regierungsrat ging in der Stube auf und nieder, wie er es zu thun pflegte, wenn er in sehr schlechter Laune war.

Mama — die schon den ganzen Tag ihre Neuralgie fürchtete — sie hatte so viel herumlaufen müssen und das bekam ihr immer schlecht, aber Agathe konnte doch noch nicht selbst für ihren Anzug sorgen — die arme Mama mußte sich wirklich in der Nebenstube aufs Sopha legen. Dazwischen kam die Friseurin — natürlich viel später, als man sie erwartet hatte — es war ein Jagen und Hetzen, bis man nur fertig wurde, und alles roch nach Hoffmannstropfen und Baldrianthee, Mittel, welche die Regierungsrätin nahm, um sich zu beleben. Die Männer waren kaum auseinander zu bringen. Agathe sollte sich vor dem großen Spiegel im Salon ankleiden. Ach, wie das alles ungemütlich und schrecklich war!

Als sie ihre Toilette beendet hatte, mußte sie sich wie auf einer Drehscheibe langsam vor der versammelten Familie und den Dienstboten herumdrehen. Der Kronleuchter war dazu angezündet worden.

Bei den schmeichelhaften Bemerkungen ihres Vaters, der alten Küchendorte Begeisterungsgebrumm, dem aufgeregten Entzücken des kleinen Hausmädchens und dem stillen Triumph auf ihrer Mutter leidendem Gesicht, erfaßte sie eine beklemmende Freude. Sie war sich so fremd dort im Spiegel; in den duftigen weißen Rüschen und Volants, von den langen Rosenranken gleichsam umsponnen, mit dem aufgetürmten, gekräuselten Haar kam sie sich beinahe vor wie eine Schönheit! Wenn sie nun aus all den hundert Mädchen auf dem Juristenball für die Königin erklärt wurde? — Mama brachte ihr ein Glas Rotwein, weil sie plötzlich so blaß aussah.

Einen Wagen hatte man nicht nehmen wollen, der Weg war ja gar nicht weit. Agathe fand es recht erbärmlich, in großen Ueberschuhen und mit hochgesteckten Röcken, zu einem wahren Ungeheuer vermummt, durch Regen und Schnee zu patschen, und noch dazu in Martins Gegenwart. Sie sah neidisch nach jeder Karosse, die an ihnen vorüberdonnerte. Beinahe wäre der Streit über Martins Weltanschauung zwischen Onkel und Neffen unterwegs noch einmal ausgebrochen, dann schritten sie in finsterem Schweigen, der eine voraus, der andere hinterdrein.

Agathe würgte an ihren Thränen.

Ueber den Leiden der Millionen hatte Martin ihr Ballbouquet vergessen.

* *
*

Da standen die jungen Mädchen in langen Reihen und in kleinen Gruppen — wie ein riesenhaftes Beet zartabgetönter Frühlingshyacinthen — rosenrot, bläulich, maisgelb, weiß, hellgrün. Die Hände über dem Fächer gekreuzt, die Ellbogen der entblößten, fröstelnden Arme eng an die Hüften gedrückt, vorsichtig miteinander flüsternd und die blumengeschmückten, blonden und braunen Köpfe zu schüchternem Gruße neigend. Nur einige, die schon länger die Bälle besuchten, wagten zu lächeln, aber die meisten brachten es nur zu einem Ausdruck von Spannung.

Getrennt von dem duftigen, regenbogenfarbigen Kleidergewölk, den weißen, nackten, ängstlichen Schultern — getrennt durch einen weiten leeren Raum, der hoch oben mit einer reichverzierten Stuckdecke, nach unten mit einem spiegelglatten Parkett abgeschlossen wurde — eine Mauer von schwarzen Fräcken und weißen Vorhemden, die so hart und blank erglänzten wie das Parkett, und regelrecht gescheiteltes, kurzgeschnittenes Haar, sorgsam gedrehte kleine Schnurrbärtchen. Auf der männlichen Seite trat hauptsächlich das Bemühen, die weißen Handschuhe überzustreifen, hervor und außerdem wie drüben ein halblautes Flüstern, ein steifes Verbeugen, ein ernstes Händeschütteln. Von der schwarzen Phalanx sonderte sich ein kleiner Kreis blitzender Epauletten und Uniformen ab. Hier wurde lauter geschwatzt, die Kameraden musterten den Saal mit spöttischem Siegerblick und wagten sich leichten, tanzenden Schrittes über den fürchterlichen leeren Raum zu dem Hyacinthenbeet, durch welches dann jedesmal ein leises Zittern und Bewegen lief.

Zu zweien und dreien lösten sich nun auch die schwarzen Gestalten aus der Menge und tauchten nach Tänzerinnen zwischen die lichten bunten Kleiderwolken. Vom Rande des Saales aber starrten und starrten viele Mutteraugen zu den sich in Schlachtreihen gegenüberstehenden

Heerscharen, und wie gern hätte mancher Mund aus dem Hintergrund Befehle und Anweisungen herübergerufen. Die Väter verharrten gleichsam als der Train und die Fouragemeister, die eine Armee ja nicht entbehren kann, in den Nebenstuben und in den Thüren des Tanzsaals.

Und nun schmetterten die Fanfaren zum Angriff, und die Schwarzen stürzten sich auf die Hellen, alles wirbelte durcheinander und die Schlacht konnte beginnen. Hei — das gab heiße Arbeit! Wie die Schweißtropfen über die männlichen Gesichter rannen und vergebens mit weißen Tüchern getrocknet wurden! Wie die Tarlatanfetzen von den dünnen Kleidern flogen, wie die frisierten Haare sich lösten und die Schultern warm und die Augen lebendig wurden!

Und wie die Mütter in ihren Unterhaltungen ganz verstummten und mit vorgestreckten Hälsen, mit Lorgnetten und Kneifern — eine sehr kurzsichtige gebrauchte sogar ein Opernglas — in dem Gewoge die einzelnen Paare verfolgten.

Und wie die Väter sich gemütlich zu Bier und Skat niederließen und zu langen politischen Auseinandersetzungen, die doch nichts Aufregendes hatten, weil man im Grunde als preußischer Beamter nur eine Meinung haben konnte und allerseits treu zu Kaiser und Reich stand.

Ja, nun war die Ballfreude auf ihrem Höhepunkt angekommen!

———

Agathe erstaunte über die Einfachheit von

Eugenies Anzug, den, trotz aller Bitten, keine Freundin vorher hatte sehen dürfen. Um dieses Kleidchens willen zweimal nach Berlin zu reisen und soviel Geld dafür auszugeben!

Kein Besatz — keine Rüschen — keine Blumen. Es saß ja wunderbar, das war nicht zu leugnen. Während die Schleppe bei den meisten jungen Damen ein prächtiges Gebäude bildete, das einer Wendung seiner Eigentümerin immer einen steif-tüllnen Widerstand entgegensetzte und erst durch ein seitliches Fußschlenkern zur Raison gebracht werden mußte, schmiegte sie sich bei Eugenie der leisesten Wellenbiegung ihres Körpers an. Die Taille vollends erschien nur wie eine die stolze Büste eng umspannende blaßrosa Haut.

Es war in diesem Winter die Mode, kleine ovale Kränze zu tragen. Eugenie hatte auch diesen Schmuck verschmäht. Ihr Haar war nicht einmal sehr kunstvoll geordnet, der feine blonde Kopf mit den scharfblickenden grauen Augen und den am Tage etwas hartroten Farben war in einen Puderschleier gehüllt, der ihm ein verwischtes, saniertes Aussehen gab. Aber von den köstlich geformten Schultern und Armen schien förmlich ein Glanz, ein sanftes weißes Licht auszustrahlen. Um den Hals war statt einer goldenen Kette ein Streifchen farblosen Illusionstülls gewickelt und neben dem Ohr zu einer kindischen Schleife ge- knüpft. Eine Laune ... Agathe wußte, daß ihre Freundin an der Stelle unter dem Ohr eine häßliche Narbe besaß.

„Die versteht's . . . . Na, Kinder — alle Achtung! Die versteht's!" sagte Onkel Gustav mit ehrfurchtsvollem Ausdruck. Er galt in der Stadt für den feinsten Kenner weiblicher Schönheit. Seine geschiedene Gemahlin sollte eine bezaubernde Frau — ein wahrer Dämon an Reiz gewesen sein, erzählte man sich.

Als Agathe die Fülle eleganter Erscheinungen sah, verlor sie plötzlich jede Hoffnung auf Erfolg. Sie wurde unsicher, wußte nicht, wie sie stehen, wie sie die Hände halten, wohin sie blicken sollte. Ihre Mutter kam zu ihr heran und nahm ihr den schwanbesetzten Kragen ab, den sie in ihrer Verwirrung umbehalten hatte. Die Regierungsrätin flüsterte ihr zu, nicht so ein ernsthaftes Gesicht zu machen, sonst würde kein Herr sie zum Tanz auffordern.

Gott! Das wäre entsetzlich! Agathe begann eine Angst zu fühlen, wie sie bisher in ihrem jungen Leben noch nicht gekannt hatte. Getrieben von dieser Angst, deren sie sich doch schämte, drückte sie sich hinter ihre Freundinnen und flüchtete in eine Ecke des Saales.

Es wäre ja eine solche Schande gewesen, auf ihrem ersten Balle sitzen zu bleiben! Sie bereute, Martins Anerbieten, den Eröffnungs=Walzer mit ihr zu tanzen, nicht angenommen zu haben. Heute Morgen kam ihr das wie ein armseliger Notbehelf vor — jetzt wäre sie glücklich über den Notbehelf gewesen. Sie sah Eugenie in der vordersten Reihe umringt von fünf bis sechs Herren, die ihre

Tanzkarte von Hand zu Hand gehen ließen und eifrig darüber beratschlagten. Und zu ihr war immer noch niemand gekommen . . .

Neben ihr stand ein häßliches ältliches Geschöpf, mit sanften ergebenen Augen, das tröstend zu ihr sagte: „Es sind immer so viel mehr Damen als Herren da." Große Gruppen von jungen Männern sprachen unbefangen mit einander, es fiel ihnen gar nicht ein, daß man von ihnen erwartete, sie sollten tanzen

Ein kahlköpfiger Assessor, der für sehr gescheut und liebenswürdig galt, streifte langsam an den Damenreihen vorüber. Er sah durch seinen Klemmer jede Einzelne an, vom Stirnlöckchen bis herunter auf die weißen Atlasschuhe prüften seine Blicke. Er kam auch zu den Schüchternen im Hintergrunde. Agathe, deren Vater er kannte, wurde von ihm gegrüßt. Er blieb eine Sekunde vor ihr stehen. Sie hielt die Tanzkarte in den zitternden Fingern und machte eine unwillkürliche Bewegung, sie ihm zu reichen.

„Wollen gnädiges Fräulein nicht tanzen, daß Sie sich so zurückgezogen haben?" fragte er und schlenderte weiter.

Agathe biß die Zähne in die Lippe. Etwas Abscheuliches quoll in ihr auf: ein Haß — eine Bitterkeit — ein Schmerz . . . . Sie hätte mögen zu ihrer Mutter stürzen und schreien: Warum hast Du mich hiergebracht? Warum hast Du mir das angethan — das — das . dieser

Schimpf, der nie wieder von ihr abgewaschen werden konnte.

Der Tanz begann. Ein blondes Bürschchen steuerte durch die sich drehenden Paare auf die Ecke zu, wo Agathe mit dem ältlichen Geschöpf stehen geblieben war. Seine Augen staunten Agathe bewundernd an — er wurde rot vor Entzücken bei dem Gedanken, daß er sie in den Armen halten könne — aber er war ihr nicht vorgestellt — und . . . . nein, ehe er gewagt hätte sich selbst mit ihr bekannt zu machen, eher holte er die Freundin seiner Schwester an ihrer Seite. Dankbar hüpfte das ältliche Geschöpf mit dem Kerlchen davon und Agathe blieb allein.

Da wurde sie plötzlich bemerkt und alles wunderte sich, daß sie nicht tanzte, sie war doch unstreitig eines der hübschesten Mädchen. Die Mütter tauschten ihre Bemerkungen, sie kamen zur Regierungsrätin Heidling und diese lächelte mit ihrem armen, von wütenden Nervenschmerzen schiefgezogenen Munde und sagte freundlich: „Ja — das sind Ballerfahrungen." Alle Mütter waren einig: Die jungen Mädchen mußten notwendig solche Erfahrungen machen. Aber mehrere dachten im Stillen, es sei doch recht ungeschickt von der Regierungsrätin, nicht vor dem Ball eine Gesellschaft mit einem guten Souper gegeben zu haben, bei der ihre Tochter für alle Tänze engagiert worden wäre. Die Regierungsrätin hatte zu fest auf den zarten, unschuldsvollen Reiz von Agathes siebzehn Jahren gebaut.

Als erinnere sich jeder Herr eines unverzeihlichen Vergehens, wurde Agathe nun fortwährend zu Extratouren geholt. Sie versuchte vergnügt zu werden, aber das vergebliche Warten hatte ihr die Stimmung verdorben. Der starke Geruch der Pomade auf den Köpfen ihrer Tänzer, ein anderes unerklärliches Etwas, das von den Männern ausging, denen sie plötzlich so nahe kam, verursachte ihr Unbehagen. Die Art und Weise, wie gleich der Erste sie umfaßte und tanzend fest und fester an sich preßte, war ihr peinvoll. Der Zweite streckte ihr den Arm wie einen gezückten Speer, mit dem er sich einen Weg durchs Gedränge bahnen wollte, wagerecht hinaus; der Dritte drückte ihre Hand krampfhaft in der seinen und stöhnte und schnaufte. Ein Vierter schwenkte ihren und seinen Arm wild im Takte auf und nieder und trat ihr beständig auf die Zehen.

Mit ihrem Bruder und den Vettern hatte sie sich sicher und fröhlich geschwungen — hier vergaß sie alles Gelernte, widerstrebte steif und ängstlich dem Führer und machte die dummsten Fehler. Es war ihr eine Erlösung, als Onkel Gustav sie einmal holte.

Onkel Gustav hatte jeder von Agathes Freundinnen ein Fläschchen „Jugendborn" geschenkt, und forderte nun alle die jungen Damen auf, um sich von der Wirkung seines Schönheitswassers zu überzeugen. Er tanzte aus Geschäftsrücksichten. Während er mit ritterlicher Grandezza seine Nichte im Arm hielt, hörte sie ihn halblaut sagen:

„Zu viel Benzoë — etwas mehr Lawendel könnte nicht schaden — was meinst Du, Agathe?"

Aber er tanzte dabei viel, viel besser als die jungen Herren, das wurde allgemein anerkannt. Er war auch ausgezeichnet geschmackvoll gekleidet — niemand wußte, wie er das bei seinen spärlichen Einnahmen möglich machte. Zuweilen gab er den reichen jungen Kaufleuten oder den Strebern unter den Juristen mit herablassender Miene, als vermittle er ihnen ein wichtiges diplomatisches Geheimnis, die Adresse seines hauptstädtischen Schneiders. Onkel Gustav lebte von Nebenverdiensten für gebildete Herren mit ausgebreitetem Bekanntenkreise. Doch wurde diese Thatsache von ihm mit heiterem Idealismus vergoldet. Sein Streben ging darauf: Das Schöne zu verbreiten. „Das Schöne" war ihm ein Rock, der nicht eine einzige Falte schlug — ein Parfüm, das vornehmen Nasen wohlgefällig und zugleich gesund zu brauchen war.

Als das Souper begann, wurde Agathe von ihrem Herrn gefragt, ob es ihr recht sei, wenn sie mit ihrer Freundin Eugenie eine gemütliche Ecke bildeten. Agathe war einverstanden. Eugenie wurde von Martin geführt, außerdem nahm Lisbeth Wendhagen an der Gruppe teil. Sie vermehrte die Lustigkeit jedoch nicht sehr, weil sie fortwährend die hinter ihr befindliche zweite Tafel im Auge zu behalten suchte, wo Referendar Sonnenstrahl einer ihrer Freundinnen den Hof machte. Auch klagte sie Agathe, daß sie zu enge

Schuhe trage und deshalb gezwungen sei, den ganzen Abend nur auf einem Fuße zu stehen, um den andern ausruhen zu lassen. Eugenie befand sich dagegen in bester Laune, und auch die zwei Herren bemühten sich nach Kräften, die Unterhaltung in frischem Gange zu halten. Man tauschte allerlei sinnreiche Witze und Wetten aus, naschte vorzeitig vom Dessert, und lehrte sich die richtige Art des Anstoßens, wobei man einander in die Augen blicken mußte. Agathe machte die Bemerkung, daß dies alles nicht die Art von harmloser Fröhlichkeit war, in der sie früher mit den jungen Leuten verkehrte. Mit den ungewohnten Gesellschaftskleidern schienen sie alle eine sonderbare Feierlichkeit angelegt zu haben Agathe mußte ein paarmal in ein helles Gekicher ausbrechen, weil sie sich erinnerte, daß ihr Tischherr, der sie jetzt „mein gnädiges Fräulein" nannte und ihr mit unglaublicher Höflichkeit jede Schüssel präsentierte, sich einmal in ihrer Gegenwart mit Walter fürchterlich geprügelt hatte, wobei sie selbst einige Püffe erhielt und die Jungen zuletzt beide zerzaust und zerkratzt an der Erde herumgekugelt waren.

Auch Martin und Eugenie kamen ihr wie unbekannte Menschen vor. Martin hatte statt seiner noch vor zwei Stunden zur Schau getragenen Derbheit eine wunderliche Sentimentalität angenommen, und Eugenie sagte alles mit gezierten kleinen Spitzen und absichtlichen Bewegungen und Blicken, deren Sinn Agathe noch nicht verstand. Dabei fühlte sie jedoch, daß auch sie sich mehr und mehr in ein ganz unnatürliches Wesen verlor. Als der Lärm an den großen Tischen immer lauter wurde, die Herren dem Champagner lebhaft zusprachen, sich in den Stühlen zurück- oder weit über den Tisch hinüber lehnten und alles um sie her lachte, flüsterte und jubelte, wurde Agathe ohne jeden Grund sehr traurig. Das Gebaren der Menschen um sie her kam ihr nicht mehr drollig, sondern sinnlos und unbegreiflich vor. In dem ihr so wohlbekannten Gesicht ihres Jugendfreundes Martin sah sie einen Ausdruck von Spannung — von Qual, welche sich mit einem sonderbaren Lächeln verband. Sein Blick wich nicht von Eugenie, aber er schien kaum zu hören, was sie sagte, er starrte fortwährend auf ihren Hals, auf ihren Busen. Sie war so weit dekolletiert — wie konnte sie das nur aushalten, ohne vor Scham zu vergehen, dachte Agathe empört. Etwas in der Brust that ihr dabei weh. Es war wie eine Enttäuschung — als träte nun eine endgültige Entfremdung zwischen ihr und Martin ein . . . als entschlüpfe ihr etwas, das sie für unbestrittenes Eigentum gehalten . . . Was denn? Sie liebte ihn doch nicht? Es fiel ihr gar nicht ein!

Unklare Instinkte trieben sie, den jungen Dürnheim an ihrer Seite auch so — mit dieser geheimnisvollen Bedeutung im Blicke anzusehen, aber als er darauf mit gleichem erwiderte, war ihr das unangenehm, sie ärgerte sich über sich selbst und auch über den jungen Mann, der ihr fade und ohne jede Romantik vorkam.

Hätte sie nur nach Haus gedurft und im stillen, dunklen Zimmer mit geschlossenen Augen liegen, ganz allein, ganz allein! Sie war sehr müde, sie sah alles um sich her wie durch einen Gazeschleier.

Dem Souper folgte der Kotillon. Der kahlköpfige Assessor kam auf Agathe zu und fragte freundlich herablassend, ob sie schon engagiert sei, oder ob er das Vergnügen haben dürfe?

Von diesem Manne, der sie so tief beleidigt hatte, sollte sie, nun es ihm einfiel, sich herumschwingen lassen?

"Ich danke, ich tanze den Kotillon nicht," sagte sie kurz, und er verließ sie mit seinem gleichmütigen Lächeln, blieb in der Nähe stehen und sah durch seinen goldenen Kneifer müde in den Saal. Darauf kam ein Lieutenant und forderte sie auf, Agathe folgte ihm mit vergnügtem Triumphe.

In einer der Pausen des vielverschlungenen Tanzes winkte Mama sie plötzlich heran.

"Wie Agathe? Du hast den Assessor Raikendorf abgewiesen und tanzest nun mit einem anderen?" flüsterte die Regierungsrätin aufgeregt. "Das geht unmöglich! Das darfst Du nie wieder thun —. Oder hat er sich etwas gegen Dich zu Schulden kommen lassen?"

"Nein," stotterte Agathe glutrot, "— nein — nur — ich mag ihn nicht!"

"Ja, liebes Kind — wenn Du so wählerisch

mit Deinen Tänzern sein willst — dann darfst Du nicht auf Bälle gehen. Es war eine große Freundlichkeit von Herrn Raikendorf, ein so junges Mädchen zu engagieren — er tanzt sonst nur mit Frauen — das hättest Du dankbar anerkennen sollen."

Agathe warf trotzig mit einer verächtlichen Bewegung den Kopf in den Nacken. Sie begriff nicht, wofür sie dankbar sein sollte, wenn Assessor Raikendorf einen schlechten Geschmack besaß. Ihr kamen alle verheirateten Frauen ungeheuer alt vor und durchaus nicht mehr geeignet zu Rivalinnen.

— — — — — — — —

Sie schlief sehr unruhig in der Nacht nach ihrem ersten Ball; der Kopf war ihr dumpf und benommen, sie faßte den Entschluß, keinen zweiten zu besuchen. Aber als sie im Laufe des nächsten Tages mit ihren Freundinnen zusammentraf und über das Fest redete, schämte sie sich, ihre Meinung zu gestehen, und versicherte, wie die andern Mädchen alle — auch Lisbeth Wendhagen mit den engen Schuhen — daß sie sich himmlisch amüsiert habe.

VII.

Ein großer Kampf war in Sieg und Glück beendet, ein deutscher Kaiser war glorreich gekrönt, dem Traum einer Nation war Erfüllung errungen — Tausende von kraftvollen Männern lagen zerschossen und verwesend unter blutgedüngtem Erdreich.

Von den Granatsplittern, die ihr Ziel nicht getroffen, verfertigte man Tintenfässer und niedliche kleine Blumenschalen, mit denen die jungen Damen ihre Boudoirs schmückten. Das Militär zu ehren war Recht und Pflicht des deutschen Mädchens.

Eugenie Wutrow hatte immer einen sicheren Instinkt für das Notwendige, für das Ziel, dem die öffentliche Meinung ihres kleinen Kreises zustrebte, sie trug einen Paletot, der beinahe ein Uniformrock war, ihr Zimmer glich einer Seitenabteilung des Zeughauses, die zu einem kriegerischen Feste mit Blumen und den Bildern der hohen Feldherren feierlich geschmückt worden war. Der Patriotismus stand ihr wie jede neue Mode und jede ideale Pflicht, womit sie ihre anmutige Person herausputzte. Sie hatte so einen besonderen Griff, durch den sie jedes Ding für ihren Gebrauch zurechtdrückte, und einen feinen Geschmack für die Mischung der Farben.

Wie sie eifrig wurde und scharf und lebendig, wenn sie Martin Greffingers schauderhafte Grundsätze bekämpfte! Wie sie sich im Gespräch mit ihm keck auf Gebiete wagte, vor denen andere Mädchen sich fürchteten! Greffinger war gar nicht gut mehr bei den Vätern und Müttern angeschrieben, seit die Regierungsrätin Heidling ihren Bekannten geklagt hatte, ihr Neffe bereite ihnen großen Kummer, weil er sich den neuen sozialdemokratischen Anschauungen zuneige. Die meisten jungen Mädchen zogen sich, auf Befehl ihrer Eltern, scheu vor dem Studenten zurück. Das wurde ihnen nicht schwer, da er sich seinerseits ziemlich unhöflich gegen sie benahm.

Trotz seiner Abneigung gegen die bürgerliche Gesellschaft kam Martin oft für ein paar Stunden, auch für ganze Tage nach M. hinüber. Anfangs nahm er Heidlings Logierstube und Gastfreundschaft in unbekümmerter verwandtschaftlicher Gewohnheit an. Da verschärfte sich die Spannung zwischen ihm und dem Onkel Regierungsrat, die Luft wurde ihm zu beklommen, und er ließ sich nur selten noch bei den Verwandten blicken. Zu Wutrows ging er jedesmal, obwohl die Ansichten des alten Tabaksfabrikanten sicher nicht volksfreundlicher waren, als die des Regierungsrats.

Einmal warf Eugenie im Gespräch mit Agathe die Bemerkung hin: ihr Vetter wandle auf gefährlichen Bahnen, aber er sei ein genialer Mensch. Ein anderes Mal fand Agathe auf dem Schreibtisch ihrer Freundin ein Buch mit roter Inschrift auf schwarzem Deckel. Eugenie riß es ihr hastig aus der Hand.

„Polizeilich verboten!" flüsterte sie lachend und schob es unter die Spitzen und Bänder in einer geschnitzten Truhe.

Dann wieder konnte Martin übermütig bis zur Tollheit sein, und trieb, wenn er kam, nur Neckereien und Scherze mit den beiden Mädchen. Wochenlang trug er eine kleine Pelzkappe, die er Eugenie geraubt hatte, und auf deren blondem Kopfe konnte man den Knockabout von Martin Greffinger bewundern. Traf er die Offiziere der Garnison bei Wutrows, so saß er finster und mürrisch in einer Ecke. Eugenies geschickteste Versuche bewogen ihn nicht, an einer Disputation über seine entsetzlichen Ansichten teilzunehmen. Meistens entfernte er sich gleich.

Agathe war überzeugt, daß Eugenie ihn liebe.

Sie selbst mußte fortwährend die Frage bei sich erwägen, wie ihr zu Mute sein würde, wenn Referendar Sonnenstrahl oder Lieutenant Bieberitz oder der junge Dürnheim um ihre Hand anhielte? Und was sie wohl empfinden würde, wenn sie mit einem von diesen Herren nach der Trauung am Abend allein an einem Fenster stehen und an seiner Schulter gelehnt in einen dunklen Park hinausblicken würde? So war die Vorstellung, die sie sich unwillkürlich vom Beginn der Ehe machte. Hinter ihnen brannte eine Hängelampe, und dunkelrote Gardinen flossen an den Fenstern nieder. Sie nahm den Kranz und den Schleier ab, und er löste seine weiße Kravatte — und dann würde er komisch aussehen! Darüber kam sie nicht hinweg, und das Gefühl eines großen Glückes wollte sich nicht einstellen.

Vielleicht war sie überhaupt nicht zur Ehe bestimmt, sondern aufbewahrt für ein seltsames, romantisches, schauervolles Schicksal?

Hätte sie nur kleine Kinder nicht so gern gehabt!

Der Regierungsrat Heidling interessierte sich als vielseitig unterrichteter Mann auch für die Kunst und wirkte mit anderen gebildeten Freunden für die Einrichtung einer ständigen Ausstellung älterer und neuerer Gemälde in M. Er sorgte dafür, daß seine Tochter diese Anstalt eines reinen, erhebenden Genusses, nachdem sie dem Publikum geöffnet war, fleißig besuchte. Gern ging er selbst am Sonntag Vormittag mit ihr auf ein Stündchen dorthin und knüpfte manche lehrhafte Bemerkung über die verschiedenen Richtungen der Malerei und der Plastik an das Geschaute. Agathes Geschmack wich oft sehr weit von dem ihres Vaters ab, aber er war ja eben ungeübt und kindisch und sollte sich verfeinern. Es wurde ein Sport bei den jungen Mädchen, sich Sonntags zwischen Zwölf und Eins um den Regierungsrat zu versammeln, mit ihm von Bild zu Bild ziehend, lachend, schwatzend, sich ihre ketzerischen Bemerkungen in die Ohren tuschelnd und zugleich andächtig zuhörend. Der Blick des ernsten Mannes ruhte dann freundlich auf all den in knappen Pelzjäckchen und flockigen Mützen gekleideten Gestalten, den belebten, von Jugend- und Winterlust frischen Gesichtern.

„Lord Byron in Newstead Abbey," las der Regierungsrat aus dem Kataloge hervor. „Wann geboren? Welche Hauptwerke? Kain — Childe Harold — gut! Was haben Sie von ihm gelesen? Gefangener von Chillon? Mit den anderen Sachen können Sie noch warten! . . . . . . Sehen Sie, wie ausgezeichnet unser Maler den schwärmerisch-düsteren Ausdruck des Poeten getroffen hat . . . . . Die nervösen Hände — sehr fein! — Auch der gotische Säulengang . . . . . . Die Hinneigung zur Romantik wird durch das verglimmende Abendrot angedeutet. In der Ecke lehnend die Fahne mit den griechischen Farben . . . . Symbol eines zukünftigen Schicksals — Agathe — wie starb Byron? — Missolunghi — richtig. — — — Hier haben wir nun . . . . Lassen Sie sehen, was der Katalog sagt: Kühe im Grünen . . . . . Das Werk eines Meisters der französischen Schule aus den vierziger Jahren . . . ."

Agathe war zurückgeblieben. Mit schwermütig erstaunten Augen träumte sie von dem englischen Lord. — Sie hatte doch früher schon Bilder von ihm gesehen . . . Was ergriff sie denn plötzlich?

Am nächsten Morgen ging sie wieder in die Ausstellung. Nur für ihn.

Sie blickte so lange, so starr und intensiv auf

das Gemälde, bis sie den schönen Männerkopf wie in verkleinertem Abbild deutlich vor den geschlossenen Augen sah. In der Woche war die Ausstellung meist leer und niemand konnte Agathe beobachten. Das Bild nahm ein seltsames Leben für sie an. Es war dem Künstler gelungen, etwas von der Macht, die der Dichter zu seiner Zeit auf die Frauen geübt, in dieses gemalte Antlitz zu bannen. Das Mädchen schlich zu ihm, wie zu einem verbotenen Genuß, sie berauschte sich an der Sehnsucht, die nun ein Ziel gefunden hatte, bei dem sie doch immer Sehnsucht bleiben konnte.

Zu Haus las sie Byrons Werke — alle, vom Anfang bis zu Ende. Die Freude daran war schon schmerzliche Leidenschaft. Vieles erfuhr sie hier, aber die natürlichen Beziehungen der Geschlechter zu einander erschienen in einer wilden Gewitterstimmung, durch die ihr dann doch alles wieder den Eindruck eines phantastischen Märchens machte.

Sie weinte vor Eifersucht, als sie aus der Biographie Byrons Verhältnis zur Gräfin Guiccioli erfuhr. Aber keine von den Frauen, an die er sein glühendes Herz verschwendete, hatte ihn befriedigt. Keine ... Das war ein Trost!

Das Glück, die heitere Götter-Ruhe, die dem Genius, wie seine Kritiker sagten, gefehlt, um ihn zu einem Klassiker zu machen — Agathe Heidling hätte sie ihm gebracht! — Da wurde ihr nun die Melancholie klar, die sie oft so rätselhaft überschattete.

Ein halbes Jahrhundert zu spät geboren.... Die Romantik dieses Geschickes genügte ihr endlich. Sie beruhigte sich gewissermaßen dabei. Unter der Oberfläche ihres Daseins begann ein sonderbares Traumleben. Sie richtete sich häuslich ein in der neuen phantastischen Heimat, in die sie fortan ihre tiefsten Freuden, ihre geheimnisvollen Leiden verlegte — wie Kinder sich wohl eine zweite Welt schaffen, der sie irgend einen barocken Namen geben und an deren Ausgestaltung ihre Gedanken unaufhörlich thätig sind, und Eltern oder Erzieher wundern sich dann, daß sie den Aufgaben des Hauses und der Schule nur ein schwaches Interesse entgegenbringen.

Während Fräulein Heidling Bälle, Kränzchen, Landpartieen und Sommerfrischen besuchte — während sie Schlittschuh lief, Kotillonorden verteilte, sich reizende Frühjahrshüte aussuchte, Stahlbrunnen trank und Stickereien anfertigte, wurde sie zugleich an der Brust des toten Dichterlords auf rasend sich bäumendem Renner über Schottlands öde Haiden entführt, — da lag sie in orientalischen Maskenkostümen auf Ruhebetten in verfallenen Hallen, und zu den Klagetönen einer Harfe sangen Geisterstimmen von dunkler Schuld und wildem Leiden. Durch unerhörte Entsagung entsühnte sie den Geliebten — und er weinte zu ihren Füßen und seine Augen waren wie lodernde Flammen . . . .

* * *

Im nächsten Jahre wurde Walter als Lieutenant nach M. versetzt. Seine Kameraden und Agathes Freundinnen gingen bei Heiblings ein und aus, es war dort immer ein fröhliches Treiben.

Manchmal kam es freilich zu unangenehmen Auftritten, wenn der Regierungsrat plötzlich seiner Frau und Tochter heftige Vorwürfe über ihre Verschwendungssucht im Haushalt machte und erklärte, er habe kein Geld zu dieser ausgebreiteten Geselligkeit. Aber gleich darauf meinte er wieder, Agathe müsse neue Stiefel haben, oder er braute eine Bowle, wenn sich sechs bis acht junge Leute zum Abend einfanden und nur Kartoffel und Häring essen wollten.

Es war dem Regierungsrat anfangs schwer geworden, von den Traditionen seiner Familie abzuweichen und den Sohn nicht Jura studieren zu lassen. Am Offizierstande haftete in seinen Augen ein unechter oberflächlicher Glanz. Walter hatte die jahrelang nachklingende Begeisterung von 1870 benutzt, um den Vater seinem Wunsche günstig zu stimmen. Der Regierungsrat sah jetzt, daß auch sein Sohn strenge arbeiten mußte, wenn er vorwärts kommen wollte. Es war ein eifriges Streben unter den jungen Leuten, jeder suchte sich im neuen Reich einen eigenen guten Platz zu erobern. Walter und seine Freunde lachten viel über Martin Greffingers zornige Kritik der frisch errungenen Herrlichkeit.

Walter war kaum drei Monate in M., als er

sich mit Eugenie Wutrow verlobte. Das kam selbst seiner Familie überraschend. Agathe hatte angenommen, Eugenie sei mit Martin heimlich versprochen. Wenige Tage vorher, bei einem gemeinsamen Spaziergang, der mit Kaffeetrinken in einem öffentlichen Garten endete, hatte sie zu sehen geglaubt, wie Martin unter dem Tisch nach Eugenies Hand faßte, und das Mädchen ließ sie ihm. Dabei tauschte sie, den Kopf in die Rechte gestützt, über den Tisch Neckereien mit Walter.

Sobald Agathe mit der Braut allein war, konnte sie nicht unterlassen, die Bemerkung hinzuwerfen:

„Ich glaubte, es wäre Martin, den Du gern hättest!"

„Einen sozialdemokratischen Studenten?" fragte Eugenie vorwurfsvoll. „Aber Agathe —! Den heiratet man doch nicht! — Und übrigens haßt er ja auch die Ehe," fügte sie mit ihrem frivolen kleinen Lachen hinzu.

Ein Gefühl von Abneigung, von Verachtung gegen die neue Schwägerin peinigte Agathe, während ihr alle Bekannte Glück wünschten, weil ihr Bruder die liebste Freundin zur Frau wählte. Sie meinte, es sei ihre Pflicht, Eugenie noch einmal ernstlich zur Rede darüber zu setzen, ob sie Walter auch wirklich liebe. Aber nach dem ersten mißglückten Versuch fand sie nicht den Mut. Was hätte Eugenie auch bewegen sollen, sich mit Walter zu verloben? Sie war ein reiches Mädchen und hatte schon verschiedene Anträge ausgeschlagen.

Die beiden Freundinnen berichteten sich getreulich jede Kleinigkeit ihres täglichen Lebens. Sie würden es sehr übel genommen haben, wenn eine von ihnen sich eine Schleife gekauft hätte, ohne die andere um Rat zu fragen und längere Verhandlungen darüber zu pflegen. Was aber im Innern ihrer zukünftigen Schwägerin vor sich ging, blieb Agathe eine so fremde Welt, wie es Eugenie ihr phantastisches Traumleben gewesen wäre. Jede hütete ängstlich die eigenen Geheimnisse.

VIII.

Zur Zeit, als die Kinder noch klein waren, hatte Frau Heidling nach dem Tode ihrer Schwiegermutter deren Köchin ins Haus genommen. Schon damals hieß sie die alte Dorte. Mit den Jahren hart und dürr geworden, gleich einem verwitterten Zaunstecken, und von galliger Gemütsart, arbeitete sie für die Familie mehr in zähem Eigensinn als in linder Treue. Wie oft sie schon gekündigt hatte und trotzdem geblieben war, konnte niemand mehr nachrechnen. Hörte man sie in der Küche vor sich hinbrummen und schelten, so mußte man ihren Ausdrücken nach die Ueberzeugung gewinnen, ihre Herrschaft gehöre eigentlich in ein Narrenhaus. Den jungen Stubenmädchen, die ihr zur Hilfe gehalten wurden, bezeigte Dorte gleichfalls die grimmigste Verachtung und wurde von ihnen sehr gefürchtet; denn die alte Dorte war unermüdlich in der Arbeit und verlangte von den jungen Dingern das Gleiche. Deshalb beneideten die Rätinnen sämtlich Frau Heidling um den Schatz, den sie in der alten Küchendorte gefunden.

Ein Ehrgeiz hatte sich in dem verdorrten Gemüt der alten Magd herausgebildet. Sie wollte die Belohnung für fünfundzwanzigjährige Dienstleistung in ein und derselben Familie erwerben. Die Königin schenkte in solchen seltenen Fällen ein silbernes Kreuz und eine Bibel.

Und weil die Rätin Heidling Dortes Hoffnungen teilte, ja, weil im Grunde diese öffentliche Anerkennung der Herrin ebensoviel Ehre brachte, als der Dienerin, darum behielt sie sie geduldig im Haus, obwohl Dorte sich durchaus nicht geneigt erwies, Agathe Einblicke in ihre Kunst zu gestatten.

Konnte Agathe von Dorte nichts lernen, so nahm sie sich desto eifriger der Erziehung des kleinen Hausmädchens an, welches mit ihr zusammen konfirmiert worden war. Pastor Kandler hatte ihr die Verantwortung für das unverdorbene Landkind warm ans Herz gelegt. Sie gab also Wiesing Groterjahn am Sonntag Nachmittag Geschichten von Frommel und Marie Nathusius zu lesen, und hielt ihr kleine moralische Vorträge über die Schädlichkeit und die Gefahren der Tanzböden. Während Frau Regierungsrat es passender fand, das Mädchen Luise zu rufen, obwohl dem heimwehkranken Kinde anfangs jedesmal die Thränen in die Augen schossen, nannte Agathe sie nach wie vor mit der traulichen Abkürzung „Wiesing". Nahmen sie zusammen eine Arbeit vor, so unterhielt sie sich freundlich mit Wiesing und suchte ihr begreiflich zu machen, wie gut es für sie sei, in einem Hause zu dienen, wo keine Sorge und nichts von dem Elend, welches die Arbeiterinnen in Fabriken erwarte, an sie herantreten könne. Es bekümmerte Agathe zuweilen, daß trotz ihrer liebreichen Bemühungen Wiesing ihr kein rechtes Vertrauen zu schenken schien.

„Die Mädchen betrachten Euch als ihre natürlichen Feinde, und im Grunde haben sie recht darin," hatte Martin einmal gesagt. Das konnte Agathe doch nicht verstehen.

Indessen interessierte sie sich nach und nach weit mehr für ihren imaginären Geliebten, als für die Seelenbildung des Hausmädchens, und bekümmerte sich nur noch um sie, wenn diese ihre Dienste brauchte.

„Fräulein," sagte Wiesing eines Morgens, als sie Agathe warmes Wasser in ihr Schlafzimmer brachte, und dabei stand sie mit gesenkten Augen, „an meiner Thür is kein Riegel, könnte da nicht einer angemacht werden?"

„Ja — hast Du denn keinen Schlüssel?"

„Den hat der junge Herr abgezogen," stotterte Wiesing.

„Der junge Herr? Was ist denn das für dummes Zeug! Du hast ihn sicher verloren!"

„Ne, Frölen!"

„Lüge nicht, Wiesing. Als ob Du jemals sagen würdest, wenn Du etwas zerbrochen oder verloren hast!"

„Ne, Frölen — ach mien leiwer Gott — ick wet mie jo gor nich mehr tau helpen!"

„Ich verstehe Dich gar nicht. Was willst Du denn — so rede doch hochdeutsch," sagte Agathe ungeduldig und goß das warme Wasser in ihre Waschschüssel.

„De junge Herr — feggen Se man nix tau de Fru Regierungsräten — ik hew jo da ok nix von feggt, un Dorte die feggt, ik redte mir das man bloß ein!"

Das runde, kindische Gesicht des Mädchens verschwand in ihrer weißen Schürze, sie schluchzte erbärmlich.

Agathe sah sie erstaunt an. Plötzlich wurde sie dunkelrot.

„Walter hat Dich wohl nur erschrecken wollen," sagte sie leise. „Ich will ihm sagen, daß Du solche Späße nicht magst!"

Wiesing hob das nasse Gesicht und sah Agathe mit verstörten blauen Augen hilflos an. „Fräulein — das war ja wull kein Spaß!"

„Ach, was denn sonst, Du dummes Ding. Denkst Du denn... mein Bruder ist ja verlobt!"

„Det hew ik den jungen Herrn ok feggt, he fullt sich de Sünd' schämen, hew ik feggt. He wull un wull nich hören ... Frölen, wenn he wieder kimmt — ik wet mie nich tau helpen!"

„Wieder kommt?" fragte Agathe, wie in einem beängstigenden Traum erstarrend. „Wo hat er Dir das gesagt?"

„In mien lütt' Kammer."

„Luise, Du lügst," schrie Agathe zornig.

Das Mädchen schluchzte nur noch heftiger.

Agathe ging von ihr fort, an das andere Ende des Zimmers.

„Mein Gott — mein Gott!" stammelte sie nach einer Weile und wand die Hände in einander.

„Wiesing, wir wollen Mama nichts sagen," flüsterte sie, ihre Thränen strömten dabei. „Mama könnte das nicht ertragen, sie ist ohnehin so kränklich — und sie hat Walter so lieb!"

„Jo Frölen!"

„Du mußt aus dem Haus, Wiesing."

„Jo Frölen!"

„Wie fangen wir das nur an?"

Wiesing antwortete nicht.

„Ich muß mit Walter reden. Mein Gott — das kann ich ja nicht — das kann ich ja nicht.... Was ist denn nur über ihn gekommen!"

„So'n fiener jung' Herr," sagte Wiesing nachdenklich und trocknete sich die Augen.

„Zum Donnerwetter! wo sind nur meine Stiefel wieder! Luise!" rief Walter im Flur.

Die beiden Mädchen schraken zusammen und blickten sich erschrocken an.

„Er hat doch seinen Burschen zur Bedienung," murmelte Agathe.

„Luise!" scholl des Lieutenants grollende Stimme aufs Neue über den Flur. Das kleine Hausmädchen lief in der Gewohnheit des Gehorsams hinaus.

Agathe horchte, mit einem Gefühl, als seien ihr die Glieder abgestorben, was draußen zwischen den Beiden vor sich ging.

Walter sagte jedoch nur kurz und scharf: „Luise, rufen Sie mir den Burschen." Wiesing antwortete mit ihrem mühsamen Hochdeutsch:

„Ja, Herr Lieutenant." Da war es Agathe plötzlich, als habe sie das eben Gehörte alles nur geträumt.

— — So leicht ging es doch nicht, sich darüber hinwegzusetzen.

Jetzt mußte sie überlegen, ohne mit Rat unterstützt zu werden, ganz allein nach ihrem Ermessen, unter ihrer Verantwortung. Sie mußte mit Walter reden, es gab keinen anderen Ausweg. Wenn sie das ihrem Vater sagte, es mußte eine furchtbare Szene werden — etwas so Ehrloses würde Papa seinem Sohne nie und nie verzeihen.

Zuerst ging sie zu einem Schlosser und kaufte einen Riegel mit großen Krampen. Sie konnte kaum ihr Anliegen hervorbringen, denn sie meinte, man müsse ihr im Laden ansehen, zu welchem Zweck sie den Riegel brauchen wollte. Dann hammerte sie ihn mit Wiesings Hülfe an deren Kammerthür fest, zitternd in der Furcht, Mama möchte sie dabei treffen und fragen, was das zu bedeuten habe.

Wiesing hatte das Fenster in dem engen Raum seit dem Morgen noch nicht geöffnet, es war eine abscheulich dumpfe Luft darin. Schmutziges Wasser stand in der Schüssel, ausgekämmtes Haar und allerlei armseliger Plunder lag auf dem Boden herum. Und Walter — ihr peinlich sauberer, eleganter Bruder, in seiner glänzenden Uniform war hier gewesen .... wie war es nur möglich?

Es schüttelte sie ein Grauen, ein Ekel.

Wie sollte sie Walter anreden? Er kam ihr vor wie ein Verworfener, zu dessen Gefühlen sie keine Brücke mehr fand. Auch wenn sie Wiesing ansah, empfand sie eine heftige Abneigung gegen das Mädchen, durch welches sie ihren Bruder verloren hatte.

Sie las in ihrem neuen Testament und betete um Kraft. Sie erinnerte sich, daß Pastor Kandler ihr einmal gesagt hatte: in jedem Menschen lägen die Keime zu allen Sünden verborgen. Sie wollte versuchen, ihrem Bruder in Liebe zuzureden. Sie hatte eine Empfindung, als tappte sie in die schwarze Fensternis und ergreife etwas Widerliches.

So quälte sie sich den ganzen Tag hin und wünschte, Walter möge so viel Dienst haben, daß eine Unterredung mit ihm unmöglich werde. O war sie feige!

Nachmittag kam Eugenie auf eine Viertelstunde. Als sie noch dasaß und Eugenie nicht wußte, was sie mit ihr sprechen sollte, trat Walter ein. Er war geritten, das krause Haar klebte ihm feucht an der Stirn. Er sah ein wenig verdrießlich aus. Doch küßte er Eugenie. Sie ordnete mit ihren hübschen, geschickten Fingern sein Haar, sah ihm mit ihrem kühlen, spöttischen Lächeln in die Augen und fragte: „Aerger gehabt?" Und dann strich sie leicht über seine Uniform, wie einst ihre Hände beruhigend über Agathes Schläfe geglitten waren, wenn diese Zahnschmerzen hatte, in der Pension.

Durch die Erinnerung kamen Agathes Gedanken auf den Kommis, der Eugenies erste Liebe gewesen, und auf das Zimmer mit den Zigarrenproben.

Ach, wenn sie doch hätte fortlaufen können — weit, weit fort von allen Menschen.

Eugenie nahm Abschied, Walter brachte sie hinaus. Der Vater machte seinen täglichen Spaziergang, Mama hatte ihn heute begleitet, weil sie einen Besuch damit verbinden wollten. Walter kam ins Zimmer zurück. Da war Agathe allein mit ihm, und nun mußte sie reden, es half ihr niemand.

„Was machst Du nur heute für ein Gesicht? Eugenie fragte auch, was Dir wäre?" Damit begann Walter unvermutet das Gespräch. Sie nahm ihre Kraft zusammen — übrigens verstand er sie schon nach den ersten halblaut hingestammelten Worten.

Aber es kam ganz anders, als sie erwartet hatte! Er zeigte keine Spur von Scham oder Reue, wurde zornig, ging mit klirrenden Sporen im Zimmer hin und her und rief halblaut, vor Aerger heiser:

„Kümmere Dich nicht um Dinge, die Du nicht verstehst! Hörst Du? Hiervon verstehst Du garnichts. Keinen Schimmer! Darum hast Du auch kein Recht, abzuurteilen."

„Ich verstehe, daß Du verlobt bist! Ich finde es ehrlos . . . ."

„Untersteh' Dich . . . .!" Agathe sah die drohend erhobene Faust ihres Bruders vor ihren Augen.

„Schlag' mich nur," rief sie, „darum ist Dein Betragen doch ehrlos. O pfui — pfui — daß Du mein Bruder bist!"

Sie brach in leidenschaftliches Weinen aus. Er hatte seine Hand sinken lassen, aber er war jetzt ganz weiß und knirschte mit den Zähnen.

„Ich verbiete Dir, Dich in meine Angelegenheiten zu mischen — hörst Du? Du beträgst Dich nicht wie eine Dame, sondern wie ein exaltiertes Frauenzimmer. Es ist unpassend von Dir, an solche Dinge zu rühren! Verstehst Du mich?" Damit riß er die Thür auf und warf sie gleich darauf krachend zu.

Agathe saß eine Zeit lang still und betäubt von großem Kummer auf einem Stuhl.

Später am Abend fragte sie Wiesing, ob sie nicht zu ihren Eltern gehen könne, ob sie nicht sagen wolle, ihre Mutter wäre krank und brauche sie. Aber das kleine Hausmädchen schüttelte den Kopf und antwortete mit unbegreiflicher Ergebung: „Ach, wat meinen Frölen, — mien Modder wull mi schön schelten, wenn ik nach Hus käme. Un' Dorte seggt ok, dat's all gliek bei de Herrschaften. De jung' Herr hat ja och woll bald Hochtied und dann kümmt he jo ok weg."

Was konnte Agathe weiter thun? Sie hoffte, daß ihr Bruder einen Eklat fürchten würde. Aber sie hatte jeden Maßstab für die Berechnung der Möglichkeiten verloren.

Sie konnte sich nicht entschließen, Wiesing jemals wieder nach dieser Angelegenheit zu fragen, doch nannte sie sie von nun ab wie die Mutter „Luise." Es war für sie etwas Gemeines an dem Mädchen haften geblieben.

IX.

Agathe war nun schon zwanzig Jahre alt.

Die Regierungsrätin freute sich recht, als im Februar eine entfernte viel jüngere Verwandte, mit der sie hin und wieder kurze Briefe wechselte, die Bitte an sie richtete, ihr das Töchterchen für einige Wochen zu schicken. Agathes Photographie habe in ihr den Wunsch erweckt, sie kennen zu lernen.

Die Cousine, die, zur Malerin ausgebildet, einen polnischen Künstler, Kasimir von Woszenski, geheiratet hatte, galt bei Heidlings für geistig anregend, ja für genialisch. Dabei waren die Familienverhältnisse des Ehepaares doch so solide gefestigt, daß selbst der Regierungsrat nichts Ernstliches gegen einen Besuch der Tochter einwenden konnte. Aber es gefiel ihm nicht, sie von seiner Seite zu lassen. Er war an ihr Schwatzen und Lachen, an das Gehen und Kommen all der jungen Mädchen um ihn her gewöhnt. Er mochte diesen leichten anmutigen Reiz in seinem trockenen, arbeitsvollen Berufsdasein nicht entbehren — auch nicht für vier Wochen. Er sah nicht ein, wozu er eine Tochter habe, wenn sie auf Reisen gehen wollte.

Unsicher bemerkte die Rätin: Agathe könnte

doch da vielleicht jemand kennen lernen . . . . . jemand mit Vermögen.

Der Regierungsrat wurde sehr zornig. Er habe nicht nötig, seine Tochter verschachern zu lassen; er könne selbst für seine Tochter sorgen, und sie brauche durchaus nicht zu heiraten.

So hatte es ja die Rätin nicht gemeint. Sie wollte etwas andeuten, was sie nicht zu sagen wagte, weil es ihr unzart vorkam. Agathes Wesen, das gegen die jungen Männer ihres Kreises immer steifer und verschlossener wurde, bekümmerte die Mutter. Agathe hatte durch hochmütige Nichtachtung schon mehrere Herren, die sich ihr auffällig zu nähern suchten, verletzt und zurückgestoßen. Die Rätin wußte nicht von der Erfahrung, die Agathe an ihrem Bruder gemacht hatte, und die auf ihr ruhte, wie ein Unrecht, an dem sie durch ihr Verschweigen mit schuldig geworden war. Die Rätin wußte auch nichts von den Beziehungen Lord Byrons zu ihrer Tochter.

In ihrem, durch die Sorgen um einen weitläufig und umständlich geführten Haushalt, von den Erinnerungen an ihre toten Kinder und von ihrem Nervenleiden gequälten Kopf war längst ein Zustand der Ermattung eingetreten, der es ihr unmöglich machte, Ursache und Wirkung irgend welcher Verhältnisse zu übersehen, eine Gedankenfolge klar und scharf zu Ende zu führen. Aber je schwächer ihr ursprünglich nicht armes Verstandesvermögen wurde, desto mehr steigerte sich die Ahnungsfähigkeit ihres Gemütes, das mit unendlich feinen Gefühlstastern den verborgensten Stimmungen ihrer Lieben nachspürte und sie leidend mitempfand. Sie seufzte, sobald die Rede auf Walters und Eugeniens Hochzeit kam, und doch war für alle Freunde der Familie in dem bevorstehenden Ereignis eitel Freude für ein Mutterherz zu sehen. So fühlte Frau Heidling auch jetzt, daß eine Zerstreuung, ein Wechsel der Eindrücke für Agathe heilsam sein werde. Sie hatte nicht ohne Absicht die letzte schöne Photographie des Mädchens dem Malerehepaar geschickt. Weil sie keine überzeugenden Gründe vorbringen konnte, suchte sie ihr Ziel mit stillem Eigensinn zu erreichen.

Frau Heidling eröffnete ihrer Tochter mit betrübtem Gesicht, der Vater habe entschieden, wenn sie reisen wolle, so könne sie die Kosten von ihrem Taschengelde tragen.

„Papa weiß ja gar nicht, daß Du Dir was gespart hast," fügte sie mit einem schelmischen Triumph hinzu. „Zwanzig Mark gebe ich Dir aus der Wirtschaftskasse — die kann ich gut erübrigen! Da muß er es doch erlauben! — Freust Du Dich nicht auf die Reise?"

Agathe blickte ihre Mutter verstört und erschrocken an.

— — Ja — sie hatte sich einen kleinen Schatz erspart....

Schon lange trug sie in Gesellschaften keine Glaceehandschuhe mehr, sondern Halbseidene, und auf Spaziergängen sogar Baumwollene. Machten die jungen Damen einen Abstecher zum Konditor, so wußte sie sich auf irgend eine Weise zurückzuziehen, und ihre Geburtstagsgeschenke waren geradezu mesquin. Die öffentliche Meinung beschäftigte sich bereits mit der augenfälligen Vernachlässigung ihrer sonst so gepflegten Erscheinung und mit der Veränderung ihres sorglos generösen Charakters.

Da der Wortschatz der jungen Mädchen kein allzu reichhaltiger war, wurden zwei Ausrufe bald von Lisbeth Wendhagen, bald von Fräulein von Hennig, dann wieder von Kläre Dürrheim oder von Eugenie als neueste Beobachtung preisgegeben.

„Kinder, was sagt ihr nur zu Agathe? —"
„Ich finde das eigentlich . . . ."
Der Grad von Mißbilligung, von Entrüstung schien so stark zu sein, daß er nur durch eine unheimliche Pause hinter dem „eigentlich" . . . . . recht zur Geltung gebracht werden konnte.

Agathe sparte für eine Reise nach England. Sie wollte ihres toten Lieblings Grab besuchen, an den Stätten wandeln, wo er geatmet und gesungen — wo er das Leben gelitten und genossen hatte.

Ach — und wie lange dauerte es, bis aus den einzelnen Nickel- und Silbermünzen ihres Taschengeldes auch nur ein Goldstück eingewechselt werden konnte. Auf dem Grunde des Kästchens, in dem Agathe ihren Schatz bewahrte, lag ein Zettel, der in gotischen Buchstaben den

Spruch enthielt: Vernunft, Geduld und Zeit macht möglich die Unmöglichkeit. Wenn Agathe ihn las, war ihr zu Mute, als nähme sie einen Schluck Chininwein.

Mit nervöser Lust fühlte sie das Geld zwischen ihren Fingern, das ihr endlich ein Erlebnis bringen sollte — das große Erlebnis, nach dem ihr ganzes Wesen gespannt war. Vielleicht erlaubten ihr die Eltern die Reise nicht — vielleicht mußte sie heimlich gehen und durfte dann niemals wiederkommen . . . Sie besann sich, ob irgend etwas in dem Kreise ihrer jetzigen Freuden sie mit starker Gewalt hätte zurückhalten können?

Nein — da gab es nichts. Alles erschien ihr fade und klein, von allem kehrte sie sich mißtrauisch oder gleichgültig und verdrossen ab.

Nun wurde sie plötzlich vor eine schwere Wahl gestellt.

England zu erreichen, ohne die Einwilligung der Eltern, war ja höchst unwahrscheinlich — wie eine ganz tolle Idee kam der Plan ihr jetzt vor.

Frau von Woszenska schrieb reizende Briefe — zu drollig . . . . Und ihr Mann war ein richtiger Pole — große Künstler verkehrten in seinem Hause . . . .

Agathe antwortete, sie wolle reisen — natürlich wollte sie!

. . . . Ach Gott — nun mußte sie die Goldstücke in ihr Portemonnaie stecken. Wie sie damit ihre Liebe profanierte.

Sie war feige — sie war kein großer Mensch, der sich und seinen Entschlüssen treu bleibt.

Aber was half's! Nun wollte sie auch einmal wieder von Herzen vergnügt sein.

* * *

Frau von Woszenska erwartete Agathe auf dem Bahnhof und schleppte sie gleich zu ihrem Manne ins Atelier. Ein starker Duft von Terpentin und egyptischen Cigaretten drang ihnen entgegen. Der polnische Maler schob die Brille auf seine magere Adlernase herunter und blickte Agathe mit blauen traurigen Beobachteraugen an, während seine dürre lange Hand sie herzlich begrüßte. Er hatte in einem geschnitzten Lehnstuhl gesessen, den Kopf an ein altes Lederkissen gelehnt — seine begonnene Arbeit prüfend. Auf einer Staffelei vor ihm stand eine große Leinwand.

Frau von Woszenska, die, aus Leipzig gebürtig, ein lebhaftes Sächsisch redete, stellte sich neben ihren Mann, legte ihm die Hände auf die Schulter, blickte das Bild mit scharfer Aufmerksamkeit an und rief dann fröhlich:

„So wird's, Kas! Here mal, mei Kutster — so wird's!"

Herr von Woszenski wendete sich höflich zu Agathe und sagte:

„Ich wollte es die Extase der Novize nennen."

Agathe suchte sich in das unvollendete Gemälde hineinzufinden.

Vor einem mit phantastischer Vergoldung prunkenden Altar, auf dem Kerzen im Weihrauchnebel flimmern und blutroter Sammet über weiße Marmorstufen flutet, ist eine junge Nonne in die Kniee gesunken — ihr dunkler Schleier, die schweren Gewänder flatternd in geisterhaftem Sturmwind, der mit einem Strom von Glanz durchs hohe Kirchenfenster bricht — unzählige geflügelte Köpfchen, amorettengleiche Engels-Gestalten vom Himmel herabwirbelnd. Und die junge Nonne hat in den erhobenen Armen das Jesuskindlein empfangen.

Ihre Gestalt, die selige Innigkeit ihrer Geberde waren erst in Kohlenstrichen angedeutet — ihr Antlitz ein leerer grauer Flecken. Aber Agathe seufzte tief in andächtiger Verwunderung, als sie die Meinung verstand.

Frau von Woszenska nahm sie bald mit sich, indem sie ihrem Manne zurief: „Höre, Du — heut giebts nur Eierkuchen und ein Stück Schinken — ich brauche die Köchin."

Er lächelte einverstanden.

Frau von Woszenska hatte ihr Atelier in der Wohnung, um neben der Kunst den Haushalt überwachen zu können. Sie malte lustige Schulmädchen und blonde Kinder, die einen schwarzen Pudel abrichten. Damit verdiente sie das tägliche Brot und für ihren Gatten die Muße, die er zu seinen großen, unverkäuflichen Werken brauchte.

Nachdem die robuste Dienstmagd Agathes Koffer heraufgetragen und noch einmal Kohlen in den Ofen geschaufelt hatte, legte sie ihr Kleid ab und schälte aus dem berußten Baumwollenstoff ein Paar prachtvolle Schultern und Arme. Sie setzte sich auf ein erhöhtes Podium, Frau von Woszenska zeichnete ernst und eifrig. Agathe stickte eine Decke für Mama und wunderte sich dabei über die Situation im Allgemeinen und im Besonderen über die seltsamen Grimassen, die Frau von Woszenska bei der Arbeit ein unbewußtes Bedürfnis zu sein schienen.

Sie nannte Agathe sofort mit dem Vornamen und „Du". Auf diese Weise gab sie ihr gleich ein Heimatsgefühl.

Der kleine Sohn Michel kam aus der Schule. Er sah blaß und müde aus. Frau von Woszenska schimpfte auf die verrückten Schuleinrichtungen. Sie schnarrte das doppelte „R" so eindrucksvoll, daß der Laut förmlich eine pathetische Bedeutung von Zorn und Leidenschaft erhielt.

Die Köchin hatte ihre Götter=Schultern schon vorher wieder in blauen Gingan gehüllt und brachte dem Kleinen die Suppe. Michael reckte seine dünnen Glieder auf dem Stuhl vor dem Teller und ließ die Winkel seines eingeknifften Mündchens hängen. Er hatte keinen Appetit.

„Das Kind ißt wieder nicht . . . .. Einem sein Kind in solchem Zustand nach Haus zu schicken!" murmelte Frau von Woszenska. Sie versprach Michel, wenn er essen wolle, zur Belohnung „die traurige Ziegenfratze" oder „die lustige Mohrenfratze". Die Orang-Utangfratze, erzählte sie Agathe, dürfe sie nur machen, wenn es Kas nicht sehe — die wäre ihm zu unästhetisch.

„Mutter — jetzt hab' ich 'ne närrische," sagte Michel, „— — weißt Du, wie unser Klassenlehrer macht, wenn er Fliegen aus den Tintenfässern fischt?"

Der Junge nahm ein Stückchen Brot, holte Reisbröckchen aus seiner Bouillon, schleuderte sie fort und murmelte ingrimmig:

„So 'ne Schweinerei — nee, so 'ne Schweinerei!" Er brachte den Eifer und den Ekel eines vertrockneten Gymnasiallehrer-Gesichtes in erstaunlicher Weise zur Darstellung.

Seine Mutter und Agathe lachten laut auf. Frau von Woszenska schüttelte sich vor Vergnügen, in ihren Augen funkelte eine wilde Rachebefriedigung.

„Famos, Michel! Nochmal! Das muß ich auch lernen!"

Michels erschlaffte kleine Züge röteten sich, während er und seine Mutter die neue Fratze probierten. „Du kannst's, Du kannst's!" schrie er begeistert. „Jetzt esse ich auch meine Suppe!"

Sich an der Dummheit, der Trivialität, der Häßlichkeit wie an einem seltsamen Genusse zu ergötzen — das war die Weise, in der die drei verfeinerten Menschen sich gegen diese Gewalten wehrten, wodurch sie sich Freiheit und geistreichen Frohsinn bewahrten.

Nannte Woszenski seine Frau bei ihrem Vornamen, so fand er es entzückend, daß die ungewöhnliche Person, deren Bewegungen an ein japanisches Götzenbild erinnerten, welches kurzes, krauses, nach allen Seiten davonstarrendes Negerhaar besaß und grelle aufgeregte Augen — daß sie gerade „Mariechen" heißen mußte. Der Gegensatz, den ihr scharfes Organ und ihr Leipziger Dialekt zu seinem gewählten, leicht von ausländischem Accent berührten Deutsch bildete, hatte vielleicht auf den Entschluß, sie zu heiraten, eingewirkt, als ein subtiler und närrischer Reiz. Ihm waren die gesellschaftlichen und künstlerischen Verhältnisse der Gegenwart so zuwider gewesen, daß er verwundet und ermattet allem den Rücken gekehrt und sich bei einem Enisiedler auf Capri in Kost und Wohnung gegeben hatte, als dem einzigen Menschen, der seinen Nerven nicht unerträglich wurde. Bis Mariechen kam und ihn sich durch ihren sieghaften Humor in die Welt zurück holte.

Am Abend, während das Ehepaar mit dem jungen Gast in ihrem Wohnzimmer saß, von dessen Decke eine Messing-Lampe aus einer Synagoge niederhing, wo lebensgroße buntbemalte Kirchenheilige an den Wänden lehnten und über den gefalteten Händen Fetzen von japanischer Seide trugen, begann Herr von Woszenski aus jener Zeit zu erzählen. Er war in einem alten

Pelzrock gewickelt, auf dessen Schultern sein langes, schon ergrauendes Haar Spuren gelassen hatte. Seine ausdrucksvolle Künstlerhand liebkoste den wirren Bart, und er rauchte unzählige Cigaretten, während er mit leiser bedeckter Stimme sprach.

— — Bei Pagano war ein junger Maler gestorben. Er und ein paar andere hatten seine Leiche zum Festland hinübergerudert . . . . „Das Meer glänzte still im frühen Morgenlicht wie so eine kostbare Perlmutterschale — und auf der grauen Flur trieb ein großer Strauß blaßroter Rosen an uns vorüber — wir sahen sie immer auf- und niederschwanken, mit der Bewegung der Wellen. Und der schwarze Sarg im Boot war ganz bedeckt mit Rosen . . . ."

———————

Agathe lag lange wach auf dem ungewohnten Lager, in dem ihr noch fremden Raum.

Sie hörte das Murren der Wogen zwischen Capri und Neapel — sie sah die Rosen auf der silbernen Flut . . . . Blutroter Sammet strömte über den Hochaltar, Engelsköpfe umgaukelten sie . . . . . Und ein Sturmwind vom Himmel schauerte durch ihre Seele.

* * *

„Das Kind soll die alte Hauptmann Gärtner besuchen, ihre Mutter kennt sie von früher. Ich will Mittag mit ihr hingehen. Du könntest 'mal bei Lutz vorsprechen, Kas. Wir treffen uns dann." So bestimmte Frau von Woszenska das Programm des Tages.

Agathe verspürte Lust, sich zu putzen. Sie nahm ihren neuen Rembrandthut aus dem Koffer. Der Hut stand ihr reizend. Papa hatte ihn zu auffallend gefunden, aber Mama hat gemeint, für die Künstlerstadt wäre so etwas gerade das Richtige. Doch Frau von Woszenska trug sich sehr einfach — beinahe schäbig sah sie aus in ihrer schwarzen Trikotbluse.

Nein — Agathe genierte sich . . . . Frau von Woszenska würde sie für eine oberflächliche, eitle Fliege halten. Und man zog auch seine besten Sachen nicht so mir nichts dir nichts an, wenn man gerade vergnügt war, sondern wenn die Gelegenheit es forderte. Die Anschauung war Agathe nun einmal in Fleisch und Blut übergegangen. Es taute überdies und das Wasser klatschte in großen Tropfen von den schneebedeckten Dächern. Der Rembrandthut wanderte in den Koffer zurück und die Pelzmütze wurde aufgesetzt. Ganz nett sah sie ja so auch aus — wenn sie einmal nicht geistreich und bedeutend sein konnte, so war es doch recht angenehm, daß sie wenigstens so ein hübsches Gesichtchen hatte. Frau von Woszenska tauschte beim Frühstück mit ihrem Manne ganz beifällige Bemerkungen über sie, eigentlich ein bißchen als wäre sie ein Bild, nicht ein lebendiger Mensch, der eitel werden konnte. — — Merkwürdig lau war die Luft, ihre Winterjacke wurde Agathe viel zu warm. Sie knöpfte sie auf, denn sie hatte schon so eine Freude, daß man sich hier in dem stillen alten Städtchen und bei Woszenskis mehr gehen lassen konnte als zu Haus, wo man fortwährend Rücksicht auf Papas Stellung nehmen mußte.

Während des Besuches saß sie nach einigen von ihr beantworteten Fragen still und hörte auf Frau von Woszenskas Gespräch mit der alten Dame. Alles, was Frau von Woszenska sagte, war Agathe spannend und merkwürdig, wenn sie auch nur, wie eben jetzt, von Dienstboten sprach.

„... Ja — ich wollte mal 'ne Solide haben. .... Eine Solide!! sage ich zu Kas. Da nehmen wir eine, die 'n Kropf hat ..."

Das „R" wurde mit Leidenschaft geschnarrt. „Und een' Buckel! Einen ordentlichen Buckel! — So. — Am ersten Sonntag kommt das Frauenzimmer: ist zum Maurerball eingeladen. Willst Du nicht vorher essen? frage ich. Da stellt sie sich vor mich hin und sagt so ganz von oben — von oben herab — über den Kropf weg: Ich danke — die Herren traktieren! — Nun habe ich aber eine Schöne! Die kann ich doch zum Modell brauchen!" Laut und triumphierend schlug sie auf den Tisch.

Die Hauptmann Gärtner machte ein Gesicht, als thue man ihr weh. Sie bemerkte mit schwachem Lächeln, eine besondere Schönheit könne sie an Woszenskis jetziger Köchin nicht finden — aber Künstler wären in allem so originell.

Frau von Woszenska grinste mit der lustigen Mohrenfratze zu Agathe hinüber. Sie verabschiedete sich höflich und versicherte, ihr Mann warte schon unten auf sie.

Er kam aus der höheren Etage und traf mit ihnen auf der Treppe zusammen.

„Da hab' ich ja nicht 'mal gelogen!" rief die Malerin.

„Kommt doch einen Augenblick herauf, Lutz möchte Dir sein Bild zeigen. Das Atelier wird Fräulein Agathe auch interessieren," sagte Woszenski.

„Sie wird sich doch nicht verlieben?" flüsterte Frau von Woszenska und machte strenge Augen. „Kind — laß das lieber — der da oben ist nichts für Dich."

Agathe lächelte, sie dachte an Lord Byron.

— Ein junger Mann hielt den Vorhang, durch den sie eintreten sollten, zurück und nahm den Hut ab. Er war schon zum Fortgehen gerüstet und trug Ueberschuhe, die für seine schmale, dürftige Figur viel zu groß und plump erschienen. Die Bewegung, mit der er grüßte und hinter seinen drei Gästen den alten Gobelin fallen ließ, war von eigentümlich zarter, liebenswürdiger Anmut.

X

Als Agathe in ihr Gastzimmerchen bei Woszenskis zurückkehrte, schloß sie eilig die Thür hinter sich.

Sie blieb einen Augenblick stehen, sah erstaunt und verwirrt umher. Plötzlich fiel sie vor dem Bett auf die Knie, drückte ihren Kopf in die Arme und blieb so eine lange Weile, das Gesicht in den weißen Decken verborgen, ohne sich zu regen. Sie weinte nicht. Ein heftiges, anhaltendes Zittern lief durch ihren Körper. Dann war es, als ob die Luft ihr fehle. Sie warf den Kopf in den Nacken und blickte mit geöffneten, bebenden Lippen empor.

„Ach Gott! Ach Gott — ach mein lieber Gott!"

Ungeduldig zerrte sie die Handschuhe ab, sprang auf, schleuderte ihre Mütze, ihre Jacke von sich und lief planlos, die Augen mit Thränen gefüllt, in dem engen Raum umher.

Sie blieb stehen . . . .

. . . . Wie eine Erscheinung sah sie das Profil — die Linien seines Kopfes vor sich in der Luft.

Allmählich erblühte aus der Qual in ihrem Antlitz ein Lächeln, ein trunkenes Leuchten der Augen. Tief aus der Brust rang sich seufzend der Atem, die Thränen quollen und rannen klar über die glutheißen Wangen. Das Mädchen faltete die Hände und sprach leise, feierlich:

„Ich liebe ihn."

— Erschöpft saß sie auf dem Rand ihres Lagers, preßte die gefalteten Hände gegen die Brust und wiederholte entzückt:

„Ich hab' ihn lieb — ich hab' ihn lieb..."

So versank sie in Träume. Wie war nur alles gewesen? — sie erinnerte sich nicht mehr, was er mit ihr gesprochen.... Wie er den kleinen schwarzen Hut von dem hellen Kopf genommen und ihr seinen Blick zugewandt — das wußte sie noch. Ja — hell und zart — mit seinen schlanken Formen, ein wenig blaß und müde um die Augen — so trat seine Erscheinung wie hinter einen leichten Nebel, der alles nur undeutlich erkennen ließ, vor ihre Phantasie.

— Sie hatten wenige Worte gewechselt — er redete mit Frau von Woszenska über seine begonnene Arbeit. Da gebrauchten sie Ausdrücke, die Agathe fremd waren, die auch ihr Vater niemals benutzte, wenn er über die Kunst sprach. Und sie machten mit Händen und Fingern andeutende, zeichnende und fortwischende Bewegungen in der Luft. Frau von Woszenska rührte an bunte Stoffe, die auf einem weißlackierten Tischchen lagen, und entschuldigte sich ernsthaft, als habe sie eine große Rücksichtslosigkeit begangen. Er lächelte und bemerkte, das habe nichts auf sich. Er hob einen der Stoffe in die Höhe und liebkoste ihn gleichsam mit seinen unruhigen Händen — eine weiche, weiße, türkische Seide von kühlen, blaugrünen Streifen durchzogen. Sie war auf dem Bilde wiedergegeben, ein bronzener Amor sprang aus ihren Falten.

Agathe wagte zu sagen, sie möge Stillleben nicht leiden — aber diese Idee wäre lustig.

Da sah er sie noch einmal schnell und flüchtig an. „Ja? — Meinen Sie? Ich denke auch."

— Sie hörte, daß er Herrn von Woszenski „mein Freund Hamlet" nannte und ihm riet, nach München zu ziehen. Hier würde er kein Modell zu der Nonne finden. „Das Naive ist hier immer gleich roh!"

Schüchtern hatte Agathe sich in dem Atelier umgesehen. Eine kleine Chaiselongue mit blauem Seidenplüsch bezogen — Kissen von verblaßtem, blumendurchwirktem Damast auf graziös geschweiften Stühlen — alles andere war ein Gewirr von weichen, einschmeichelnden Farben — Formen — Stoffen — Dunkelheiten, die durch alte Radierungen und Bronzen in die lichte Eleganz gebracht wurden. Die Einrichtung unterschied sich stark von dem herben Künstlergeschmack, der bei Woszenski herrschte.

Niemals hatte Agathe dergleichen gesehen. Aber in ihr tauchte eine Erinnerung auf, als habe sie davon geträumt — als habe sie das alles unbewußt gesucht.

———

Sie hob ihre Hand, die der Maler beim

Abschied flüchtig gedrückt — ein süßes, liebes Gefühl war ihr in den Nerven geblieben. Zitternd näherte sie sie den Lippen — es war kein Kuß, nur ein leises, behutsames Ruhen des Mundes auf der Stelle, die er berührt hatte. —

Ihr Staunen, von der längst erwarteten, gefürchteten, erhofften Gewalt berührt, ergriffen, eingehüllt und gefangen zu sein, wich mehr und mehr einer schelmischen Neugier auf alles, was nun folgen mußte.

Und die Phantasie mit ihren trügerischen Spiegelungen ließ sie im Stich.

Es gab für Agathe nur noch zwei Menschen auf der Welt. Sie mußten sich vereinigen, und das Geheimnis der Vereinigung mußte ihr enthüllt werden. Die Neugier wich auch von ihr. Sie war Entweihung.

Das Mädchen stand mitten im Allerheiligsten des Gefühls — sie war bereit — wie Julia bereit war für den Geliebten.

* * *

Während des Mittagsmahles streifte Frau von Woszenska ihren Gast zuweilen mit aufmerksamem Blick. Agathe aß kaum etwas. Auch am Abend nicht. Sie war sehr schweigsam. Doch ein erhöhtes Wohlgefühl vibrierte in ihr. Das Blut klopfte ihr mit stärkerem Pulsschlag in den Adern, es schimmerte rötlicher, gesunder durch die feine Haut der Wangen. Ihr Gang hatte etwas Freies, Leichtes, sie trug den Kopf stolzer und die braunen

Haarlöckchen flatterten keck um die Schläfe — um die kleinen heißen Ohren. Wenn das Mädchen irgend eine gleichgültige Antwort geben sollte, lächelte sie den Fragenden mit einem schönen frohen Ausdruck an. Jugend und Leben sprachen beweglich aus ihren feuchtglänzenden Augen.

. . . . Nein — das war ja nicht möglich . . . . Herr von Lutz konnte sich nicht in dunkler Nacht aus himmlischen Höhen zu ihr niedersenken, wie Amor die bebende Psyche fand. . . . . Auf der Treppe, die zu Woszenskis Wohnung führte, machte Agathe es sich mit inniger Heiterkeit klar, daß Lutz dieselben Stufen emporsteigen müsse, wenn er sie wiedersehen wolle. Dabei beschlich sie die erste bange Frage, ob das je geschehen würde.

* * *

Das Gedächtnis für diese Zeit ihres Lebens war später fast in ihr erloschen. Sie hatte keine Erinnerung mehr, wann das trunkene Glück sich in Verwunderung, wann die Verwunderung sich zu Angst und die Angst zu dumpfem, quälendem Kummer sich wandelte.

Es geschah alles nicht so, wie sie erwartet hatte. Er kam nicht. Doch sie mußten sich ja wiederfinden. Er wartete wohl auf eine Begegnung, die ihm der Zufall bringen sollte.

Zweifel an dem Eindruck, den sie empfangen hatte, kamen Agathe nicht.

Sie liebte ihn.

Allmählich begann sie zu ahnen, daß Liebe für gewisse Naturen nicht Glück, sondern Leiden ist, und wenn sie nicht zum Höhepunkte gesunden Lebens führt, zur Krankheit wird, an der die Jugend zu Tode welkt.

* * *

In einem Konzert sah Agathe ihn unerwartet dicht vor sich sitzen. Sie hatte ihn nicht einmal gleich erkannt; darüber war sie sehr erschrocken.

Er trug den Kopf ein wenig geneigt. Zuweilen wandte er ihn mit der Anmut, die gerade diese Bewegung bei ihm auszeichnete, zu der Dame an seiner Seite und sprach ein leises Wort.

Agathe wartete in erstickender Spannung, ob er sich auf seinem Stuhl umdrehen und ob sein Blick dann auf sie fallen werde. Er that es nicht. Er schien sehr hingenommen von dem leisen, aber lebhaften Gespräch, das er in den Pausen mit seiner Nachbarin führte.

Ein ungemein zierliches kleines Wesen war sie und trug ein schwarzes Kleid mit winzigen Perlen bestickt, die leicht glitzerten, sobald sie sich bewegte. Dazu ein braunes Hütchen mit weißem Krepp.

In der Form ihres Kopfes lag eine gewisse Aehnlichkeit mit der des Malers, und auch in der Färbung ihrer Haut, die nichts von dem rosigen Anhauch eines Blondinen-Teints besaß, sondern an den matten Ton des Elfenbeins erinnerte.

Aber Lutz hatte ein richtiges Märchenprinzenprofil — und sie zeigte am Ende des Konzertes Agathe ein drolliges Näschen und einen breiten Mund.

Nun erkannte Agathe sie. Es war die Schauspielerin, die sie vor ein paar Tagen in einer Knabenrolle bewundert hatte. Ihre affektierte Grazie war die einer kleinen Rokokofigur auf einem Fächer, dessen Farben schon ein wenig verblaßt sind.

Frau von Woszenska hatte keinen Platz neben Agathe bekommen und saß mehrere Reihen weiter nach vorn. Als Agathe beim Hinausgehen nur noch durch einige Personen von ihr getrennt war, sah sie, wie Lutz zu ihr trat, um sie zu begrüßen. Sein feines nervöses Gesicht nahm einen liebenswürdigen Ausdruck von Güte, ja von Ehrfurcht an. Während er der Schauspielerin folgte, bemerkte er auch Agathe und lüftete noch einmal leicht den Hut. Er lächelte, seine Augen waren träumerisch, die Erinnerung der Musik lag noch darin.

„Ist Fräulein Daniel mit Herrn von Lutz verwandt?" fragte Agathe Frau von Woszenska.

„Nein — ich weiß nichts davon — ich glaube durchaus nicht . . . . Warum?"

„Weil sie sich ähnlich sehen."

„Ja — Du hast recht! Das ist doch närrisch! Sie ist seine Freundin. Ein gescheidtes Frauenzimmer!"

* * *

Woszenski zeichnete Agathe mehrere Male als Studie zu seiner Novize. Lutz habe ihn auf den Gedanken gebracht — sie habe so fromme Augen...

Er seufzte viel bei der Arbeit, durchwühlte sein Haar und seinen wirren Bart, starrte über die Brille hinweg und unter ihr hervor.

„So ein weiches Köpfchen, wo noch nichts drin ist — das ist fein — aber schwer — schwer."

Ihre helle rosige Farbe paßte ihm auch nicht in den Ton des Bildes.

Dann ließ er es plötzlich ganz, ohne einen Grund dafür anzugeben. Holten die Damen ihn aus dem Atelier, so fanden sie ihn, versunken in Grübeleien, vor seinem Werke sitzend. Mariechen machte ein ernstes, sorgenvolles Gesicht.

Abends erzählte er ihnen die tollsten Entwürfe zu neuen Arbeiten. Oder er beriet mit seiner Frau, was er malen würde, wenn er das Talent zum Geldverdienen hätte, was er nicht besaß.

„Mohren gehen — die gehen immer.... Jäger mit Hunden werden auch gern gekauft.."

— — Frau von Woszenska bekam eines ihrer Bilder von der Münchener Ausstellung zurück. „Das Zeug will sich ja keiner in die Stube hängen — na — es war 'mal so 'ne Idee," sagte sie philosophisch, indem sie es auspackte. Ein Turmfenster, das in dem Beschauer den Eindruck von schwindelnder Höhe, von Erdenferne und Himmelsnähe erweckte. Im Hintergrunde die

Umrisse der großen Kirchenglocke. Und ein Kind blickt im Bogen des Fensters, den Kopf auf das runde dicke Aermchen gelegt, ruhig hinab. Ueber ihm, an einem derben Haken, hängt eine tote Gans, auf ihrem flaumigen, mit der größten künstlerischen Delikatesse behandelten Gefieder glänzen still die letzten Sonnenstrahlen.

„— Tante Mariechen," fragte Agathe, „wolltest Du damit sagen, daß ein vollkommener Friede nur durch eine Gans und ein Kind dargestellt werden kann?"

Frau von Woszenska lachte. „So kluge Bemerkungen mußt Du den Häßlichen überlassen, dazu bist Du viel zu hübsch," antwortete sie erfreut.

Agathe wurde es viel leichter, ihre Gedanken Woszenskis auszusprechen als ihren Eltern. In der unsicher tastenden Zagheit ihrer Empfindungen verwirrte sie schon die Ahnung eines Widerspruchs. Zu Hause war sie noch immer von Pädagogik umgeben. Hatte Frau Woszenska eine abweichende Ansicht, dann stellte sie sie als eine menschliche Anschauung einer anderen gegenüber. Und Kas war noch feinfühliger als seine Frau. Wo sie Philisterhaftigkeiten bemerkte, wurde ihr ganzes Gesicht gleich grausamer Hohn, auch wenn sie kein Wort sprach.

Nun geschah das seltsame, daß Agathe unter ihrem angelernten Geschmack etwas in sich fand, das damit gar nicht zusammenhing, das selbstständig, wenn auch sehr bescheiden und ängstlich, ein ihr selbst nur halb bewußtes Dasein geführt hatte. Sie bemerkte mit frohem Erstaunen, daß ihr Widerwille gegen die Langeweile, Gleichförmigkeit und Enge der gesellschaftlichen Sitten ihres Kreises, ja gegen die Grundsätze ihrer eigenen Eltern von Woszenskis völlig geteilt wurde.

Vieles, was ihr Vater als absurd und manieriert verdammte, stand hier in hohen Ehren.

So hatte Agathe ganz auf eigene Hand entdeckt, daß es einen großen Künstler gab, der Böcklin hieß, und dessen Bilder jedesmal Sehnsucht und Glück in ihr weckten. Mit unbehaglichem Schweigen, als verleugne sie etwas Heiliges, hatte sie Walters und Eugenies Witze über ihn angehört. Die Thränen schossen ihr in die Augen, als sie Woszenski zum ersten Mal seinen Namen nennen hörte und er, was sie dunkel empfunden, mit geistreichem Verständnis pries. Ihr Wesen streckte sich gleichsam und wuchs und breitete sich aus in diesen Wochen.

Aber am meisten lernte sie doch von Lutz. Wie er war, und was er liebte, und wovon er bewegt wurde, suchte sie listig und mühsam zu erfahren. Es dünkte sie, als käme sie ihm auf eine geheimnisvolle Weise näher, indem sie ihn verstehen lernte.

Ihrem ersten Geliebten verdankte Agathe den Naturrausch, der sie bei jedem Sonnenuntergang in mystische Extasen versetzte — das Verständnis für die großen Konturen der Dinge und die schwärmende Begeisterung für eine weit, weit von allem Erdenweh entfernt wohnende Freiheit.

Der Don Juan, der sie durch seine Ironie verletzte, und den sie bis auf wenige Stellen nicht leiden mochte, hatte ihr bennoch den Blick für die Lächerlichkeit der Konvention geschärft.

Von ihrem zweiten Geliebten erlauschte sie nun den raffinierten Genuß an den Melodieen der Farben, an ihren feinsten Abtönungen, und der Wirkung von Licht und Schatten — an den seltsamen Beziehungen zwischen Farbe und Seelenstimmung.

Adrian Lutz bedeutete ihr: in einem weiten Dunkel mit den beängstigenden Umrissen ungeheurer, unbestimmter Gestalten ein schmaler weißer Lichtstreif — eine zartleuchtende grünblasse Waldorchis.

— — Aus drei Radierungen und ein paar Landschaftsstudien, die Woszenski von Lutz besaß und sehr hoch hielt, bildete Agathe sich eine Geschmacksrichtung: Modernste französische Schule mit etwas nervöser Romantik, die der Künstler aus dem ihm Eigenen hinzugethan.

Das war ein fremdes, scharfes Gewürz in ihrer bisherigen Nahrung. Ob der Regierungsrat Heidling gerade diese beiden Männer zu Erziehern seines Kindes gewählt haben würde?

Vorsichtige Eltern pflegen sich wohl einen Plan für die Bildung ihrer Töchter zu entwerfen. Aber die heimlichen Einflüsse, die am stärksten auf einen jungen Frauengeist wirken — die können sie nicht berechnen.

* * *

Einmal noch während ihres Aufenthaltes bei Woszenskis sah Agathe Lutz von weitem in einer menschenleeren Straße. Sie war dort auf und nieder gegangen, um die Zeit zu erwarten, wo sie ihm zu begegnen hoffte. Es war das erste Mal, daß sie so etwas that, und sie konnte es auch nicht wiederholen — es zerriß sie zu sehr.

Er kam, die Cigarette zwischen den Lippen, aus seinem Atelier, traf auf den Postboten und nahm ihm einen Brief ab. Mit seinen hastigen Bewegungen riß er den Umschlag auf und schritt lesend ihr näher. Agathe ging langsam an ihm vorüber, ohne daß er sie bemerkte. Er blickte in die Höhe, sein bewegtes Gesicht strahlte vor Freude über die Nachricht, die er soeben empfangen hatte. Da fühlte sie tief, daß er mitten in einem reichen Dasein voll mannigfacher Erlebnisse stand — und sie hatte keinen Anteil daran — ihr war es ganz fremd.

Als fünf Wochen verflossen waren, reiste sie nach Haus zurück.

XI.

„Weißt Du, Agathe, wenn diese Woszenskis Dir so viel interessanter sind, als Deine eigenen Eltern, dann ist es am besten, wir treten Dich ihnen ganz ab. Dein Herz ist ja doch bei ihnen geblieben."

„Ach, Papa — so mein' ich's ja nicht..."

„Aber lieber Ernst," sagte die Regierungsrätin entschuldigend, „es ist doch hübsch, daß unser Kind uns von der Reise erzählt..."

„Das wollt' ich mir auch ausgebeten haben," sagte Heidling verstimmt, „vorläufig lasse ich sie nicht wieder fort, sonst findet sie uns nachher zu spießbürgerlich und langweilig."

„Glaube mir nur, mein Kind," redete der Regierungsrat weiter, „was Dich da geblendet hat, ist ein Wesen, in das Du mit Deiner soliden Natur Gott sei Dank gar nicht hineinpaßt — es würde Dir bald genug zum Bewußtsein gekommen sein. So — nun gieb Deinem alten Papa einen Kuß, wenn er auch kein Künstler ist, er meint es doch besser mit Dir, als Deine Woszenskis und wie die Leute da alle heißen."

Frau Heidling kam eines Abends in ihrer Tochter Schlafzimmer. Sie setzte sich und sah zu, wie Agathe ihr langes braunes Haar kämmte.

„Mama, steht es mir besser, wenn ich die

Flechte nicht mehr über den Scheitel lege, sondern so im Nacken trage? Eugenie sagt, es wäre viel moderner."

Mutter und Tochter versuchten die neue Haartracht. Dabei sah die Rätin dem Mädchen in die Augen, wie sie es früher gethan, wenn sie herausbekommen wollte, ob Agathe oder Walter genascht hatten, und fragte scherzhaft obenhin:

„Sag mal — Du — war denn Herr von Woszenski so sehr interessant?"

Agathe lachte.

„Sehr, Mama — wirklich — sehr — ach, er ist entzückend. Ich hab' ihn zu gern!"

„Aber Kind — er ist doch ein verheirateter Mann . . . ."

Die liebe Mama seufzte und sah ganz sorgenvoll aus. „Du bist so verändert, seit Du zurückgekommen bist . . . ."

„Mama — nein!"

Agathe lachte noch viel übermütiger. „Du denkst, ich habe mich in Herrn von Woszenski verliebt?"

„Ein bißchen — natürlich nur ein bißchen!"

Frau Heidling legte die Arme um ihre Tochter und zog sie an sich, um ihr das Geständnis zu erleichtern.

„Sag' mir's, mein Kind!"

Agathe wand sich lachend los.

„Wirklich, Mama, davon ist ja keine Spur! Aber gewiß nicht! Ich schwärme ja nur für sie alle beide. Es sind so liebe, liebe Menschen!"

„Wenn Du's sagst, glaube ich Dir ja — und — und — er hat sich doch nie eine Freiheit erlaubt?"

„Niemals, Mama," rief Agathe empört. „Du machst Dir eine ganz falsche Vorstellung von ihm. Er ist ja so delikat. Nein — nein."

Und nach einer Pause ganz leise, indem sie ihre Mutter küßte:

„Es war ein anderer, Mama — ich kann nicht .... verlange doch nicht, daß ich darüber reden soll."

Mama streichelte schweigend ihr Haar und ging mit dem Licht hinaus.

* * *

Nachdem Agathe an Frau von Woszenski geschrieben hatte, wartete sie täglich in atemloser Spannung auf deren Antwort. Vielleicht würde sie irgend etwas über Lutz schreiben. Oder wenn auch das nicht — Agathe verlangte so sehr danach, von ihr zu hören — den Poststempel der lieben, merkwürdigen Stadt zu sehen, wo ein neues Leben für sie begonnen hatte.

Endlich bekam sie einen Brief von Frau von Woszenski — sehr freundlich — aber viel zu kurz für ihre Wünsche.

Und später schrieb sie nur noch einmal wieder: sie hätte zu viel zu thun — nach dem Malen wären ihre Augen zu angegriffen, um zu korrespondieren — Agathe wisse doch, daß sie sie trotzdem nicht vergessen werde, und daß sie bald wiederkommen müsse.

Ja — ja — ja —. Agathe versuchte, sich mit der Hoffnung auf das Wiedersehen zu trösten.

Gott im Himmel! Warum gab sie nur immer gleich so viel von ihrem Herzen? Die Leute wollten es ja gar nicht haben! Wenn sie doch nur stolzer wäre!

* * *

Am 5. September las Agathe frühmorgens in der Zeitung eine Notiz: Fräulein Daniel war als Naive für das Theater in M. engagiert worden.

Sie hob das Blatt auf und barg es im Schreibtisch bei ihren Reliquien: einer Calicanthusblüte aus Bornau, die immer noch ein wenig duftete, der Manschette ihres Konfirmationsbouquets, Lord Byrons Photographie und einer Rezension über die Berliner Ausstellung, in der Lutz erwähnt wurde. Tausendmal hatte sie den gedruckten Namen schon geküßt.

Ob Lutz am Ende seine Freundin bewogen habe, nach M. zu gehen, um sie hier zu besuchen und Agathe wiederzusehen?

Agathe hatte viel über das Verhältnis der beiden zu einander gegrübelt. Es war doch höchst unwahrscheinlich, daß zwei Menschen, die sich liebten, sich nicht schleunigst heirateten. Also liebte Lutz jedenfalls Fräulein Daniel nicht. Irgend etwas Besonderes mußte dahinterstecken —

ein Geheimnis. Konnten sie nicht Geschwister sein? Sie sahen sich doch wirklich ähnlich. — Wie schön — wie edel von Lutz, eine Schwester, die er aus Achtung vor der Ehre seines Vaters oder seiner Mutter nicht öffentlich anerkennen durfte, mit so heimlicher, zarter Sorge zu umgeben, in ihrer gefährlichen Laufbahn ritterlich über sie zu wachen! Ja — er würde kommen — sicher, sicher!

Die matte, trübe Zeit war zu Ende! Er würde kommen!!

* * *

Zuerst hörte sie bei Wutrows von ihm reden.

„Ich bin heute dem Maler begegnet, der der Daniel nachgereist ist," sagte Eugenie, während Agathe ihr half, die Brautwäsche mit blauen Bändern zu umknüpfen, denn die Hochzeit sollte nun bald sein. „Hertha Henning zeigte ihn mir. Sie will bei ihm Unterricht nehmen. Ihre Mutter ist froh, daß sie sie nun nicht nach Berlin zu schicken braucht — wenn sie miteinander hungern, kostet's doch weniger. Ich finde es ziemlich unpassend — er ist noch ganz jung — höchstens achtundzwanzig — na — und der hat schon manches hinter sich."

„Wieso meinst Du?" fragte Agathe beklommen.

„Ach, das sieht man doch. Aber was ist Dir denn? Mädchen — Du bist ganz blaß! Kennst Du denn Herrn von Lutz?"

„Ich war mit Woszenskis in seinem Atelier," stieß Agathe in ihrer Fassungslosigkeit hervor.

„So — warum hast Du mir davon gar nichts gesagt? Aber so setze Dich doch — Du wirst wahrhaftig ohnmächtig! Nein — dies Mädchen! — Er sieht sehr gut aus — so ein weltmännischer Chic, den die Herren hier bei uns immer nur imitieren. Komm — trink ein Glas Wein!"

— — Hertha Henning hatte also Unterricht bei ihm . . . . Nein — eifersüchtig konnte Agathe auf Hertha nicht werden — dazu war deren Nase zu lang und zu spitz.

Sie versuchte, einen Stuhl zu zeichnen — eine Blume — es mißglückte vollständig. Sie hatte gar kein Talent — keinen Funken. War das nicht jammervoll? Zu nichts hatte sie Anlagen — konnte nicht den kleinsten Vers zu stande bringen. Sie war im Grunde doch ein ganz gewöhnliches Geschöpf.

Und Lutz erkannte sie auch nicht wieder . . . . Als er im Wandelgang des Theaters auf sie traf, sah er sie flüchtig an und grüßte nicht.

XII.

Eugenies und Walters Hochzeit wurde ein großes Fest, mit Polterabendaufführungen und all der sinnigen Unruhe, die der Deutsche bei einem solchen Ereignis gerne erregt. Man schwelgte in Familiengefühl — die entferntesten Onkels, die bejahrtesten Tanten wurden eingeladen, waren sehr gerührt bei der Trauung und wärmten nachher in den Ecken mit spitzen Bemerkungen alte Familienzwistigkeiten wieder auf.

Agathe mußte unter ihrem rosaseidenen Kleide die ganze stumme, hoffnungslose Qual verbergen, die ihr Herz seit Monaten folterte. Wie leicht wäre es Eugenie gewesen, die Bekanntschaft von Herrn von Lutz zu machen und ihm eine Einladung zum Polterabend zu verschaffen. Das wäre dann ein Fest für sie geworden .... Es war so unrecht von Eugenie — freilich — die dachte immer nur an sich.

Sie würgte fortwährend an ihren Thränen, aber bei einer Hochzeit fiel das nicht weiter auf. Martin Greffinger war ihr Brautführer. Er hatte sich sehr verändert, seit sie ihn zuletzt gesehen. Nachdem er das juristische Studium aufgegeben hatte, war er ein halbes Jahr in England gewesen. Was er dort getrieben, wußte niemand. Um Lord Byrons Willen war er gewiß nicht hingereist. Die höhnische Falte um seinen Mund hatte sich noch vertieft. Schweifte sein Blick feindlich über die Hochzeitsgesellschaft, so richtete er ihn gleich wieder vor sich nieder — in eine Welt, die nur er selbst zu sehen schien.

Trotz Agathes Aufforderung erzählte er nichts von seiner Reise; was er drüben gethan und erlebt habe, interessiere sie ja doch nicht, sagte er. Auch versuchte er keine jener Neckereien, mit denen er sie sonst oft grausam zu quälen pflegte — bemühte sich sogar, freundlich gegen sie zu sein. Aber die Versuche versanken immer wieder in einer großen Gleichgültigkeit, die seine Haltung, jede seiner Bewegungen und vor allem seine Stimme beherrschte. So schleppte sich das Gespräch trübe und gezwungen, durch Pausen völligen Schweigens unterbrochen, während des langen Diners hin. Wie fremd sie sich geworden waren, die sich doch einst so lieb gehabt!

— — Alles ging während des ganzen Fest= tages glatt und gut von statten. Nur einmal hörte die Tischgesellschaft Frau Wutrow von der Küche her mit dem Lohndiener wegen des großen Weinverbrauchs zanken. Ihr Gesicht trug, als sie wieder hereinkam, vor Aerger fast die Farbe ihres rot und blau changierenden Seidenkleides. Aber, wie gesagt, mit Ausnahme dieses kleinen Zwischenfalls war es eine ideale Hochzeit.

Die grüne Myrtenkrone saß Eugenie tadellos auf dem blonden Kopf, der Brautschleier fiel wohl zwei und einen halben Meter lang über die königliche Schleppe; bei der Trauung hatte er auch ihr Antlitz verhüllt — das fand man so poetisch!

Sie war fast die Munterste unter ihren Gästen. Walter dagegen schien bewegt und still.

Nach dem Diner nahm Eugenie ihren Kranz vom Haupt und setzte ihn Onkel Gustav auf. Die meisten fanden diesen Scherz sehr anstößig. Mit einem Myrtenkranze spaßt man nicht. Der dicke rosenrote Onkel sah außerordentlich komisch in dem unerwarteten Schmucke aus. Es war das einzige Mal, daß Greffinger in ein lautes Lachen verfiel. Eugenie blickte aus ihren Schleierfalten wie aus leichtem Gewölk zu ihm hinüber. Mit der rauschenden milchweißen Schleppe, das Champagnerglas in der Hand, ging sie um den Tisch und stieß mit ihm an. Ihre Lider waren gesenkt, und die goldigen Wimpern zitterten ein wenig, wie die eines Kindes, das um Verzeihung bitten möchte. Sie hob sie zögernd, in ihren Augen lag eine sanfte Bitte. Agathe hörte, wie sie leise zu ihm sprach: „Auf gute Freundschaft!" Er machte ihr eine tiefe steife Verbeugung.

Agathe begleitete sie hinaus, ihr beim Umkleiden zu helfen, sie war aufgeregter als die kühle Braut, welche umsichtig die letzten Anordnungen für die Reise traf.

Nachdem das junge Paar abgefahren war, zog sich Agathe in Eugenies Schlafzimmer zurück und blieb dort mit dem ausgedienten Hochzeitsstaat, der auf den Stühlen umherlag, allein. Sie schluchzte recht von Herzen. Endlich trocknete sie ihre Augen, wusch sich das Gesicht und ging wieder in die untere Etage hinab.

Die Gesellschaft hatte sich zerstreut, die Fremderen waren verschwunden. Im Salon fand Agathe ihre Eltern und den alten Wutrow müde und einsilbig zwischen einem großen Kreise von Verwandten sitzen. Frau Wutrow teilte unter ihre Leute Kuchen aus und begann das Silber fortzuschließen. In dem Erker des Eßsaales hatten sich Cousine Mimi von Bär mit ihrem Bruder, Lisbeth Wendhagen, die dritte Brautjungfer, Onkel Gustav und der Prokurist des Geschäftes um einen Rest Bowle versammelt. Jenseits des langen Korridors, nach dem Garten hinaus lag Eugenies Boudoir. Sie hatte, als sie in den Wagen stieg, Agathe gebeten, dort ihren Schreibtisch zuzuschließen und den Schlüssel in Verwahrung zu nehmen. „Mama kramt sonst in allen Schubladen herum — Du bist diskreter, das weiß ich."

Müden, leisen Schrittes ging Agathe, ihr Versprechen zu erfüllen. Sie hob den Vorhang. Da stand Greffinger, dem Eingang den Rücken wendend, neben dem kleinen Sofa, wo er oft mit den beiden Mädchen gesessen und vergnügten Unsinn geschwatzt — er hatte den Kopf in die wollene Fenstergardine gewühlt — seine breiten Schultern zuckten, Agathe hörte sein stoßweises röchelndes Weinen. Bestürzt stand sie vor diesem Schmerz — zum ersten Mal sah sie die Leiden-

schaft, die ihre eigene Gesundheit still und rast=
los untergrub, bei einem kräftigen Manne aus=
brechen. Sie machte eine Bewegung — sie hätte
ihn gern in den Arm genommen und mit ihm
geweint, ihn gestreichelt und getröstet. In ihrer
Schwäche fühlte sie sich jetzt stärker als er —
ein solches Elend paßte besser zu ihr, als zu
dem derben Greffinger.

Aber sie wagte nicht, ihrem Wunsche nach=
zugeben und schlich vorsichtig zurück. Er hatte sie
nicht bemerkt.

* * *

Nach der Hochzeitsreise zogen die jungen
Heidlings in die obere Etage des Wutrow'schen
Hauses, die für sie mit modernen Tapeten,
altdeutschen Oefen und Parquetfußböden neu
hergerichtet worden war.

Eugenie spielte nun ein reizendes Haus=
mütterchen. Walters Kameraden feierten sie als
das Muster der deutschen Offiziersfrau. Es bildete
sich ein Sport bei den jungen Herren aus: Heid=
ling zum Dienst abzuholen, nur um in der frühen
Morgenstunde Eugenie in den neuen Negligés
und dem koketten Spitzenhäubchen an der Kaffee=
maschine zu sehen und eine von ihren geschickten
Händen schnell bereitete Tasse Mokka im Stehen
herunterzustürzen.

Abends konnte man regelmäßig ein bis zwei
Lieutenants, auch wohl einen unverheirateten
Hauptmann bei Heidlings finden.

Der fröhliche Jugendverkehr zog nach Walters Heirat ganz natürlich zu den jungen Leuten hinüber. Man bekam hier ein eben so gutes Abendessen und durfte sich doch ungenierter gehen lassen, als unter den Augen des Regierungsrates.

Agathe war zwar von Eugenie ein für allemal eingeladen, aber sie mochte die Eltern nicht viel allein lassen. Papa hatte es gern, wenn sie vorlas. Manchmal freilich war er auch zum Hören zu angegriffen und saß schweigsam, verstimmt mit seiner Cigarre in der Sofaecke. Oder er mußte auch noch arbeiten und liebte es dann, von seinen Akten aufblickend, durch die geöffnete Thür ihren braunen lockigen Kopf unter dem Lampenlicht zu sehen, wie sie der Mama half Wäsche stopfen. Das waren eintönige Abende. Agathe konnte die Einsamkeit, in der sie früher endlosen, glücklichen Träumereien nachhing, nicht mehr gut ertragen.

Die Eltern hatten mit Wutrows und den jungen Leuten zusammen im Theater abonniert. Das Billet kam nur selten an Agathe — es war jedesmal ein aufregendes Ereignis. Früher hatte sie nur Sinn und Begeisterung für Tragödien gezeigt — das hatte sich nun geändert. In den großen Dramen gab es selten Rollen für die Naive. Und nur wenn die Daniel auftrat, war Agathe sicher, Lutz im Theater zu finden.

Eugenie wußte das freilich ganz genau, aber sie und ihr Mann zogen auch Lustspiele und

Possen vor, und bitten konnte Agathe nicht um ein Billet — nein — es war furchtbar, wie sie sich schämte und fürchtete, um dieser unglückseligen Liebe willen.

Lutz stand meist im Hintergrunde der Proszeniumsloge. Agathe konnte seinen Kopf nur sehen, sobald er sich vorbeugte. Auf diese flüchtigen Sekunden wartete sie mit einer bebenden Gespanntheit.

Unbegreiflich blieb es ihr, wo Fräulein Daniel bei ihrer fragwürdigen Erziehung diese leichte und anmutige Vornehmheit des Wesens hatte erwerben können. Die anderen Bühnendamen erschienen neben ihr plump und roh. Selbst eine gewisse Affektation verzieh man ihr, sie kleidete sie gut. War ihr Näschen, ihr ausdrucksvoller Mund ganz geistreiche Schelmerei — die Augen blieben immer ernst, sie konnten gemütvoll und traurig blicken. Agathe begriff es nicht, warum Lutz oft nur zu einer Scene kam und bald wieder verschwand. Nein — er liebte die Daniel nicht .... Applaudierte er auf eine nachlässige, diskrete Weise, so tauchten seine schmalen, weißen, unruhigen Hände gleichsam körperlos aus dem Dunkel der Loge hervor.

Dann hörte Agathe Bemerkungen unter ihren Nachbarn über seine Beziehungen zur Daniel.

„.... Er soll ihr schon seit Jahren den Hof machen, aber sie weist ihn konsequent ab."

„— So — so — da werden doch auch andere

Dinge geredet. Eine zeitlang war sie ganz auffällig von der Bühne verschwunden — es ist übrigens schon lange her."

"Ja — damals hatte sie ein Halsleiden."

"Ach — die Halsleiden der Schauspielerinnen . . . ."

"Im übrigen hat er im letzten Sommer der Professor Wallis in Norderney rasend die Cour gemacht. . . ."

"Lieber Gott, was will denn das besagen?"

Solche Redensarten bereiteten Agathe ein unerträgliches Weh. Wie konnten die Leute nur über ihn reden wie über einen beliebigen jungen Mann?

* * *

Inzwischen wurde die Begegnung mit ihm, die das Mädchen sich zu jeder Stunde fieberhaft wünschte, Eugenie zu teil. Sie erzählte ihrer Schwägerin davon, ein spöttisches Lächeln huschte um ihren Mund.

"Ich habe heute Deinen Lutz gesprochen."

"Du —? Wo?" fragte Agathe atemlos.

"Höchst komisch war's. Ich hole mir bei dem Musikschmidt neue Noten . . . . Außerdem habe ich noch zwei Pakete, Muff — Schirm. Dazu mein Kleid aufzunehmen. Ich versuchte, das alles mit meinen zwei einzigen Händen festzuhalten. Wer kommt, als ich die Stufen runtersteige? Lutz! — bemerkt meine Bemühungen — lächelt. Er hat übrigens ein entzückendes Lächeln. Und denke

Dir — ich Gans! Lasse meine Notenblätter unter dem Arm hervorrutschen — ihm gerade zu Füßen — alle auseinander geflattert. Er bückte sich natürlich und wir haben sie dann ganz artig vom Schnee wieder aufgesucht. — Ich dankte ihm für seine Mühe und er antwortete: „O — bitte sehr!" — Wenn er dieses „bitte sehr" zu Dir gesagt hätte — was Agathe?"

Sie brach in Thränen aus.

„Mein Gott — geht's Dir denn so tief?" rief Eugenie erschrocken.

„— Ich habe ihn mir um Deinetwillen ziemlich genau angesehen," begann sie verständig. „Es ist einer von den Gefährlichen — das ist keine Frage. Aber Kind — glaubst Du denn, daß Du auch nur einen Gedanken mit dem Manne gemein hast?"

„Ich hab' ihn lieb," murmelte Agathe leise.

Eugenie seufzte. Sie schnippte zierlich mit den Fingern ein Brosämlein von ihrer neuen Tischdecke und ihre Bewegung deutete an, sie lege nicht viel mehr Wert auf das Gefühl, von dem Agathe bewegt wurde, als auf diesen spärlichen Ueberrest eines genossenen und abgetragenen Mahles.

XIII.

Gegen Ende des Winters veranstaltete die Gesellschaft von M., hauptsächlich auf Frau Eugenies Betreiben, einen großartigen Kostümball. Man wollte zugleich wohlthätig sein, die Einnahmen einer Roulette sollten den unter der harten Kälte leidenden Armen zu Gute kommen.

Durch Fräulein von Hennings Vermittelung gab Lutz Skizzen und Radierungen zu diesem Zwecke und erteilte aus der Ferne guten Rat. Eine Aufforderung, dem Komitee beizutreten, lehnte er schaudernd ab.

Durch ein hohes Eintrittsgeld war dafür gesorgt, daß die Oeffentlichkeit des Festes nicht mißbraucht werde und unerwünschte Elemente fern blieben.

Menschengewoge füllte das größte Ballokal der Stadt, man fand das Arrangement, das den Kostümfesten der Malerstädte nachgebildet war, ungeheuer originell.

Agathe tanzte mit dem Assessor Raikendorf. Aus der sich stoßenden und schiebenden Menge retteten sie sich bald und zogen es vor, nahe der Eingangsthür des Saales plaudernd nebeneinander zu stehen. Agathe hatte die Technik ihres Berufes als junge Dame der Gesellschaft endlich, wenn auch schwerer als ihre Freundinnen, beherrschen gelernt.

Es kam zwar immer noch vor, daß sie sich im Ton vergriff — sie gab in offenbarer Verachtung ihres Partners zu wenig, warf ihm gleichsam nur leere Nußschalen zu, oder in belebter, angeregter Stimmung enthüllte sie zu viel Persönliches, und setzte die jungen Referendare und Lieutenants, die nur auf konventionelle Antworten gefaßt waren, in peinliche Verlegenheit. Sie war nun einmal keine von den einfachen Mädchen, deren inneres Wesen genau in die Schablone der frischen Tänzerin paßt, und die sich ungescheut geben können, wie sie sind, ohne Erstaunen oder Mißfallen zu erregen.

Das hatte der gewiegte Frauenkenner, der Assessor Raikendorf, zufällig entdeckt. Nun reizte es ihn. Man wußte schon, daß er sich gern mit Fräulein Heidling unterhielt. Diese heimlich-leidenschaftliche Opposition gegen ihre ganze Umgebung, von der das Mädchen selber noch nicht einmal die Tiefe, die Ausdehnung und die Gefahr kannte — das war sehr amüsant.

In Agathe war noch ein gehöriges Teil von der Abneigung, welche sie auf ihrem ersten Ball gegen ihn gefaßt hatte, zurückgeblieben. Der zornige Haß machte sie gewandt und scharf.

Weil ihre Eltern fortwährend klagten, sie brauche zu viel für ihre Toilette, hatte sie bei einer alten Verwandten ein florentinisches Kostüm geborgt, das schon in den dreißiger

Jahren von Italien nach Deutschland gebracht worden war. Verblaßt in den Farben, hatte es sich doch sauber und vollständig erhalten: der dunkle Tuchrock, die rote Jacke, das aus Metall gebogene, mit vergilbter Seide überzogene Brustmieder, das volle Spitzentuch um Hals und Schultern — der silberne Haarpfeil und der eigentümliche, des Mädchens Antlitz mit zarten, weißen Schleiern umrahmende Kopfputz — sie ahnte nicht, wie ausgezeichnet der Anzug zu ihr paßte, wie sie so mit ihren schönen Zügen und den tiefen braunen Augen das norditalienische Modell einer vergangenen, historisch gewordenen Kunstrichtung darstellte.

Fremd und vornehm stand sie unter den schreiend bunten mit Gold und Silber überladenen Masken.

Vor einer Weile hatte sie im Vorzimmer Lutz und Fräulein Daniel bemerkt, die sich von einigen Schauspielern verabschiedeten. Fräulein Daniel, in einfacher Gesellschaftstoilette, war augenscheinlich nur zu einem kurzen Rundgang erschienen. Lutz trug schon den Winterüberzieher und den kleinen schwarzen Hut auf dem hellen Kopf — er wollte wohl die Daniel heimbegleiten. Agathe glaubte, er sei gegangen.

Plötzlich — während sie mit dem Assessor schwatzte, fühlte sie etwas, das einer leichten Berührung glich, doch unendlich viel zarter und flüchtiger war.

Sie wandte den Kopf.

Lutz stand noch immer in der Thür — allein. Er beobachtete sie.

Nach einem schnellen, scheuen Blick sprach sie weiter. Wie innerlich gut ihr diese kurze Beachtung that — wie es schon ein Erleben von Freude war, gegen das alles andere nichtig wurde — verschwand.

Die Daniel kam, in den Pelz und einen Spitzenshawl gewickelt, wieder zu ihm und redete leise auf ihn ein. Er machte eine ungeduldige Bewegung, schließlich folgte er ihr hinaus.

Und gleich stand er aufs neue an derselben Stelle, den Hut noch auf dem Kopf.

Agathe war es mit einem Mal, als habe sie ungeheuer viel Champagner getrunken. Sie lachte zu allem, was Raikendorf sagte und sah ihn mit glänzenden, übermütigen Blicken an. Als sie dazwischen herumtanzten, verlangte sie keck, auf ihren alten Platz geführt zu werden. Da hatte Lutz auf sie gewartet, und an den fremden Gesichtern vorüber grüßten ihre Augen sich.

Jemand fragte den Maler, ob er die Absicht habe, während des ganzen Balles den Ueberzieher anzubehalten.

„Ja — so! — Ich wollte längst gehen — ich muß ja fort," antwortete er.

. . . . Seine Stimme — seine leise, hastige, absonderliche Stimme wieder zu hören . . .

— Nun würde er aufgeweckt sein, nun würde er gehen . . . .

Nein, er ließ sich den Mantel von einem jungen Manne abnehmen und auch den Hut entreißen. Lachend zeigte er, daß er keinen Frack trug, ein paar Komiteeherren klatschten Beifall und zogen ihn tiefer in den Saal.

Agathe wurde von andern Tänzern geholt, schlenderte mit Freundinnen in den Räumen umher, nahm unter Eugenies Schutz, die als verheiratete Frau das Recht erworben hatte, Mutterstelle an ihr zu vertreten, eine Portion Eis und ein Stückchen Kuchen zu sich — überall fand sie Lutz in ihrer Nähe.

Ob es nicht eine Selbsttäuschung war? Das Glück hatte etwas so Unwahrscheinliches.

„Traumwandlerin," rief Eugenie sie an, „sollen wir Dich in unserm Wagen nach Haus schicken? Wir wollen im Restaurant noch ein Glas Bier trinken. Oder möchtest Du auch noch bleiben?"

„Bleiben, bleiben!"

Walter lachte. — Agathes Bitte klang inständig, als hinge ein Schicksal davon ab. „Was werden die Alten sagen, wenn Du Dich unter unserm Schutz so unsolide beträgst?"

„Laß das Würmchen," entschied Eugenie. „Siehst Du nicht, daß sie ohne Muttern gleich viel lebendiger geworden ist?"

—————

Lutz hatte Agathe angesprochen — im Tabaksqualm des Restaurants — zwischen zwei und drei Uhr morgens — und sie gefragt, ob sie kürzlich Nachricht von Woszenskis gehabt habe. Und dann bat er sie, ihn mit ihrer Schwägerin bekannt zu machen.

Er erinnerte sich ihrer also doch noch.

* * *

Agathe mußte am andern Morgen eine ordentliche Strafpredigt über sich ergehen lassen. Für ein junges Mädchen schicke es sich nicht, nach einem Ball mit Männern in der Kneipe zu sitzen. Wenn Walter es seiner Frau erlaube, so wäre das seine Sache. Sie sollte künftig nicht mehr mit Walter und Eugenie ausgehen.

Das Komitee hatte eine Art von Nachfeier verabredet. — Lutz wollte auch kommen.

Würde Papa sie hindern — gut — so ging sie eben heimlich. Aber sie bat Mama himmelhoch, wie sie noch niemals gebeten hatte — denn sie fand es unwürdig, dies Quälen und Betteln, das die andern jungen Mädchen immerfort mit ihren Eltern aufführten. Und die gute, süße, liebste Mama brachte Papa schließlich dazu, verdrossen ein „Ja" zu sagen.

— Man blieb nur im kleinen Saal — gar nicht viel Menschen.

Es wurde geradezu auffallend, wie Lutz ihr den Hof machte. Er tanzte zwar nicht mit ihr — er tanzte überhaupt nicht — aber er beobachtete sie, an die Thür zum Rauchzimmer gelehnt, mit einem heiteren und befriedigten Lächeln. So völlig ging er in dieser Beschäftigung auf, daß er allen Herren, die ihn begrüßten, zerstreute und kurze Antworten gab. Dann zog er sich zu einer Cigarette zurück.

„Agathe, kommst Du mit, ich suche Walter," sagte Eugenie, als dieser Zeitpunkt eingetreten war, faßte ihre Schwägerin unter den Arm und zog sie ins Rauchzimmer.

„Laß Dir nicht zu sehr merken, daß Du ihn gern hast," flüsterte sie ihr ins Ohr und verließ sie nach wenigen Sekunden in einer langen Unterhaltung mit dem Maler. Lutz sprach viel und lebhaft, Agathe hatte nur halblaute, kindische Töne als Antwort, wie ein furchtsames kleines Mädchen. Er mußte sie für dumm und albern halten . . . . die schöne, einzige Gelegenheit, ihm zu gefallen, ging ungenützt vorüber.

Eugenie hatte sich für den Abend einen treuherzigen Fähnrich zum Opfer erkoren. Es machte ihr den größten Spaß, damit ihren Mann und den kahlköpfigen Hauptmann, der viermal in der Woche bei ihnen vorsprach, zu ärgern. Sie ging auf die Passionen des rotbäckigen Knaben in Uniform ein, ließ sich von seiner Mutter erzählen und von seinen Leibgerichten. Und dem wurde sehr heiß, der rote steife Tuchkragen erstickte ihn fast, seine Brust durchglühte tiefe ritterliche Verehrung für diese anbetungswürdige Frau.

―――――

Wie sonderbar — Agathe sah sich schon beinahe am Ende ihrer Kraft, nun das wahre Leben doch erst beginnen sollte. Sie war oft entsetzlich müde: bei weiteren Wegen in der Stadt wußte sie plötzlich gar nicht mehr, wo sie sich befand und vermochte sich nur mit der größten Anstrengung zu besinnen. Dann kam ihr das Straßentreiben, an das sie doch von Kindheit auf gewöhnt war, unheimlich fremd vor, die Häuser und die Schilder an den Läden, als habe sie sie niemals vorher gesehen und die Menschen wie Maschinen, die nicht aus eigenem Willen gingen und sich bewegten, sondern von irgend einem geheimnisvollen Mittelpunkt aus geleitet, seelen= und leblos an ihr vorüberschnurrten und glitten.

* * *

In dieser Zeit erfuhr Agathe, ein junger Mann aus ihrem Kreise liebe sie. Er warte nur auf eine Anstellung als Richter und wolle dann um sie anhalten, sagten ihr die Freundinnen, und die hatten es von seiner Mutter. Seine Neigung war verschwiegen und bescheiden. Schon jahrelang kannte ihn Agathe, war ihm immer freundlich begegnet und hatte nie geahnt, daß in ihrer Nähe ein ernstes, ausdauerndes Verlangen nach ihrem Besitz lebte.

Der Gedanke war ihr unerträglich. Er empörte sie. Kein Funke von Mitleid erwachte in ihr — sie behandelte den jungen Mann von dem Augenblick an mit eisigem Hochmut. Er wurde irre an ihrem Charakter, sie schien ihm Freude an der Grausamkeit zu haben. Aber das war ihr gleichgültig, denn er beleidigte sie. Er sollte sich nicht unterstehen, sie zu lieben — er sollte sich nicht mit seinen Träumen in den Zauberkreis wagen, der um sie und den Einen gezogen war, dem ihr Herz gehörte.

* * *

"Gestern bin ich in den Anlagen der Daniel begegnet", sagte Referendar Dürnheim, "ist die aber abgefallen! Die Treppe bei dem chinesischen Tempelchen kam sie herauf, hielt sich am Geländer und schleifte sich nur noch so vorwärts. Was hat denn die?"

"Nichts mehr hat sie," wurde ihm geantwortet, "mit ihr und Lutz soll's aus sein."

"Ach so — na — wegen dem..."

"Er spricht ja jetzt vom Heiraten."

Ein lautes Gelächter folgte.

"Der eignet sich auch schon zum Ehemann!"

"Die alte Schweidnitz — die exaltierte Person, läuft ihm ja nach wie 'ne Wahnsinnige."

"Das war doch kostbar, als er die Villa beschrieb, die er mit ihrem Gelde bauen wollte, wenn er sich entschließen könnte.... Da hätten Sie dabei sein müssen. Ein famoser Kerl..."

Der Sprecher wurde angestoßen. Agathe Heidling war in der Nähe. Vor jungen Damen redete man doch nicht in dem Ton.

Sie hatte den Ton gehört. Diese widerwärtigen Männer!

— — Nein — die Schwester von Lutz war Fräulein Daniel doch wohl nicht. Aber eine

Schauspielerin konnte sich unmöglich eingebildet haben, sein Weib werden zu wollen .... die selbst erzählt hatte, daß sie mit einer Wandertruppe auf den Dörfern herumgezogen war und mit dreizehn Jahren den alten Moor gespielt hatte — die sich schminkte und von wer weiß wie vielen Männern alle Abende vor dem Publikum im Arm gehalten und geküßt wurde ...... Die war doch kaum als ein richtiger Mensch zu betrachten — als ein Mensch wie Agathe selbst.

———

Es kam ein Sonntag, an dem Eugenie in der Breiten Straße mit Herrn von Lutz verabredete, ihn zum Kaffee bei sich zu erwarten.

Und wenn es nicht ein bedeutungsvolles Merkmal war, daß der Maler, der für das Wesen und die Formen der bürgerlichen Provinz-Eleganz stets eine lächelnde Verachtung zeigte, sich ihr in diesem Falle soweit anbequemte, zwischen zwölf und ein Uhr mittags der Breiten Straße seine Gegenwart zu gönnen — dann wußte Agathe nicht, welche Zeichen sie sonst noch erwarten sollte. Eugenie gab ihr recht.

— — Wie oft, seit Ada sich für Kain mit grünen Blättern kränzte, haben Mädchen vor klaren Bächen und Metallplatten, vor venezianischen Krystallen und zerbrochenen Scherben gestanden .... Wie oft haben sie selig und zweifelnd, in zaudernder Unsicherheit oder lächelndem Selbstbewußtsein sich für den Geliebten geschmückt .... Und wie oft haben sie fehlgegriffen in der Bangigkeit ihres Herzens — den Schmuck gewählt, der dem unbekannten Geschmack des erwarteten Gebieters am wenigsten zusagte! Wie schwer ist d'e Wahl zwischen dem schönsten Anzug und dem kleidsamsten — zwischen Putzsucht und Eitelkeit. Und er soll ja nicht ahnen, was man für ihn gethan — das Festlichste soll alltägliche Gewohnheit scheinen. Aber die Hand bebt und Flimmerfunken tanzten vor den Augen — warum fällt heute — nur heute, das Löckchen am Ohr so absichtlich — warum will an diesem einzigen von allen Tagen die Schleife nicht gelingen?

— — Schon standen die Mokkatäßchen geleert auf Eugenies silberglänzendem Kaffeetisch — der Hauptmann und der Fähnrich rauchten — Walter rauchte — Eugenie hielt eine Cigarette zwischen den Fingern und Agathe saß still und steif, die Hände im Schoß gefaltet. Der Hauptmann schlug einen gemeinsamen Spaziergang vor — Lutz war noch nicht erschienen.

Die Herren empfahlen sich.

Agathe blieb zum Abend bei den Geschwistern. Nach Mitternacht mußte sie doch endlich gehen.

Nun war es wohl zu Ende.

* * *

Er hatte sein Bild nach Paris absenden wollen, der Tischler ließ ihn im Stich — es war der letzte Termin zur Annahme bei der Jury —

er hatte es selbst packen und am Sonntag Nach=
mittag zur Bahn hinausfahren müssen.

Herr von Lutz erzählte es Agathe, als er
sie acht Tage später im Kunstverein traf. In
ihr war alles still und stumm — es mochte ja
so gewesen sein. Ein abgestorbenes Gefühl im
Herzen . . . . . Sie wunderte sich über ihre große
Ruhe.

Lutz fragte, ob ihre Schwägerin jeden Sonn=
tag Gäste empfange? Ob er heute kommen dürfe?
Er würde sie doch auch treffen?

„Ich bin meistens dort," antwortete sie ohne
Freude.

Sie bereitete sich nicht vor — sie änderte
nichts an ihrem Anzug. Am liebsten wäre sie
überhaupt zu Haus geblieben, so sehr fürchtete
sie sich, noch einmal Aehnliches durchleiden zu
müssen, wie am letzten Sonntag.

Und gerade heute wollten die Eltern auch
mitgehn.

Während sie zwischen ihnen in der Pferde=
bahn saß, betete sie in krampfhafter Andacht
alte Gesangbuchverse.

> Eins ist Not, ach, Herr, dies Eine
> Lehre mich erkennen doch.
> Alles andre, wie's auch scheine,
> Ist ja nur ein schweres Joch,
> Darunter das Herze sich naget und plaget
> Und dennoch kein wahres Vergnügen erjaget —
> Erlang' ich dies Eine, das alles ersetzt,
> So werd' ich mit Einem in Allem ergötzt.

> Seele, willst Du dieses finden,
> Such's bei keiner Kreatur —

Laß, was irdisch ist, dahinten,
Schwing Dich über die Natur,
Wo Gott und die Menschheit in Einem vereinet,
Wo alle unsterbliche Fülle erscheinet —
Da, da ist Dein bestes, Dein seligstes Teil,
Dein Ein und Dein Alles — Dein ewiges Heil!

— — Wenn sie sich soweit bezwingen konnte, nichts mehr zu erwarten — gar nichts — dann vielleicht — dann hatte Gott vielleicht Erbarmen — —.

Im Flur bei Walters hing der wohlbekannte Paletot von Lutz am Haken, und darunter standen die großen närrischen Ueberschuhe.

— — Aengstlich horchte Agathe auf seine Unterhaltung mit Mama — die beiden hatten doch auch gar keine Berührungspunkte. Warum wollten die Eltern sie heute durchaus begleiten? Wie kam es nur? Es war ganz unmöglich, sich vorzustellen, daß Lutz jemals mit den Eltern auf freundschaftlichem Fuß verkehren konnte, trotzdem er doch fein und geschmeidig war. — Ach, du lieber Himmel, nun fing Papa sogar an, mit ihm über Kunst zu sprechen — so ganz von oben herab. Wie pedantisch das alles klang, und Lutz hörte ihm auch nur zerstreut zu, bis er plötzlich lebendig wurde und sich für einen Franzosen, den ihr Vater als überspannt bezeichnete, leidenschaftlich begeisterte. In seiner Gegenwart trat Walters geistige Unbedeutendheit peinlich hervor, und Eugenies Wesen wirkte aufdringlich, absichtlich. Hätte sich Agathe nun der Unterhaltung bemächtigen können, reizende, überraschende Sachen sagen — ihn fesseln — ihn in Erstaunen versetzen...... Aber sie wußte es schon im voraus — alles war vergebens. Was konnte ihn denn entzücken? — Ihn? — Ihre Stimme war auch wieder fort.

Wären nur ein paar Freunde noch da gewesen, die Aufmerksamkeit abzulenken. Eugenie beobachtete sie — Mama ahnte auch schon — warum waren die Eltern mitgekommen, wenn ihnen nicht jemand verraten hätte, daß sich etwas anspann ....

Und doch, und doch — ihn neben sich, ganz nahe zu haben, ihn ruhig betrachten zu dürfen — das war tiefe Freude. Und sie versuchte, sich zu laben, sich zu sättigen und ruhig zu werden in der Freude.

— Er war ihr fremd — so bei Tage und im häuslichen Kreise. Er und das fieberhaft geliebte Traumbild waren nicht ganz ein und derselbe — es hatte unter ihrer zärtlichen Pflege Züge angenommen, die mit dem Leben nicht genau übereinstimmten. Aber der Lebendige besaß doch die größere Macht.

Er sah nicht so weiß und zart aus, wie in der dunklen Theaterloge — seine Farbe war eher fahl, die Augen von leicht geröteten Rändern umgeben. Die Art, wie er seinen kleinen, weichen Schnurrbart mit den Fingern mißhandelte, konnte einen nervös machen — es zeigte sich darin etwas Friedloses. Und auch in dem fortwährenden Wechsel des Ausdruckes auf dem beweglichen Gesicht. Aber das Märchenprinzen-Profil . . . .

Der Maler und Heidlings wurden aufgefordert, zum Abend zu bleiben. Bei Tisch geriet plötzlich die Rede auf Heiraten.

Walter sagte, vor der Ehe wisse man überhaupt nicht, was Liebe sei.

Agathe blickte erstaunt zu ihrem Bruder hinüber, seine Augen ruhten mit innigem Stolz auf Eugenie.

„Der Trauschein vom Standesamt muß eine große Sicherheit geben," rief Lutz lachend. Regierungsrat Heidling zog die Stirn mißbilligend in Falten.

„Wie das kommt," warf Lutz hin, „man sieht ein Mädchen so und so oft und hat sie doch nicht bemerkt — da hört man aus der Ferne ein Wort von ihr zu einem anderen — das trifft — irgendwie — irgendwo — man sieht sie eigentlich in diesem Augenblick zum ersten Mal."

Agathe saß verwirrt und bange lächelnd neben ihm. Wie sonderbar — er konnte sie doch nicht meinen? In allem, was er sagte, entdeckte sie einen geheimen Sinn, für sie allein berechnet.

Ja — ganz gewiß — er wendete sich am meisten zu ihr. Eugenie, welche die Männer sonst so sehr anzog, schien ihn nicht zu interessieren.

* *
*

Frau Heidling sagte ihrer Tochter eines Abends sanft und schonend:

„Liebes Kind — Du bist ein verständiges Mädchen — Papa hat mir gestern erzählt: Herr von Lutz steht gar nicht in gutem Ruf, und Papa wünscht nicht, daß er in unser Haus kommt."

Onkel Gustav aber besuchte Lutz in seinem Atelier und machte Agathe eine ausführliche Beschreibung von der silberblauen Chaiselongue, den Louis-quinze-Stühlen, dem ganzen Interieur, das — ach wie lange schon — Herberge und Heimat ihrer leidenschaftlichen Träume war.

Agathe fragte sich trotzig, warum Adrian Lutz schlimmer sein sollte als ihr Bruder Walter? Wenn die Eltern nur wüßten.... sicherlich würden sie dann Adrian nicht so ungerecht verurteilen. Er war ihnen nicht sympathisch — das war's im Grunde.

Unbestimmte Erinnerungen alter Volksmärchen, die aus tiefen, verborgenen Quellen ihre Phantasie tränkten, weil sie des kleinen Mädchens erste Geistesnahrung gewesen, redeten ihr nun tröstlich von den Prüfungen zur Treue, zum Ausharren, der der König die Geliebte unterwirft — durch brennendes Feuer und stechende Dornen muß sie wandern und durch tiefe, dunkle Nacht — alles muß sie verlassen, was ihr lieb war — an der Hand der anderen, der Falschen, tritt er ihr entgegen... Und am Schlusse läuten doch die Hochzeitsglocken, und er hebt sie zu sich empor — sie, die nicht an ihm gezweifelt hat.

Laß adlermutig Deine Liebe schweifen
Bis dicht an die Unmöglichkeit hinan.
Kannst Du des Freundes Thun nicht mehr begreifen,
So fängt der Freundschaft frommer Glaube an.

Das flüsterte Agathe sich zu mit der Neigung des jungen empfindungsvollen Menschen für das Pathos, für die hohen, tönenden Worte und die hohen, begeisterungstrunkenen Gefühle.

Sie liebte Lutz — und sie glaubte an seine Reinheit wie an seine Schönheit, wie an ihre Liebe — glaubte blind, mit Fanatismus — dem Märtyrer gleich, der seinem Gotte Jubellieder singt, während die wilden Tiere seine Glieder zerreißen und er das Herzblut zu des Herrn Ehre opfern darf.

XIV.

Heiblings hörten lange nichts von Martin Greffinger.

Nachdem der Regierungsrat es durch heftige Scenen und eindringliche Ermahnungsbriefe versucht hatte, ihn von seinen thörichten, verworrenen Plänen abzuhalten und er den väterlichen Warnungen nur einen hartnäckigen Widerstand entgegensetzte, verbot ihm der Onkel sein Haus. Man ließ ihn seiner Wege gehen, und die Verwandtschaft kümmerte sich nicht mehr um ihn. Denn er war mündig, elternlos und besaß ein kleines Vermögen, von dem er zur Not leben konnte. Freilich war bei seinen unglücklichen Grundsätzen und seiner Verspottung jeder Autorität nichts anderes anzunehmen, als daß er sein Geld auf irgend eine unsinnige Weise unter die Leute bringen und schließlich mit dem Bettelstab reumütig bei der Familie wieder anklopfen werde. Walter und der Regierungsrat sprachen oft von dieser Aussicht — mit Zorn, aber doch mit dem heimlichen Wunsch, den Triumph in nicht allzu ferner Zeit zu erleben.

Nicht einmal seinen Doktor hatte Martin gemacht. Jetzt redigierte er eine Zeitung, von der Agathe nur wußte, daß keine ihrer Bekannten sie las, und jedesmal, wenn jemand ihren Namen erwähnte, brachen alle in ein verächtliches Lachen aus. Sie mußte also wohl nichts wert sein.

Einmal kam ihr eine Nummer in die Hand, man hatte ihr in einem Laden etwas hineingewickelt. Es war schlechtes Papier, elender Druck — und dabei hieß das Blatt so lächerlich prahlerisch: Die Fackel. Agathe las darin — der Ton schien ihr unfein.

Wie schade, daß Martin so heruntergekommen war. Sie hatte großes Mitleid mit ihm.

Er war gewiß sehr verbittert und unglücklich. Sie hätte gern irgend welchen Einfluß auf ihn geübt, aber wie sollte sie das anstellen? Trotzdem er jetzt in M. wohnte, war er seit Eugenies Hochzeit gleichsam in eine andere, unterirdische Welt hinabgesunken, zu der Agathe nicht einmal den Zugang gefunden haben würde. Er war der einzige, mit dem sich ihre Gedanken außer mit Herrn von Lutz zuweilen beschäftigten. Sie konnte ihn nicht verdammen — was er auch that, sie fühlte ihm den Weg nach, der dorthin führte, wo es dunkel und schaurig war.

Als sie ihn einmal auf der Straße traf und er mit eiligem Gruß an ihr vorüber wollte, stand sie still, gab ihm die Hand und fragte schüchtern, wie es ihm ginge.

Ein freundlicher Schein kam in sein düsteres, hart gewordenes Antlitz. Er schüttelte ihr sehr herzlich die Hand und sah sich noch einmal nach ihr um. Etwas von der alten Kinderfreundschaft für ihn lebte plötzlich in ihr auf. Sie hütete die flüchtige Begegnung als ihr Geheimnis.

Papa und Mama waren verreist, sie wollten das Osterfest in Bornau zubringen. Agathe sollte erst die Wäsche fertig besorgen und ihnen dann folgen. Es hatte so viel geregnet, daß die Sachen nicht zur rechten Zeit trocken geworden waren, und Papa wollte sich von seiner Urlaubszeit nicht noch ein paar Tage rauben lassen. Der Arzt hatte die Erholung dringend für ihn gefordert.

Warum mußte er nur gerade jetzt so angegriffen sein? Gerade jetzt M. verlassen ... es wurde Agathe furchtbar schwer. Zuweilen sagte sie sich: die Reise konnte nun auch einmal eine Prüfung für Lutz werden — wenn sein Gefühl nicht eine kurze Trennung bestand, so war es weiß Gott wenig genug wert.

Aber man konnte nicht wissen ...

Von Stolz und Freudigkeit war nichts mehr in ihrer Liebe — der letzte Rest war von angstvollem Bangen verzehrt.

Sie hatte den ganzen Tag ordentlich gearbeitet, sich künstlich zu einem heftigen Thatendurst steigernd, und schickte nun die beiden Mädchen mit den Körben voll gelegter Wäsche zur Rolle.

Es war ein trüber Abend, feiner Regen ging nieder. Ungewöhnlich früh kam die Dämmerung geschlichen. Agathe hatte sich auf die Chaiselongue gelegt. Wie wenig sie jetzt leisten konnte — jammervoll.

Ein Klingeln schreckte sie aus leichtem Halbschlaf. Mit zitternden Knieen ging sie nach der Thür. Immer kam ihr gleich der wahnwitzige Gedanke: wenn das jetzt Lutz wäre!

Sie öffnete die Flurthür ein wenig.

„Ich bin's — Martin Greffinger," sagte eine bekannte Stimme. „Bitte, laß mich einen Augenblick hinein, Agathe."

Er schob die Thür auf und trat ein, während sie noch überlegte, ob sie das Verbot des Vaters ignorieren dürfe. Und dann verschloß er selbst die Thür und hängte die Sicherheitskette ein — das fiel ihr als sonderbar auf.

„Ich will Dich nicht lange stören," sagte er etwas kurzatmig. „Deine Eltern sind verreist — sie werden nicht erfahren, daß ich hier war... Ich wußte, daß die Mädchen vorhin fortgegangen sind. Ich will Dich nicht in Ungelegenheiten bringen."

„Willst Du nicht hereinkommen?" fragte Agathe verlegen.

Er folgte ihr ins Wohnzimmer, aber als sie ihm einen Stuhl bieten wollte, sagte er hastig:

„Nein, laß nur — ich stehe auf dem Sprunge.... Ich wollte Dir nur Adieu sagen."

„Willst Du verreisen?" fragte Agathe höflich.

„Ich bin ausgewiesen. Ja — polizeilich."

„Martin — um Gotteswillen!"

Er lachte kurz auf. „Sie sind ja wie die Spürhunde hinter uns her — die feige Bande!"

Er ballte die Faust.

„Wenn ich mich nach zwölf Uhr noch hier blicken lasse, werde ich von Gendarmen über die Grenze geschafft. — Na hab' nur keine Angst, ich fahre mit dem nächsten Schnellzug nach der Schweiz. Dann seid Ihr mich los!"

Er lachte wieder, und Agathe sah ihn verwirrt, erschrocken und ratlos an.

Er beobachtete sie einen Augenblick schweigend.

„Du — ich habe eine Bitte an Dich. Hebe mir dies Paket auf — ich werde jedenfalls an der Grenze untersucht."

„— Kannst ruhig sein," fügte er mit humoristischem Ausdruck hinzu, „es sind nur Schriften. Wenn ich sie verbrenne, ist's immerhin ein Verlust für mich. Darum dacht' ich, Du könntest sie mir vielleicht nachschicken. Willst Du sie übrigens vorher lesen — dem steht nichts im Wege."

Agathe schauderte wie vor etwas Unreinem zurück.

„Das möcht' ich nicht, Martin — bedenke doch . . ."

„Es hat ja keine Gefahr! Bei der Tochter vom Regierungsrat Heibling wird keine Haussuchung gehalten — darauf kannst Du Dich verlassen . . . Deine Eltern beaufsichtigen Deine Korrespondenz doch nicht?"

„Nein — aber . . . ."

„Neulich kam es mir vor, als wäre Mut in Dir . . . Ja, das habe ich Dir hoch angerechnet

— daß Du mir da auf der Straße die Hand gabst .... Na — interessiert es Dich nicht, zu wissen, warum ich mich eigentlich von Euch allen losgemacht habe?"

„Doch — es ist mir nur so etwas Frembes, Aengstliches."

„Ganz wie Du willst. Ich hatte das Bedürfnis, mich auf irgend eine Weise dankbar zu zeigen. Verstehst Du? Ich dachte: sie ist doch einen Versuch wert. — Siehst Du — da sind Geschichten drin, die Dich aufrütteln — das weiß ich — die Dich anders packen werden, als das blödsinnige Zeug, was Du sonst liest."

„Ich möchte nicht ..."

„Also — Du bist doch feige!"

„Nein — aber ich finde es unrecht, sich gegen die gesetzliche Ordnung zu empören," antwortete Agathe kalt. Es schwebte ihr vor, daß sie ihre Pflicht thun müsse, indem sie dieses Urteil über die Richtung ihres Vetters fällte.

Martin blickte sie an in dem grauen Dämmerlicht des trüben Frühlingsabends. Sein Gesicht war müde und abgearbeitet, Falten zogen sich über die Stirn, seine Augen hatten einen tiefen, grambollen Ausdruck, aber der Kummer lag nur wie eine Staubschicht über einer still zehrenden Glut.

Er brückte das Paket Schriften mit dem Arm fester an sich.

„Agathe — mir thut's ja nichts, ob ich in der Schweiz bin oder hier. Aber es lassen sich arme Leute von ihrer Arbeit und ihrer Familie fortjagen, ins bittere Elend — um ihrer Ueberzeugung willen. Ja — zucke nur mit den Schultern! Ich habe im Dienste unserer Sache Frauen kennen gelernt, die täglich ihre Freiheit, ihre Existenz aufs Spiel setzten, um ihren Schwestern aus Not und Schande zu helfen. Das sind Frauen, die das Herz auf dem rechten Fleck haben! Die ich hochachte! — Aber Du willst von ihnen ja nicht einmal hören.... Ihr kalten, armseligen Bougeois-Würmer — ich glaube, Ihr könntet nicht einmal ein Opfer bringen, wenn der Liebste es von Euch verlangte!"

„Martin..."

„Ich danke Dir, daß Du mir gezeigt hast, was wir von Euresgleichen zu erwarten haben. Das soll mir eine Lehre sein. Leb' wohl."

Agathe atmete schnell, ihr Antlitz brannte.

Greffinger war schon an der Thür, als sie die Hand ausstreckte und leise rief:

„Laß die Bücher hier."

„Du willst? Du willst wirklich?"

„Ich will sie Dir nachschicken. Aber weiter nichts."

„Agathe — das ist schön! Vergiß nicht... ich bin Dein Freund.... Und lesen wirst Du sie schon. Steck' sie dann ins Feuer!"

Die Hand wurde ihr geschüttelt, daß sie ihr weh that. Die Thür schlug ins Schloß, und draußen verklangen Martin Greffingers kräftige Schritte, mit denen er in die Verbannung ging.

—

Agathe hielt das Bündel verbotener Bücher in den Händen und blickte beklommen auf sie nieder.

Dokumente einer Welt, aus der große, geheimnisvolle Stimmen zu ihr herübertönten — von Schicksalen redend, welche die Alltäglichkeit überragten — aus einer Welt, in der man mit so stolzem frohen Lachen Vaterland, Freunde, die sanfte, bequeme Gewohnheit ließ und Verachtung und Gefahr auf sich nahm.... Aus einer Welt, in der Frauen, die ihr täglich Brot verdienen mußten, allstündlich sich dem Hunger oder dem Gefängnis preisgaben, um den Genossen und der heiligen Sache zu dienen.

Wo geschah solches in ihrer — in der guten Gesellschaft? Wer war dessen fähig von allen — allen, die sie kannte?

Wie kam das Feuer über diese Menschen? Auf welche Weise wurden sie ergriffen? Wie mußte es sein, so thatbereit, so opferglücklich dazustehen und sich selbst zu geben in schauernder Lust — sich selbst in einen ungeheuren, furchtbaren Kampf zu werfen, dessen dumpfes Toben sie plötzlich um sich her ahnte.

Sie mußte davon erfahren — wissen — empfinden — alles, was sie erfassen konnte — was in dem Bereich ihrer Hände war.... Das Paket öffnen — sehen — sehen.... Unter diesem braunen Papier glühte eine Offenbarung.

Martin — der war stark und freudig — der war gerettet! Gab es hier Erlösung von der

Gewalt, die heimlich an ihr sog und sog, daß das Blut ihr blaß und krank wurde, daß die Sehnen ihr erschlafften und die Nerven in schmerzlichem Zucken vibrierten, daß alles klare Denken in ihr zu einem dumpfen, fieberhaften, quälerischen Träumen wurde —?

Der Wunsch überwältigte sie bis zur Atemlosigkeit, ähnlich jenem, der sie einst als Kind heimlich in der Nacht zur Leiche der Mitschülerin getrieben hatte.

Wenn nur jetzt niemand sie störte — faßte es nicht wieder draußen an die Klingel .... Eugenie? Nein — es ging vorüber.

Gott sei Dank!

Wie unsinnig, Gott zu danken für etwas, das doch unrecht war .... Aber so froh ist sie lange nicht gewesen, als nun, da die Hefte und die losen Blätter im Schein der schnell entzündeten Lampe vor ihr liegen: Schwarze Hefte mit roter Schrift — rote mit schwarzen Buchstaben und seltsamen Sinnbildern geschmückt: eine Hand, die eine Fackel schwingt, ein Weib mit einer Freiheitsmütze und einem bloßen Schwert, ihr zu Füßen zerbrochene Kronen, gestürzte Kreuze, — ein Thron, durch dessen klaffende Fugen Schlangen und Würmer kriechen.

Sie las im Stehen.

Verse .... Gott — solche Dichter hatten die .....?

Ja, ja — tausendmal ja! Das war schön — wild, herrlich! —

Und wenn sie morgen, statt nach Bornau zu reisen, Martin in die Schweiz folgte? — Ihr Vater bekam einen Brief: seine Tochter habe sich entschlossen, Sozialdemokratin zu werden und „der Sache" ihre Dienste zu widmen. Martin würde sie freudig als Genossin empfangen. Das war sicher. — Keine Liebe zwischen ihnen. Zwei Unglückliche, die dem Volke ihre gebrochenen Herzen weihten. Elend zu Elend. Das gehörte zusammen! Lutz würde dann wissen, was er verloren — sie suchen und niemals finden.... Vielleicht im Zuchthaus.... Vielleicht auf dem Schaffot. Dahin würde es kommen, Walter sagte es ja immer. Der Bruder zu ihrer Exekution beordert. Sie — ruhig, lächelnd, ohne Thränen. Gott! mein Gott!

— Aber sie konnte so stehend nicht weiter lesen. Der Rücken that ihr zu weh. Die Arme waren ihr wie gelähmt vom Hantieren mit den schweren Wäschestücken — zwölf Tischtücher waren es allein gewesen.

Die Mädchen würden noch lange nicht wiederkommen, sie hatten drei Körbe mit, und außerdem fanden sie auf der Rolle immer Freundinnen, mit denen sie endlos schwatzten. Das kleine Vergnügen war ihnen zu gönnen. Dorte und Luise erschienen ihr plötzlich wie von einer heiligen Würde umleuchtet — sie waren geplagte Proletarierinnen.

Agathe legte sich behaglich auf die Chaiselongue und zog die Lampe näher. Da stand noch der Rest von dem Wein, den sie sich vorhin eingeschenkt hatte, und kleine Kuchen lagen auf einem Tellerchen. Sie war brennend durstig und aß und trank, während sie las und las — von dem Elend und dem Hunger und der Not des Volkes und ihrem Haß und dem Ringen nach Befreiung.

Die Leidenschaft, die aus den Blättern sprühte, stieg ihr zu Kopf und jagte ihr das matte Blut durch die Adern.

Einmal schrak sie jäh zusammen — sie glaubte, es überraschte sie jemand.

Die Mädchen kamen keuchend zurück, sie trieften vor Nässe, denn es regnete stark. Küchen-Dorte ging brummend in ihre Kammer. Aber Wiesing huschte noch einmal hinaus ins Dunkel, wo einer wartend in der Nähe der Hausthür stand und heftige Küsse das feuchte Mädchen wärmten. Agathe faßte die Hefte und nahm die Lampe, um das ihr anvertraute Gut in ihrem Zimmer zu verbergen. Sie kam an dem großen Stehspiegel vorüber. Wie sie aussah .... Sie stand still und hob die Lampe empor. Das Haar hatte sie zerwühlt, es hing ihr in losem, dicken Gelock um das heiße Gesicht, die Wangen schienen wie von der Sonne durchglüht, und ihre Augen strahlten in Begeisterung — sie war sich selbst überraschend in dieser ihr fremden, leuchtenden Schöne.

Sähe Lutz sie so!

Warum kam er nicht in dem Augenblick ... Ach ....! warum war das unmöglich!

Warum konnte sie nicht zu Martin?

Ein kurzer, schluchzender Schrei, und das Mädchen warf sich lang auf das kleine Sofa nieder — die Arme weit hinausgebreitet in dem hilflosen Begehren nach etwas, das sie an die Brust drücken konnte — nach der Empfängnis von Kraft, von dem befruchtenden Geistesodem, der im Frühlingssturm über die Erde strömt.

Rings um sie her standen die zierlichen, hellen Möbel still und ordentlich auf ihren Plätzen, der kleine Lampenschein glimmerte durch rosa Papierschleier auf den gläsernen und elfenbeinernen Nippsachen, den Photographieen und Kotillonandenken. Und die ganze niedliche kleine Welt — ihre Welt sah sie verwundert an. — Die ausgebreiteten Arme sanken ihr nieder, ein wildes verzweifeltes Weinen beruhigte endlich den Krampf, der sie schüttelte.

XV.

In der Charwoche fuhr Agathe nach Bornau.

Während sie ihr Billet löste, stand eine kleine Dame in diskreter schwarzer Toilette neben ihr und wartete, bis der Zugang zum Schalter frei wurde. Ein grauer Gazeschleier verhüllte ihr Gesicht, doch erkannte Agathe Fräulein Daniel.

Wohin mochte sie fahren? Wenn sie nun beide in dasselbe Coupé gerieten? Ob Lutz in der Nähe war?

Er hatte sie nicht begleitet!

Das heftigste Triumphgefühl durchbrang Agathe.

Die Daniel war viel vornehmer gekleidet, als sie selbst. Und Lutz legte so großen Wert auf diese Aeußerlichkeiten!

Agathe wurde vom Schaffner in ein schon fast gefülltes Damencoupé geschoben. Wo die Daniel einstieg, konnte sie nicht mehr beobachten. Sie war enttäuscht, als ihr die Sensation entging, mit der Schauspielerin zusammen zu fahren. Ihre Gedanken beschäftigten sich, eine Scene auszumalen, die zwischen ihnen hätte entstehen können, wenn die Daniel, allein mit ihr im Wagen, ihr vorgeworfen hätte, sie raube ihr Adrians Herz.

Es war schon später Nachmittag. Ehe man

die Station erreichte, wo Agathe den Zug wechseln mußte, hielt die Lokomotive auf offenem Felde. Wartend, miteinander flüsternd, standen die Schaffner im Regen.

— Und das ist Frühling, dachte Agathe, die flach sich dehnende, braune, von blaßgrünen Feldstreifen durchzogene, nebelfeuchte Landschaft betrachtend, — das soll Frühling sein. —

Sie interessierte sich nicht besonders für die Ursachen ihres unvorhergesehenen Aufenthaltes. Irgendwie mußte die Sache schon in Ordnung gebracht werden und man ans Ziel kommen.

Pfeifen und langsames Weiterfahren — nach kurzer Zeit stand der Zug abermals, die Thüren wurden aufgerissen.

„Aussteigen!!"

Bahnbeamte, ein paar Schutzleute wiesen den Weg und gaben Antwort.

Das Gleis war nicht frei. Ein Zusammenstoß von Güterwagen hatte stattgefunden. Passagiere waren nicht verunglückt — nur ein Heizer tot. Dort — rechts lag die Unglücksstätte. Die zertrümmerten Wagen, wie im Todeskampfe sich gegeneinander bäumende Ungeheuer, hoch und schwarz in die graue Luft ragend. Rufen und Laufen von Menschen. Der Regen prasselte stärker. Die Menge drängte dem Bahnhofs-Gebäude entgegen. Zwischen zwei Beamten kam eine Frau geschwankt, das Gesicht in eine blaue Schürze gepreßt, das Haar durchnäßt, hin und her taumelnd in fassungslosem Weinen. Die Frau des verunglückten Heizers. Man blickte ihr in scheuem Mitleid nach.

Als die hohe, glasbedeckte Halle erreicht war, sonderte sich ein Teil der Menschen nach dem Ausgange ab. Die Zurückbleibenden, unter ihnen Agathe, strömten eine breite Treppe hinunter, um durch einen Tunnel den jenseitigen Bahnsteig und womöglich noch den Schnellzug erreichen zu können.

Junge Männer mit koketten Reisemützen und flatternden Havelocks eilten gewandt voraus, sich die besten Plätze zu sichern, Kofferträger schafften rufend und scheltend Platz für ihre Bürde. Die gelben Gepäckkarren rasselten, Kinder wurden an der Hand von Müttern und Vätern rücksichtslos weitergezerrt, alte Damen mit Schachteln und Schirmen trippelten und rannten keuchend vorwärts. Eile that not — man hatte sich sehr verspätet.

Agathe fiel ein kleiner Junge auf in einem hübschen Mäntelchen, der schon sekundenlang mit dem Strom in ihrer Nähe fortgeschoben wurde, wobei er sich furchtsam nach allen Seiten umsah. Und nun blieb er stehen, ein winziges Hindernis für die Vorwärtsdrängenden, das unsanft aus dem Wege gestoßen wurde. Er begann zu weinen. Agathe wendete sich zu ihm zurück.

„Kleiner, Du hast Dich wohl verloren?"

Er schluchzte auf und nickte mit dem Kopfe.

Was war zu thun? Man konnte doch das kleine Kind hier nicht allein lassen.

„Mit wem bist Du denn gekommen? Mit Deiner Mama?"

Er schüttelte den Kopf.

„Wie heißt Du denn?"

„Didi."

Agathe führte das Kind ins Restaurant und sah dabei durch die großen Fenster, wie draußen ihr Zug abfuhr. Sie wandte sich zu der Buffetdame, um zu fragen, was man thun könne. Augenscheinlich war das Kind in der Verwirrung vom anderen Perron herübergekommen. Ein Dienstmann sollte den Fund bei den Portiers und in den verschiedenen Wartesälen des weitläufigen Centralbahnhofes bekannt machen. Inzwischen behielt Agathe den Kleinen unter ihrer Obhut. Der nächste Zug für sie ging erst in einer Stunde.

Hier auf dieser Seite spürte man schon nichts mehr von dem Unglücksfall, der jenseits des Tunnels die Ordnung störte. Hier ging alles seinen einförmig ruhelosen Gang weiter.

Neue Züge rasselten donnernd in die gewaltige Halle — Läuten — Pfeifen. Neue Menschenströme drangen die Treppen hinab und in die Säle.

Agathe zog sich mit ihrem Schützling ins Damenzimmer zurück. Sie nahm ihm das nasse Mäntelchen ab und wickelte ihn in ihr Plaid, dann setzte sie sich neben das Kind auf das Sofa und fütterte es mit einer Tasse Schokolade. Ganz still und traulich war es hier. Der Kellner hatte eine Gasflamme angezündet und die Thür geschlossen.

— Ein Kind wie dieses — und von der Reise kommen … Von Lutz abgeholt werden, in einem geschlossenen Wagen, an die Scheiben schlägt der Regen, in seinen Arm sich drücken, mit dem schläfrigen Kleinen auf dem Schoß … Wie trugen denn Menschen nur solche Wonne? Sie wurde doch manchem zu teil. Aber mehr zu fühlen, als bei der Vorstellung, wie das sein könnte…. das war ja nicht möglich.

Agathe zog den kleinen Buben an sich — fest — fest, und küßte ihn auf die Stirn, auf das feine blonde Haar, auf die Augenbrauen.

Erschrocken ließ sie ihn los, als habe sie etwas Unrechtes gethan, weil die Thür aufgerissen wurde. Zwei Frauen kamen eilig herein. Agathe sah eine diskrete, schwarze Toilette — einen grauen Gazeschleier, von einem blassen, verschminkten Gesichtchen fortgeschoben — Didi sprang vom Sofa, aus dem Plaid und jauchzte ihnen entgegen:

„Mama! Meine Mama!"

„Da ist er, der Unglücksbube! wahrhaftig!" rief die Daniel. „Mein Schatz! O Du Schatzerl — haben wir Dich gesucht!"

Sie hob ihn auf und hielt ihn am Herzen — fest — fest. Küßte ihn auf die Stirn — auf das feine blonde Haar und auf die Augenbrauen.

Die Frau, die mit ihr kam, entschuldigte sich bei Agathe, sie habe das Kind nur einen Augenblick allein gelassen, gerade unter der großen Uhr, wo sie die Mama erwarteten, weil sie gern das Unglück sehen wollte — und der Schrecken, als das Kind verschwunden war!

Agathe hörte nichts.

Die Daniel — sie, eine Mutter!

Und Adrian Lutz?

Es wurde mit einem Mal hell und klar und eiskalt in ihr. Sie sah alles Vorhergegangene — sie wußte alles.

Die Schauspielerin wandte sich mit ausgestreckten Händen zu Agathe, um ihr zu danken. „Ich bin Ihnen sehr verpflichtet —"

Sie fand ihre Worte nicht weiter vor dem verletzenden Hochmut in Agathes Haltung.

„Sie sind lieb zu dem Kinde gewesen," stammelte sie unsicher und erregt. „Es ist nun einmal . . . . Ich bin immer so in Angst um das Kind, weil ich nicht bei ihm sein kann . . . Wenn ich einen Tag keine Nachricht habe, gebärde ich mich wie eine Unsinnige."

Sie war ganz verweint und zerstört. Sie sah Agathes stumme, starre Abwehr schon nicht mehr. Sie band dem Kinde das Mäntelchen um, setzte ihm die runde Mütze auf. Die Frau, bei der das Kind in Pflege war, wollte ihr helfen, aber sie ließ es nicht zu.

Agathe folgte dem mütterlichen Thun der kleinen Soubrette mit den Blicken, wie sie sie oft auf der Bühne beobachtet hatte. Nicht anders.

Alles Empfinden schien plötzlich in ihr ausgelöscht.

Der Kleine war bereit zum Gehen.

„Komm, Adrian, küß' der Dame die Hand und sag' Adieu!"

Agathe wich zurück. Aber es war ja gleich — alles war gleichgültig. Und sie bückte sich und berührte des Kindes Wange mit ihren kalten, erstarrten Lippen. Sie reichte auch der Daniel die Hand — ganz mechanisch.

Ueber das erregte Gesichtchen der Schauspielerin ging ein Ausdruck von Erschrecken. Unschlüssig stand sie vor Agathe.

„Ich glaube — kommen wir nicht aus derselben Stadt?"

„Wir sind uns wohl öfter begegnet," antwortete Agathe.

Die Daniel wurde plötzlich sehr rot, ihr Mund begann zu zittern.

Auch Agathe errötete und sah zur Seite. Jetzt kam er plötzlich — der Schmerz.

„Fräulein — ich bitte Sie — verraten Sie mein armes Geheimnis nicht!"

Die Augen der beiden Mädchen blickten ineinander und strömten plötzlich über von Thränen — von einer unendlichen Traurigkeit. Sie verstanden sich in etwas Geheimnisvollem, in einem Leiden, für das es keinen Laut gab — das auch durch kein Wort hätte bezeichnet werden können und das weit hirausging über ihr eigenes Schicksal.

„Sie sind gut," flüsterte die Daniel. „Es ist nicht meinetwegen. Nur er — es ist ihm so peinlich!"

Bitter und hastig sagte sie, indem sie die Hand auf des Kindes Kopf legte:

„Man begreift eben nicht, wie ein Vater solchen Buben verleugnen will. Alles lernt man vergeben — schließlich, wenn man immer fürchtet, alles zu verlieren."

Agathe vermochte sich fast nicht mehr aufrecht zu halten. Fröstelnd empfand sie einen Rest von Bühnenroutine in der Art, wie die Daniel ihre Worte betonte.

Nur sich selbst nicht verraten — nicht dieser! Alle ihre Kräfte rangen mit dem Verlangen, das wie ein Schwindel sie überströmte, sich zu entblößen und in armseligem Jammer der, die ihn auch liebte, um den Hals zu fallen, zu schreien, zu verzweifeln.

Aber ruhig bleiben — Dame bleiben — das hatte Agathe lebenslang geübt — das wenigstens gelang ihr.

Mit ernster, mädchenhafter Würde antwortete sie der Schauspielerin:

„Ich könnte nicht vergeben, wo ich verachten müßte."

„Verachten? Das verstehn Sie ja nicht. — Ach — er—! Er liebt mich ja nicht mehr. Aber er liebt auch die anderen nicht — keine — keine. Sie werden ihm eben alle so schnell zuwider. Und wenn ich sterbe und man öffnet mir das Herz —

ich glaube, man findet seinen Namen da mit glühenden Buchstaben eingebrannt."

„Gnädige Frau — regen sich doch nicht auf, das Kind fängt auch schon an zu weinen," mahnte die Bürgersfrau, welche Didi an die Hand genommen hatte.

Die Daniel schluchzte auf, trocknete sich das Antlitz und zog den grauen Schleier vor.

„Warum denn auch darüber reden — es ist ja umsonst. Verzeihen Sie, daß ich Sie mit meinem Kummer belästigte. Nicht wahr — ich habe Ihr Versprechen?"

Agathe neigte den Kopf. Die Frauen verließen mit dem Kinde das Wartezimmer. Nach einigen Minuten kamen andere Leute herein, es läutete — man rief zum Einsteigen.

XVI.

Frau Heidling empfing ihre Tochter auf dem Bahnhof. Während beide in Onkel Bärs großer dunkler Kalesche die aufgeweichte Landstraße entlangrollten, benutzte Frau Heidling gleich die Gelegenheit, um sich bei Agathe nach der Wäsche und den anderen häuslichen Angelegenheiten zu erkundigen. Es beunruhigte sie schon die ganzen Tage, daß sie Agathe alles allein überlassen hatte. Agathe war ja freilich ein erwachsenes Mädchen, und ihr Mann hatte Recht, wenn er ärgerlich wurde, weil sie die Reise mit ihm als ein Opfer betrachtete, und wenn er sagte, Agathe müsse doch auch lernen, sich selbständig um etwas zu kümmern. Die Regierungsrätin hatte nun einmal das quälende Gefühl, sie würde bei der Heimkehr vieles anders finden, als sie es gewohnt war und als sie es für richtig hielt. Agathe war auch so gleichgültig, so interesselos. Ihre Fragen: ob keine von den Damastservietten gefehlt habe, und ob die Mädchen abends keinen Braten, sondern Wurst bekommen hätten, beantwortete sie in einem müden, unliebenswürdigen Ton.

Agathe dachte nicht daran, der Mutter von ihrer Begegnung mit der Daniel zu sagen. Sie würde sich aufregen, und Agathe war von jeher gewohnt, ihre Mutter zu schonen. Dann die Furcht, Mama möchte irgend etwas Moralisches vorbringen — etwas Tadelndes über Lutz und die Schauspielerin, oder Agathe bedauern, daß sie eine so häßliche Geschichte erfahren hatte. Und das alles war es doch gar nicht, was ihr so unsinnig weh that — nicht Abscheu — nicht tugendhafter Unwille — nur Neid — Neid — Neid!

Agathe hörte beim Abendessen ein langes und breites Gespräch: Cousine Mimi wollte Diakonissin werden, aber die Eltern wünschten, sie sollte sich die Sache noch ein Jahr überlegen. Der Regierungsrat nannte den Plan eine exaltierte Mädchenidee und sprach von dem Beruf, den die Tochter zuerst bei den Ihren zu erfüllen habe; Agathe kam es vor, als sei sie von den Menschen, ihrem Thun und Reden und Wollen durch einen weiten, mit Nebel angefüllten Raum getrennt.

Mimi begleitete sie zu ihrem Zimmer — sie hatte es auch während jenes fröhlichen Sommeraufenthaltes als Pensionärin bewohnt. Nicht das Geringste hatte sich hier verändert: dieselbe altertümliche, weiß und grün gestreifte Tapete, dieselben geraden, hochlehnigen Stühle, mit knisternd steifem, hartglänzendem Möbelkattun bezogen, der auf der ganzen Welt nur noch in den Gaststuben konservativer Landedelleute zu finden ist. Die kühle, von einem Lavendelaroma und dem Geruch der Viehställe durchzogene Luft schlug

Agathe mit tausend plötzlichen Erinnerungen an die erste Jugend, an Frohsinn und Gelächter entgegen.

„Weißt Du noch?" fragte Mimi und hielt die Kerze empor, einen alten, wunderlichen Kupferstich zu beleuchten. In wurmzerfressenem Mahagonirahmen Sappho, die sich flatternden Gewandes und flüchtigen Fußes mit schönem Schwunge vom leukadischen Felsen ins Meer stürzt.

— Eines Tages hatten sie die Jungens hereingeholt und o — wie hatten sie mit Martin und den Kadetten über diesen theatralischen Schmerz gelacht, gekichert und gespottet.

Mimi zündete ihrer Cousine das Licht an und ließ sie allein.

Agathe mußte sich ruhig verhalten, denn nebenan, nahe der Thür, schliefen die Eltern.

Und vor ihr lag die lange, lange, einsame Nacht.

———————

— — Das war so grauenhaft: sich vorzustellen, wie er bei einer anderen gewesen, während sie ihm gehörte mit jedem Pulsschlag ihres Blutes, dem ganzen überschwänglichen Gefühl ihres Herzens und allen Träumen ihres Hirns.

..... Und kein Gedanke kam von ihm zu ihr geflogen.... Sie glaubte seine geistige Nähe zu empfinden, und sein Kopf ruhte befriedigt auf einer weichen, atmenden Brust, sein Ohr hatte in stiller Dunkelheit dem freudewilden Herzschlag jener Frau gelauscht. Ihre geöffneten Lippen hatten den Hauch seines Kusses zu spüren gemeint, und sein Mund hatte Wonne von dem Antlitz der anderen getrunken . . .

— Pfui — wie das gemein war und schmachvoll lächerlich dazu . . . Wie ihre im Todeskampf ringende Liebe geschändet wurde durch die Erkenntnis der Wahrheit, der elenden, abscheulichen Wirklichkeit.

* * *

„Hast Du Kopfweh?" fragte Mama Agathe, als die Verwandten sich um den Frühstückstisch versammelten.

„Ich weiß nicht — nein."

Die Wände, der Tisch, der Stuhl, auf den sie sich setzte, alles schien leise zu schwanken. Sonderbar . . . .

„Du wirst mir doch nicht krank werden?" fragte der Regierungsrat besorgt.

In dem heiteren Frühlingssonnenschein, der heut Morgen zu den hohen Fenstern des Gartensaals hereinglänzte, unter den vollen, gesunden Landmenschen, die in ihren Kleidern schon einen Duft von draußen — von Gras und Blumen und frischer, feuchter Erde zum Frühstück brachten, sah er mit Unzufriedenheit und verletztem Vaterstolz, wie abgemagert und dürftig Agathe vor ihm saß. Seine Tochter war ja häßlich . . . . . ein graues, verzerrtes Gesicht mit scharfen, spitzen Zügen und dunklen Ringen um den Augen.

Mimi legte ihr Schinken und Honig und Kuchen auf den Teller.

„Liebe Agathe," begann sie in ihrer weisen, näselnden Stimme, „unser alter Herr Rat sagt immer, die erste Mahlzeit wäre die nahrhafteste. Morgen kommst Du mit, im Kuhstall Milch trinken."

Der Regierungsrat neckte sie. „Werden Deine Kranken auch mal Honig und Schinken bekommen?"

Agathe versuchte zu essen — es mußte doch möglich sein, wenn sie sich zwang. Ein fester Knäuel saß ihr im Hals. Schon nach den ersten Bissen begann sie zu husten.

„Es ist nichts," stammelte sie mit einem Lächeln, und dabei hustete und hustete sie immer heftiger. Sie wurde aschfahl, die Schweißtropfen rannen ihr von der Stirn und Thränen über die Wangen. Instinktiv preßte sie die Hand auf die rechte Seite der Brust, wo sie einen leisen Schmerz fühlte. Man sprang mit besorgten Mienen von den Stühlen. Mühsam erhob sich Agathe, um sich vor all diesen teilnehmenden Blicken zu retten. Sie spürte einen fremden, unheimlichen Geschmack auf der Zunge — da — das war Erleichterung..

Sie hielt ihr Tuch an den Mund — es färbte sich dunkelrot.

Blut....

Entsetzt, hilfesuchend sah sie ihre Mutter an. Frau Heidling stützte sie und führte sie hinweg. Mit einer ruhigen, tröstenden Stimme sagte sie:

„Du legst Dich still hin — dann wird sich's schon beruhigen. Das kommt wohl mal vor."

Sie bettete die Tochter, hielt sie im Arm, als ein neuer Anfall kam, und hatte ein Lächeln, indem sie ihre Wangen streichelte und sagte: „Armes Kind, hast Du Dich geängstigt? Das sieht gleich so schrecklich aus. Nicht wahr? Das kommt ja so oft vor."

Agathe lächelte auch. Ja — ja — sie wußte schon — das kam oft vor.

Alles war gut so — ganz friedevoll und gut.

Nur die Aussicht, das Erlebte jahrelang heimlich mit sich weitertragen zu müssen, hatte sie so aufgeregt und zerrissen.

Da — sie tastete mit der Hand — da unter dem rechten Schlüsselbein — wenn sie atmete, fühlte sie ein leichtes Rasseln an der Stelle. Kaum Schmerzen.

Sterben war ja gar nicht schwer — war ja ein müdes Aufgeben — ein gleichgültiges sich Abwenden von allem . . . .

Die Augen geschlossen, ein wenig fiebernd, lag sie, nachdem der alte Sanitätsrat, der mit dem Wagen aus der Stadt geholt war, sie verlassen hatte.

Nicht reden — nichts erklären zu brauchen — ach — das war gut.

Auf Zehen schlich jemand ins Zimmer, sie kannte ihres Vaters Schritt, aber sie öffnete die Lider nicht. Er küßte sie auf die Stirn — behutsam — sie fühlte warme Tropfen über ihre

Schläfe rinnen. Da quollen ihr auch die Thränen. Er wischte sie ihr fort und murmelte: „Mein gutes Kind — meine gute Kleine!"

Mama, die in einer großen weißen Schürze vor dem Bette saß, machte ihm ein stummes Zeichen, beide gingen leise, leise wieder hinaus und standen flüsternd vor der Thür.

„Der Herr Rat sagt, wenn Du hübsch vorsichtig sein willst, bist Du in vierzehn Tagen wieder munter," erzählte Mama mit der heiteren Stimme, die so seltsam von ihrem gewöhnlichen, sorgenvollen, müden Ton abstach, und die sie nur annahm, wenn eine große Gefahr ganz nahe stand, doch durch Selbstbeherrschung und Verständigkeit vielleicht noch abgewendet werden konnte. Agathe erinnerte sich dieser besonderen, sanftheiteren Sprechweise ihrer Mutter von den Kranken- und Sterbebetten ihrer kleinen Geschwister her.

———————

Wie gut es that, so zu ruhen, umspielt von der linden Frühlingsluft, die zu den geöffneten Fenstern bald die kräftigen Gerüche der Landwirtschaft, bald die zarten Düfte des jungen Laubes an der großen Linde hereintrug. Keine Schmerzen — nur eine leichte fieberische Verwirrung des Denkens, das in halben Schlummer überging. Und alles Erlebte so ferne — aus einem früheren Dasein mit verblaßten Farben herüberdämmernd.

Auf dem Tischchen neben ihr standen Blumen, Flieder und Kamelien. Cousine Mimi brachte sie täglich frisch aus dem Gewächshaus. Die kostbaren Blumen, die nur bei den seltensten Gelegenheiten geopfert wurden — das hatte so etwas Feierliches, wie letzter Liebesdienst.

Sie war doch nicht verlassen — man hätte sie gerne noch behalten. Und sie hatte ein Bedürfnis nach Zärtlichkeit . . . .

Auch ein Bild des Heilandes hatte Mimi an ihrem Lager aufgestellt, sie wollte ja Diakonissin werden, und ihr Sinnen, ihr ganzes Wesen war von einer heiteren und bestimmten Glaubenskraft erfüllt.

Agathe sah gerne auf das edle gesenkte Haupt unter der Dornenkrone. Sie betete viel — stumm mit gefalteten Händen. Es war ihr dem Gottessohn gegenüber wie einem hohen wundervollen Menschen, von dem man viel hat erzählen hören — aber man glaubte doch niemals, von Person zu Person ihn kennen zu lernen. Und da meldet er plötzlich seine nahe Ankunft — und nun fühlt man erst, was das besagen will.

* * *

Eugenie schrieb einen langen, teilnehmenden Brief. Sie erzählte von einer Landpartie, die am zweiten Ostertage stattgefunden hatte.

„Es war recht schade, daß Du nicht dabei warst. Herr von Lutz fragte auch nach Dir und läßt Dir gute Besserung wünschen. Er war ganz verrückt und machte der dummen Wehrenpfennig den Hof — aber, wie jeder sehen konnte, nur zum Spaß. Die Daniel ist übrigens nach Schluß der Saison anderweitig engagiert und geht von hier fort...."

Mama las Agathe den Brief vor und sah sie liebevoll an. Ein mattes Lächeln blieb auf den abgezehrten, scharf und schmal gewordenen Zügen der Kranken.

— — Nun hatte sie auch diese Prüfung bestanden... Sie fühlte sich stark in aller Schwäche — sie hatte seinen Namen gehört und nach dem ersten Augenblick, in dem es ihr gewesen war, als sinke sie mit ihrem Lager hinab in ein dunkles kaltes Wasser, war sie ruhig geblieben.

Gott sei Dank — kein Neid und kein Haß auf die Daniel war mehr in ihr — und auch keine Hoffnung und kein Wunsch.

Wie das gut that.

Auch das Glück war doch im Grunde Schmerz gewesen.

Ob sie noch viel leiden würde? So leicht konnte das Sterben doch nicht sein? Sie mußte jetzt oft darüber nachdenken, besonders in der Nacht, wenn sie stundenlang nicht schlief. Es mußten noch Kämpfe kommen. Sie wollte mutig sein.

Nach den heftigen Anfällen, die sie niedergeworfen hatten, war der Husten fast verschwunden. Aber in einer Nacht, als Mama ihr zu trinken gab, weil der Mund ihr sehr trocken war, fiel er sie plötzlich wieder an. Sie setzte sich aufrecht. Ach, war das ein Schrecken. Keuchend rang sie mit dem Feinde, der sie schüttelte und ihr die Brust schmerzlich zerriß. Die Luft ging pfeifend durch ihren Hals — sie schlug mit den Armen um sich in der Erstickungsnot — ihre Mutter hielt sie aufrecht und wischte ihr, tief seufzend, die vom kalten Schweiß genäßte Stirn.

Der Regierungsrat kam, eilig und flüchtig bekleidet, aus dem Nebenzimmer.

„Mein Kind — mein Kind — was ist denn nur geschehen?"

„Laßt mich doch sterben," keuchte Agathe. „Laßt mich doch sterben — es ist ja bald vorüber. O Gott! O mein Gott!"

Jetzt hielt der Vater sie, die Mutter sank vor dem Bett auf die Knie, faßte ihre Hände und küßte sie mit lautem, leidenschaftlichem Schluchzen.

„Nein — nein" — ächzte sie dabei, „Du darfst nicht — Du darfst nicht sterben. Das wirst Du uns doch nicht anthun — das kann doch der liebe Gott nicht geschehen lassen . . . ."

Und als sei es ihr möglich, dem Tode zu trotzen, wenn sie nur wollte, flehte nun auch ihr Vater, vor Angst aller Vernunft beraubt, sie an, bei ihnen zu bleiben.

„. . . Wir haben Dich ja so lieb — Du weißt es ja gar nicht — alles — alles wollen wir Dir zuliebe thun . . . . Werde doch nur wieder gesund — mein süßes Kind — wie sollen wir denn nur leben ... Wir können Dich ja nicht entbehren...."

-- Nein — sie hatte es nicht gewußt — hatte den wilden Schmerz, die stürmische Zärtlichkeit nicht vorausgesehen. Das war ein Kampf — ein entsetzlicher, der ihr die Seele zerriß, während die Brust nach Atem rang.

Sie glaubte, es müsse wieder ein Blutstrom quillen und ihre Qual enden. Aber es löste sich nur ein zäher Schleim, und dann beruhigte sich der Anfall.

Sie war seelisch tief erregt, und von dem Schweiß der Schwäche übergossen, mit strömenden Thränen bat sie Papa und Mama, ihr den Abschied nicht so schwer zu machen — sie möchte ja so gerne sterben, und es wäre ja gut so. Und sie hätten ja doch noch Walter und Eugenie, Eugenie würde ihnen auch eine gute Tochter sein.

Endlich schlief sie sitzend, die Arme um ihres Vaters Hals geschlungen, den Kopf an seine Schulter gelehnt, vor Erschöpfung ein. Und er hielt sie so, wohl eine Stunde lang.

Als sie aufwachte, sah sie aus verworrenen Träumen beim Schein des Nachtlichtes noch immer die beiden Gesichter angstvoll und mit verzweifelter Liebe auf sich gerichtet.

Traurig lächelnd legte sie sich auf die Kissen zurück und ließ sich betten und zudecken.

Nein — sie durfte nicht sterben — sie mußte schon leben wollen.

Heimlich meinte sie: wenn sie es auch versuchte, Gott würde ihr Opfer verstehen und würde wohl Einsehen haben.

Der alte Hausarzt schien am folgenden Morgen durch die Schilderung des nächtlichen Schreckens nicht sonderlich beunruhigt. Er meinte, die Heilung mache gute Fortschritte, und das werde der letzte Anfall gewesen sein.

Nach vierzehn Tagen durfte Agathe wieder aufstehen, sollte gute Beefsteaks und Schwarzbrot essen, Milch und Bier trinken, spazieren gehen oder doch in der Luft sitzen und liegen.

Es fanden jetzt täglich Beratungen zwischen den Verwandten und den Eltern statt, wohin man im Sommer mit ihr gehen könne und ob nicht für den nächsten Winter ein Aufenthalt im Süden angezeigt sei. Agathe hörte um sich her die bekannten Namen: Görbersdorf — Davos — Meran. Natur- und Kaltwasserärzte wurden vorgeschlagen und ein sehr berühmter Mann, der nach einem Metallstück, das der Kranke einige Zeit am Leibe getragen, die erfolgreichsten Kuren verordnete. In jedem Briefe, den die Mama von ihren Freunden empfing, wurde ihr ein neues Heilmittel angepriesen und auch gleich zugeschickt. Heute sollte Agathe Gelee von Schnecken essen, morgen sich mit Hasenfett einreiben und übermorgen Eselsmilch trinken.

Schließlich schrieb der Regierungsrat doch an eine bekannte Größe auf dem Gebiete der Lungen- und Brustkrankheiten. Als der Professor antwortete, es treffe sich gut, er habe eine

Patientin in jener Gegend zu besuchen und könne damit einen Abstecher nach Bornau verbinden, wirkte das wie eine Erlösung auf die Eltern.

Agathe selbst sah der Untersuchung in schwankender Stimmung entgegen. Sie hatte keine Lust mehr zum Leben und keine Freudigkeit mehr zum Tode. Ein langes Leiden mit den Stationen scheinbaren Wohlbefindens dazwischen — der Jammer von Papa und Mama ins Endlose hinausgezogen — das war doch ganz anders schrecklich als ein leichtes, friedliches Einschlafen. Sie sah die ihr drohende Krankheit nicht mehr in einer romantischen, sondern in einer trüben, kläglichen Beleuchtung, sie sah plötzlich alles Widerliche, Unästhetische, Peinvolle. Seit es ihr wieder besser ging, war sie überhaupt nicht mehr in der sanften, verklärten Gemütsverfassung, sondern ungeduldig, leicht zur Heftigkeit und zu Thränen gereizt.

Sie versuchte, sich durch Lesen von Psalmen und durch Gebet zu beruhigen. Ihre Seele in den Willen des Herrn zu ergeben — ach, das war das einzige, was ihr helfen konnte. Aber sie glaubte endlich, still geworden zu sein, so merkte sie daran, daß sie keinen Bissen feste Nahrung herunterschlucken konnte und daß ihre Hände von einer unangenehmen Feuchtigkeit bedeckt waren, wie fruchtlos ihr Mühen blieb.

Der alte Rat kam schon vor dem Professor in seinem eigenen Wagen. Endlich erschien auch der berühmte, erwartete und gefürchtete Gast.

Agathe befand sich mit den Eltern in der großen Wohnstube. Auch Tante Malwine war gegenwärtig und Cousine Mimi, weil der Vorgang sie, ihres künftigen Berufes wegen, doch sehr interessierte. Onkel August empfing den Professor unten auf der Treppe, geleitete ihn hinauf und übergab ihn dem Regierungsrat. Alles war unbeschreiblich feierlich — wie bei einer Gerichtssitzung.

Der Professor schien etwas erstaunt durch die zahlreiche Familie.

„Ach — welches ist die Patientin?" fragte er, indem er ringsum grüßte und dem Kollegen die Hand schüttelte.

Agathe erhob sich zitternd.

Er sah sie scharf an. Ein zwergenhaft kleiner, bleicher Mann. Bequem in einen Lehnsessel zurückgelegt, die Hände behaglich gefaltet, ließ er sich erzählen, wie der Fall sich ereignet habe, wie alt Agathe sei, welche Krankheit sie durchgemacht habe, — auch das Alter ihrer Eltern und ihr Gesundheitszustand wurde genau geprüft, und besonders fragte er, ob schon Fälle von Tuberkulose in der Familie vorgekommen seien. Nein, das war durchaus nicht der Fall. Frau Heidling beantwortete alles mit der heiteren Stimme der angstvollen Zeiten.

Endlich verließ der Regierungsrat das Zimmer.

„Sie sind sehr eindrucksfähig," sagte der Professor, das Ohr an Agathes Brust gelegt ... „ganz ungewöhnlich eindrucksfähig." Den Kopf erhebend, dicht vor ihrem Gesicht, und den magern Hals betrachtend, in den die letzten Wochen förmliche Löcher gegraben hatten, fragte er: „Haben Sie sich vor diesem Anfall heftig alteriert?"

„Ja," hauchte Agathe, und eine dunkelrote Blutwelle färbte ihr Hals und Busen.

„Wann — wenn ich fragen darf?"

„Am Tage vorher." Sie zitterte stärker, ihr Herz schlug qualvoll heftig.

„Kind — davon hast Du mir ja gar nichts gesagt," begann ihre Mutter vorwurfsvoll.

Der Professor warf der Rätin einen schnellen, zur Vorsicht mahnenden Blick zu.

„Ich dachte es mir," bemerkte er ruhig. „Das erklärt die Sache. So — nun wollen wir einmal auf der anderen Seite klopfen .... Die Wunde ist übrigens sehr gut geheilt."

Der alte Sanitätsrat erhielt ein Kopfnicken.

Agathe legte ihr Kleid wieder an und die Aerzte zogen sich zu einer Beratung zurück.

Der Regierungsrat und Onkel Bär sahen zur Thür herein.

„Was hat er gesagt?"

Man zuckte mit den Schultern und zeigte nach der Thür, hinter der die Aerzte verschwunden waren.

„Sie hat sich alteriert," berichtete Tante

Malwine halblaut, vorsichtig und auf den Zehen zu ihrem Manne tretend.

„Große Alteration . . . ." flüsterten Onkel Bär und der Regierungsrat.

„Agathe hat sich sehr alteriert, ich wußte nichts davon," wiederholte Frau Heidling dem Regierungsrat. Alle blickten Agathe teilnehmend und neugierig an. Nur Cousine Mimi sah ein wenig streng aus. Wie konnte man sich so alterieren, daß man krank wurde!

Agathe schämte sich, sie litt Folterqualen. Nun würden sie alle darüber reden und nicht ruhen, bis sie es endlich herausbekommen, worüber sie sich alteriert hatte. —

Dann wurde sie von einem wilden Schrecken erfaßt. Sie war doch gewiß sehr krank, wenn man dort drinnen so endlos lange über sie sprach.

Das wurde ja unerträglich!

Sterben müssen — aufhören zu sein . . . . Nein — nein — alles Andere! Nur leben! O Gott — lieber, barmherziger Gott — nur noch ein bißchen leben.

Plötzlich hörten alle das tiefe, behagliche Lachen des alten Sanitätsrats.

Wie das überraschte und den stummen Bann der Erwartung brach!

Der Regierungsrat öffnete die Thür — auch der Professor lachte über das ganze Gesicht.

„Ja — das sind so Erfahrungen, mein lieber Kollege," hörte man ihn lustig sagen.

Als er im Rahmen der geöffneten Thür das blasse Mädchenantlitz mit den leidensvollen

Augen gespannt auf sich gerichtet sah, verschwand sein Vergnügen an der guten Anekdote hinter dem mild-ernsten Berufsgesicht.

Er wendete sich zu Frau Heidling.

„Nun — ich kann Ihnen ja günstige Auskunft geben," sagte er freundlich. „Von Tuberkulose finde ich keine Anzeichen. Ihr Fräulein Tochter ist sehr sensibel — unter dem Einfluß heftiger psychischer Erregung ist ihr da ein Aederchen gesprungen. Die Konstitution muß widerstandsfähiger gemacht werden — sonst könnten sich doch böse Dinge entwickeln. — Ihre Gesundheit, liebes Fräulein, ist in Ihre eigene Hand gelegt. Geben Sie sich heiteren Eindrücken hin, genießen Sie Ihre Jugend."

Er erteilte nun seine einfachen Verordnungen, die in allen Hauptsachen mit denen des alten Hausarztes übereinstimmten. Doch hörte man ihm aufmerksamer zu, und jedes Wort aus seinem Munde schien einen höheren Wert zu besitzen.

Agathe hätte ihm am liebsten in heißer Dankbarkeit die Hand geküßt.

Als der Professor sich entfernt hatte, umarmten Papa und Mama die Tochter. Ihr Glück dünkte Agathe so unschätzbar, so köstlich und so tief befriedigend, daß ein freudiger, ja ein wahrhaft kampflustiger Mut zu jeder Entsagung über sie kam.

Sie wollte gesund sein, sie wollte leben — für niemand und für nichts anderes auf der weiten Welt, als nur für ihre Eltern.

Zweiter Teil

I.

Eugenie war nach der Geburt ihres ersten Kindes immer noch hübscher geworden. Sie strahlte förmlich in Gesundheit und fröhlicher Laune. Wenn der stramme kleine Kerl auf dem Arm der Wärterin neben ihr ausgeführt wurde, trugen Mutter und Kind dieselben runden teller= förmigen Kappen aus weißer Wolle auf den blonden, rosigen Köpfen, und das machte sich ganz allerliebst. Eugenie dachte sich immer etwas Be= sonderes aus in ihrer Toilette, das die Leute ärgerte oder freute und worüber man in jedem Falle verschiedener Meinung war.

„Ein neuer Einfall meiner Frau!" pflegte der Lieutenant Heidling dann zu sagen, und in dem Ton, mit dem er hinzufügte: „ja, diese kleine Frau" verriet sich eine beinahe knaben= hafte Verliebtheit.

Verglichen die Bekannten Walter mit seiner reizenden Frau, so fiel ihnen sein beunruhigtes und oft gedrücktes Wesen auf. Er hatte Launen. Seine Stirn, seine einfachen, jugendlichen Züge konnten ohne ersichtlichen Grund von Unmut ver= finstert werden. In Gesellschaften, wo Eugenie sich unterhielt, lachte, tanzte und sich von seinen Kameraden den Hof machen ließ, stand er schweig= sam umher und beobachtete sie. Zuweilen warf er ihr einen bittenden Blick zu. Meist wollte er früh aufbrechen, doch ließ er sich stets von ihr bedeuten — er konnte seinen Willen nicht durchsetzen gegen sie, und dann wurde er verdrießlich. Ihm war die Gesellschaft verhaßt, am liebsten wäre er immer allein mit seiner Frau geblieben. Hätte er es ihr verraten, so hätte sie über ihn gelacht. Und ihr Lachen that ihm weh, er forderte es nicht gern heraus. — Ja — und — — es war doch ihr Geld, von dem sie ein Haus machte, Toiletten anschaffte u. s. w. Würde sie ihm das einmal vorwerfen... Darauf durfte er es nicht ankommen lassen. Die Furcht vor diesem Worte, welches Eugenie sprechen konnte, vermehrte noch die Unsicherheit, in die seine große Liebe ihn stürzte. Er war maßlos eitel auf seine Frau, auf ihre Triumphe — sogar auf ihre Koketterie. Verächtlich und mitleidig äußerte er sich in Bezug auf alle übrigen Frauen. Aber — Regierungsrat Gevatter stehen. Eugenie hatte aber.... Er hatte sich ihr Verhältnis früher ganz anders gedacht. Eine Vernunftheirat — und sie mußte noch froh sein, wenn er ihr Vermögen nicht beim Jeu verbrauchte. Ja — ja — ja — die Ehe bringt zuweilen wunderliche Ueberraschungen.

Vor der Taufe des Kindes hatte Agathe einem heftigen Streit zwischen Walter und Eugenie beigewohnt. Walters Hauptmann, Herr von Strehlen, der gnädigen Frau allergetreuester Verehrer, sollte neben dem alten Wutrow und dem

dem Hauptmann schon vor Monaten versprochen — in Walters Gegenwart, er mußte sich doch erinnern — ihr erstes Kind sollte, falls es ein Junge werde, nach dem Hauptmann „Wolf" genannt werden. Der Junge war auf die Welt gekommen, und Walter war doch auch ganz zufrieden mit der Thatsache. Ein altes Versprechen nicht zu halten, weil es ihm plötzlich nicht mehr paßte, das ging ja nicht — das mußte er doch einsehen. Ein ältlicher Junggeselle legt Wert auf so etwas. Mein Himmel, warum ihm nicht die Freude gönnen? Strehlen war nun einmal Walters Vorgesetzter — daran ließ sich nichts ändern, man durfte ihn nicht erzürnen. Walter würde das sonst schon in seiner Carrière zu fühlen bekommen.

Sie sprach sehr verständig, und nachdem Walter anfangs heftig genug gewesen, gab er schließlich ihren guten Gründen nach.

Der Junge wurde Wolf genannt. Herr von Strehlen kam fast täglich heran, um sich nach den Fortschritten in der Entwickelung seines Patenkindes zu erkundigen. Auch wenn er nicht anwesend war, tönte sein Name in tausend Liebkosungen durch die Wohnung. Hielt Eugenie ihr Söhnchen auf dem Schoß und spielte mit ihm, beim Baden und Ankleiden, das sie als gewissenhafte Mutter immer selbst besorgte, hieß es fortwährend unter Küssen und Schäkern: Mein Wolfsmäuschen! Mein alter Zuckerwolf! Mein Brüllwölfchen! Mein kleiner, süßer Herzenswolf!

Und die scharfen, grauen Augen der jungen Frau blickten unter halbgeschlossenen Lidern mit listiger Schelmerei zu Walter hinüber und sahen, daß er litt — immerfort litt — sich Vorwürfe machte über eine so unsinnige Qual — daß er seine Ehre und sein Vertrauen zu ihr und seine Vernunft, die ihr nichts vorwerfen konnte, zu Hilfe nahm, und sein Zartgefühl, welches sich schämte, auch nur mit einem Worte seine Unzufriedenheit zu äußern über etwas ganz Selbstverständliches — ihr Scherzen mit dem Kleinen — und daß er dennoch litt.

Sie lächelte ganz heimlich darüber.

Lieber Gott — der langweilige Hauptmann .... Der wär' ihr gerade der Mühe wert gewesen ....

Aber die unbarmherzigen Gedanken hinter den kühlen, grauen Augen, unter der weichen Haarmähne, die wußten, wenn Walter diese blonde Fülle abends in seine zitternden Hände nahm und mit schmerzlicher Wonne küßte — daß Leidenschaft aus Leiden wächst. Und das zehrende Feuer, das da an Eugeniens Seite loderte, die angstvolle, vor ihrem Verlust bebende Anbetung wärmte sie höchst angenehm. Es war ihr Geheimnis — ihr Jugendborn — dem sie, wie der Vogel Phönix seinem Flammenneste, in immer neuer Kraft und Schöne entstieg.

Vielleicht betrachtete nur ein Mensch die liebenswürdige Heiterkeit der jungen Frau Heidling, die alle Welt entzückte, mit schweigender Verachtung, und das war ihre Schwägerin.

Seit Agathe sich ganz dem Leben der Pietät, der Selbstaufopferung und der Entsagung hingegeben hatte, wurde sie streng im Urteil über ihre Nächsten, die nicht demselben Ideal herber Pflichterfüllung folgten.

„Mit Agathe ist rein nichts mehr anzufangen," erklärte Eugenie. „Sie liest den ganzen Tag in der Bibel, wenn sie nicht in der Sonntagschule ist oder ihre Armen besucht. Es ist wirklich schade um das Mädchen!"

„Letzten Mittwoch ist sie sogar in der Betstunde bei den Jesubrüdern gewesen," sagte Lisbeth Wendhagen, „draußen hinter den Scheunen, wo Fleischermeister Unverzagt predigt! denkt Euch doch nur . . . .!"

„Wenn Papa das wüßte, der würde sie!" sagte Eugenie lachend. „Kinder — der dicke Amandus Unverzagt als Beichtvater für zerknirschte Mädchenseelen! Nein, Walter, wir dürfen wirklich nicht leiden, daß Agathe sich durch ihre Bigotterie zum Gespött der Leute macht."

Eugenie begann infolge dieser schwesterlichen Erwägung Agathe, sobald sie ihr begegnete, mit ihren Jesubrüdern zu necken. Als das Mädchen zu den jungen Heidlings kam und Wölfchen aus dem Wagen heben wollte, um mit ihm zu spielen, riß Eugenie ihr den Kleinen fort, rümpfte die Nase und sagte: „Ich mag nicht, daß Du ihn trägst — wer weiß, was Du uns für Krankheiten von den Ungeziefer-Kindern Deiner armen Leute ins Haus bringst."

Sie drückte ihren Knaben mit einer stolzen Mutterbewegung an ihre Brust und ließ ihn fern von Agathe in ihren Armen auf- und niedertanzen, als habe sie ihn siegreich einer großen Gefahr entzogen.

Agathe schossen die Thränen in die Augen. Doch demütigte sie sich so weit, Eugenie flehentlich zu bitten, solche Bemerkungen wenigstens nicht in Gegenwart von Papa zu machen.

Abends in ihrem Zimmer lag Agathe halbe Stunden lang auf den Knieen und betete mit Schluchzen und Weinen, der Herr möge sie stärken, das kleine Martyrium, das Eugenie ihr auflegte, in Geduld zu tragen, wie sie um seinetwillen so vieles versuchte — auch die Armenbesuche — auch die heimlichen Gänge zu den Jesubrüdern.

Mit Angst und Verzweiflung fühlte sie, daß die dumpfe, unklare Abneigung gegen Eugenie zum Haß wurde — zu einem Haß, so tief, so giftig und so bitter, wie nur zwischen alten Freunden und nahen Verwandten, die sich sehr gut kennen und sehr viel verkehren müssen, gehaßt wird.

Wie konnte das geschehen? Welche bösen schrecklichen Instinkte trieben da ihr Wesen? Ihr ganzes Gemüt sollte doch von der Liebe zum Heiland und zum Nächsten erfüllt sein . . . . . Und sie hatte nicht einmal verständige Gründe.

Eugenie zu hassen. — Eugenie war ja die einzige, die freundlich versucht hatte, — damals — ihr Lutz nahe zu bringen.... Ja — um das Vergnügen zu haben, so ein kaltes, grausames Vergnügen, ihre stumme Qual zu beobachten... sagte sofort eine scharfe höhnische Stimme in ihr — um Lutz ins eigene Haus zu locken — und wenn er nur gewollt hätte ... aus überquellender Seelengüte für Agathe hatte Eugenie ihm wohl nicht die Notenblätter vor die Füße gestreut.

Warum — warum vertraute ihr Agathe nur .... sie schämte sich, dachte sie nur daran. Sie war ja damals überhaupt nicht zurechnungsfähig — sie war wie verzaubert.

Aber die Gewalt, unter der sie gelitten, war nun gebrochen — sie war befreit — Gottes Kind — des Herrn Magd. O süße helle Seligkeit — in seine Wunden zu tauchen — von seinem Blute sich überströmen zu lassen — zu vergessen — alles — alles — nur sein Erlöserauge zu sehen — einsam über dem Chaos von Elend — Enttäuschung und Not .... Eingehüllt von seiner Liebe — geborgen an seinem flammenden Liebesherzen — hingegeben — aufgelöst — sich vergehen fühlen unter den Schauern seiner Gnade ....

———

Mit Papa und Mama ging Agathe alle vierzehn Tage in den Dom. Man brauchte sich nicht zu eilen, um zu rechter Zeit zu kommen. Standen auch unzählige Menschen in den Gängen —

ihre Bank blieb leer, bis Agathe das kleine Thürchen mit dem Schlüssel, den sie aus ihrer Kleidertasche nahm, öffnete.

Auch Eugenie besaß einen Schlüssel und saß dort mit ihrem würdevollsten Schmelzumhang, den sie nur zum Kirchgang trug. Rings auf den reservierten Plätzen glitzerte und funkelte es in dem gedämpften bunten Licht, das durch die Glasmalereien der gotischen Fensterbogen fiel, von Helmen und Epauletten und silbernen Degenquasten, da rauschten die schweren, pelzverbrämten Wintermäntel und raschelten die Posamenterieen und Perlen an den Damentoiletten. Man grüßte sich diskret, man begleitete den Gesang zu den brausenden Orgeltönen mit halber Stimme, man stand während des Gebetes in ernster Haltung, die Herren mit den Helmen oder den schwarzen Seidenhüten im Arm, die Damen mit leicht ineinandergeschlungenen Fingern und gesenkten Blicken — wie es sich eben schickt.

Bei der Predigt vergossen viele von den älteren Frauen Thränen, einige schlummerten auch. Und nach Schluß des Gottesdienstes begrüßte man sich vor den Kirchthüren, gähnte ein wenig, stand in kleinen Gruppen mit den Bekannten zusammen und freute sich, wenn der Pastor recht ergreifend geredet hatte. Agathe bemerkte, daß die meisten der älteren Herrschaften dann schon nicht mehr als einzelne Worte aus der Predigt behalten hatten. Die jungen Mädchen und Frauen schwatzten gleich drauf los von

Schlittschuhlaufen und Gesellschaften und Bällen. Die Referendare und Lieutenants benutzten die Gelegenheit, um sich der beliebtesten Tänzerinnen für die ersten Walzer zu versichern. Sie gingen nur dann regelmäßig zum Gottesdienst, wenn sie eine Flamme hatten, der sie dort bequem begegnen konnten.

Darum war Agathe zu den Jesubrüdern gekommen: sie hoffte hier eine tiefere, strengere Andacht zu finden, als zwischen den herrlich aufstrebenden Säulen, den kunstvollen Stein-Gewölben des Domes, wo die gute Gesellschaft von der in Gold und Sammet strotzenden Kanzel herab in gewählter, salbungsvoller Sprache die Mahnung empfing, ihr Kreuz auf sich zu nehmen und der Welt und ihren Lüsten zu entsagen.

Bescheiden genug fand Agathe es ja bei den Jesubrüdern. Um zu ihrem Betsaal zu gelangen, mußte man von der Straße einen langen feuchten und dunklen Gang zwischen Speichern und Scheunen entlang wandern — der glich wirklich recht der engen Pforte, die zum Himmelreich führt. Dann kam man auf einen schmutzigen Hof, wackelige Steine zeigten den schlüpfrigen Weg durch tiefe Lachen übelriechender Flüssigkeit, die sich von großen Düngerhaufen aus verbreitete. Gackernde Hühner suchten hier ihr Futter. Armselige Lumpen hingen zum Trocknen aus den Fenstern der hohen Hinterhäuser. Ueber einem Pferdestall lag der Versammlungsort der Jesubrüder, auf halsbrecherischer Treppe zu erklimmen. Ein niedriger weißgetünchter Raum mit abscheulichen Oeldruckbildern aus der heiligen Geschichte an den kahlen Wänden und einem von schwarzem Tuch bedeckten Tisch als Altar.

Agathe traf neben sich meist ein kleines altes Fräulein, über das bei Heiblings viel gelacht wurde, weil es scheu und flüchtig, aber regelmäßig wie die Schwalben im Frühling erschien und um Gaben für bedürftige, vom Unglück verfolgte herrliche Menschen bat, die sich dann später ebenso regelmäßig als unverbesserliche Trunkenbolde oder Diebinnen erwiesen. Trotz der unaufhörlichen Enttäuschungen war das winzige, dürftige, alte Jungferchen glückselig in ihrer Eile und Geschäftigkeit, bei Mangel und Hunger, die sie für das Wohl jener zweifelhaften Mitmenschen litt. Sie mußte einen heimlichen Schatz in ihrem flachen kleinen Busen unter der Filetmantille tragen, von dem sie sich sättigte und den strahlenden Glanz ihrer Augen in dem von Barthaaren besäeten, verschrumpften Gesichtchen nährte. Sie hatte Agathe von den Jesubrüdern erzählt.

Das Niedrige, Armselige, Versteckte der Umgebung, die Dunkelheit, welche durch die zwei Talglichter auf dem Altar kaum gebrochen wurde, und in der die leise eintretenden Handwerker, die in ihre Tücher vermummten, abgezehrten Gestalten hüstelnder Näherinnen, zitternd herantappender Greisinnen auftauchten und verschwanden — das gemahnte an die heimlichen Zusammenkünfte der ersten Christen in abgelegenen, verborgenen Winkeln — das warf, wie die Lichtstümpfe, die nun hie und da angezündet wurden, um die Verse des Gesangbuches zu entziffern, einen flackernden Schein von Romantik über die Scene. Hier konnte niemand beobachten, ob beim Gebet die heißen Tropfen der Verzweiflung oder der Liebe strömten. Ja — es war, als könne die Seele sich fesselloser, brünstiger zum Herrn aufschwingen, wenn der Leib, hingeworfen, auf den Knieen liegend, sich erniedrigte.

Und Gott sei Dank, Pfarrer Zacharias verfiel nicht in die sentimentalen Jammertöne des alten Fräuleins an Agathes Seite.

Eine breite, plumpe Bauerngestalt, ein wuchtiger Kopf, in den Umrissen wie Dr. Luther stand der Wanderprediger vor seinen Anhängern und erklärte ihnen mit zorniger Eindringlichkeit Gottes Wort. Der Mann glaubte noch an den Teufel. Da gab's kein Umschreiben — keine Konzessionen. Alles oder nichts, hieß es hier. . . . Wenn Du lau bist, so will ich Dich ausspeien aus meinem Munde — so spricht der Herr, Dein Gott, und der Herr läßt seiner nicht spotten.

Agathe schauderte vor Furcht und Schrecken. Aber es wurde ihr so wohl — so wohl unter dieser Härte. Das war etwas! Sie war lau — o sie war ein schwankendes Rohr — ein glimmender Docht — nun blies der heilige Geist seine Flammen in ihr an und wärmte ihr kaltes verödetes Herz.

Hätte man sie selbst nur in der Verborgenheit, die ihr so angenehm war, kommen und gehen lassen. Aber in einem Augenblick tiefer Ergriffenheit hatte sie zu einer Sammlung für eine andere arme Jesubrüdergemeinde ihr goldenes Armband gegeben. Sie hatte ihren Namen nicht genannt, doch man erkundigte sich nach ihr. Die frommen Handwerker beeilten sich, der Tochter des Regierungsrates, die der Herr zu ihnen geführt, eine Strohdecke auf die Kniebank zu legen, ihr Licht und Gesangbuch zu bringen. Sie drängten sich am Schlusse des Gottesdienstes heran, ihr die Hand zu reichen und sie als ein Glied ihrer kleinen Gemeinde willkommen zu heißen.

Das war ja geradezu gräßlich. Wenn Fleischermeister Unverzagt die Bibelstunde hielt, sah Agathe den aufgeblasenen Hochmut in seinem Gesicht und suchte vergebens nach der Erhebung, die sie anfangs ergriffen hatte.

Auch hier nicht — auch hier nicht?

Lag es nur an ihrer mangelnden Kraft? Warum war sie so entsetzlich sensitiv gegen alle Unvollkommenheiten?

Sie ängstigte sich vor den Besuchen bei den Armen und Kranken. Wie konnte sie Trost und Hilfe bringen? Die Schwierigkeiten, mit denen diese Leute rangen, sah sie riesengroß und ihre Fähigkeiten, das Elend zu mildern, so winzig — so erbärmlich klein. Es war ja überhaupt nur Illusion. Wie sie die Damen beneidete, die mit einer naiven Sicherheit den Armen Moral, Religion und Reinlichkeit predigten.

Warum sollten sie denn nicht stehlen, wenn sie hungerten? Warum an Gott glauben, der sich nicht um sie kümmerte? Wie konnten sie reinlich sein, wenn sie kein Geld hatten, Seife zu kaufen? Agathe schämte sich, mit gutem Schuhwerk, in ihrer warmen Winterjacke zu ihnen zu kommen — sie schämte sich, etwas zu geben, das, wie sie wohl wußte, die Not nicht ändern konnte — mit dem sie selbst sich nur die Vollendung im Glauben erkaufen wollte.

Trotz heißer Bemühungen wurde sie keine tapfere, fröhliche, bekenntnismutige Nachfolgerin des Herrn, wie ihre Cousine Mimi Bär. .... Als ein Kreuz vom Herrn die Lächerlichkeit und das Vergebliche, das all ihrem Thun auhaftete, auf sich nehmen und in Geduld tragen — vielleicht ging es auf die Weise.

Der Kampf um den Glauben, um den Frieden füllte doch ihre Tage — gab ihrem Erwachen in der Frühe doch Zweck und Ziel. Wozu in aller Welt lebte sie sonst?

Die Sorge für die Eltern .... Eigentlich sorgten Papa und Mama ganz gut für sich selbst. Unermeßliche Räume in ihrem Herzen wurden dadurch nicht ausgefüllt. Sie hatte sich das nicht so gedacht — als sie ihnen so dankbar war für die Liebe und die Verzweiflung an ihrem Krankenbett.

Selbst die Sehnsucht war in ihr verdorrt und

gestorben. Sie wußte nicht mehr, wovon sie träumen sollte. Sie grämte sich nicht einmal mehr um Lutz. Es war alles eine grauenhafte Täuschung gewesen. Sie hätte ihn ruhig wiedersehen können. Aber er war in ihrem Dasein ausgelöscht wie ein Licht. Von M. war er fortgegangen — in jenem Sommer, als sie sich in Bornau langsam erholte. Sie wußte nicht, wo er nun lebte, und sie konnte sich nicht vorstellen, daß er sich überhaupt noch auf der Welt befand.

Die Daniel hatte einen Schauspieler geheiratet. Sie — die von ihm geliebt worden war — die Mutter seines Kindes .... Agathe verstand die inneren Möglichkeiten solcher Schicksale so wenig, wie sie sich das alltägliche Dasein der Marsbewohner vorstellen konnte.

Martins soziale Schriften hatte sie ihm ohne ein Begleitwort nachgesandt. Sie waren sündiges Gift. Der Rausch, der sie bei ihrem Lesen befallen, war auch eine Versuchung zum Bösen gewesen.

* * *

Nach und nach gewann Agathe sich stille kleine Siege ab. Bei einem großen Ballsouper neigte sie ruhig das Haupt und sprach mit leise sich bewegenden Lippen ihr Tischgebet. Als sie zu Haus den Gebrauch angenommen hatte, blickte ihr Vater sie einige Male verwundert an, ließ sie aber gewähren. Nach dem Tanzfest beim Oberpräsidenten verwies er ihr strenge, sich in Gesellschaft auffällig zu benehmen.

Als Antwort bat Agathe um die Erlaubnis, keine Bälle mehr besuchen zu dürfen.

„Wie kommst Du auf solche Ideen?" fragte der Regierungsrat ärgerlich. Er legte die Zeitung, in der er las, beiseite. Seine erste Ermahnung hatte er über den Rand des Blattes fort in die Unterhaltung zwischen Mutter und Tochter über den gestrigen Abend einfließen lassen.

Jetzt wurde es ernst.

„Papa," begann Agathe gesammelt, „Tanzen macht mir kein Vergnügen mehr."

„Was für ein Unsinn! Du bist ein junges Mädchen, freue Dich Deines Lebens. — Ich will keine alberne, sentimentale Person zur Tochter haben."

„Ja, Papa. Aber..."

„Was — aber?"

„Mit echtem Christentum verträgt es sich doch nicht, auf Bälle zu gehn. Bitte, bitte — erlaube mir doch nur.... Es ist ja auch... Du brauchst mir dann keine Ballkleider mehr anzuschaffen."

Instinktiv griff Agathe nach dem Grunde, durch den sie ihren Vater am leichtesten zu überzeugen hoffte.

Die Bälle und Gesellschaften waren ihr eine Qual. Nirgends fühlte sie sich so ausgeschlossen von jeder Lebensfreude wie in den lichterhellten Sälen, wo schon ein jüngeres Geschlecht den ersten Platz einnahm und die Herren zu den jungen

Frauen drängten, die in glänzenderen Toiletten mit freierer Lustigkeit große Kreise von Anbetern um sich sammelten.

Agathe wollte ja hier gar keine Rolle mehr spielen. Fand sich hin und wieder ein Herr, dem sie gefiel, so machte sie sich Vorwürfe, daß sie sich der Eitelkeit hingab. Blieb sie unbeachtet, so kränkte sie sich über ihren eigenen unwürdigen Aerger. Nie kam sie zur Ruhe, solange sie zween Herren diente — Gott und der Welt.

Mimi Bär hatte es viel leichter, die ging ihren Weg, ohne nach links oder rechts zu sehen. Sie hatte ihr Probejahr in dem Schwesterhause in Berlin vollendet, war vor kurzem an das Krankenhaus nach M. versetzt und trug mit ruhigem Stolz ihre weiße Diakonissenhaube. Was sie zu thun und zu lassen hatte, war ihr genau vorgeschrieben. Wie der Offizier in seiner Uniform, mit seiner Ordre du jour und seinem festgefügten Standesbegriff lebte sie in klar abgegrenztem Kreise ein thätiges und befriedigtes Leben.

Und Agathe konnte nicht einmal Kindespflicht und Christentum vereinen. Zwar . . . . . Mimi hatte dies beides auch nicht vereinigt. Sie hatte einfach ihren inneren Beruf über die Kindespflicht gestellt — ihre alten Eltern fröhlich der Obhut und Pflege Gottes überlassend.

Der Regierungsrat verurteilte ihre Handlungsweise aufs schärfste. Er fürchtete den Einfluß, den Mimi auf seine Tochter üben könne und ergriff energisch die Gelegenheit, um seine Meinung dagegenzustellen. Agathes Hinweis auf die Ersparnisse durch die nicht gekauften Ballkleider machte diesmal keinen Eindruck, obgleich der Papa sonst gern über die Ausgaben der Frauen schalt.

„Liebes Kind," sagte er, sich erhebend, die Hand auf den Tisch stützend und durch den Klemmer einen ernsten Blick auf seine Tochter richtend, „Du hast nicht nur Verpflichtungen gegen Dich selbst, sondern auch gegen die Gesellschaft, vor allem aber gegen die Stellung Deines Vaters. Dich ihnen zu entziehen, wäre gewissenlos gehandelt. Als Vertreter der Regierung habe ich mich in der Oeffentlichkeit und bei meinen Vorgesetzten zu zeigen. Was sollen die Leute denken, wenn ich meine Tochter zu Hause lasse? Wir Männer des Staates haben nach oben und nach unten, nach rechts und nach links zu blicken, um keinen Anstoß zu erregen — wir sind keine freien Menschen, die ihren Launen folgen dürfen. Mir ist schon öfter in letzter Zeit zu Ohren gekommen, daß Du mit der eigentümlich strengen religiösen Richtung, die Du angenommen hast, Aufsehen erregst. Mein liebes Kind — das geht durchaus nicht an. Der Oberpräsident hat mir gestern Andeutungen gemacht, die mich sehr peinlich berührt haben... Ich höre, Du besuchst die Versammlungen einer Sekte, die sich Jesubrüder nennen?"

„Papa — ich war ja nur ein paarmal da,"

stammelte Agathe. Ihres Vaters Stimme hatte den strengen Amtston angenommen, den sie und die Mutter so sehr fürchteten.

„Es predigt dort ein gewisser Zacharias — ein Pfarrer, der aus der Landeskirche ausgetreten ist?"

„Ja, Papa! Aber er kommt nur alle vier Wochen. Er redet wundervoll!"

„Ein eigensinniger Kopf! Wegen der Maigesetze geriet er in unliebsamen Streit mit dem Konsistorium. Ich erinnere mich der Sache. — Der Oberpräsident hat mir offen gesagt, man sieht es ungern, daß die Tochter eines hohen Regierungsbeamten die Versammlungen eines solchen Mannes besucht."

„Aber Papa, man kann ihm ja gar nichts vorwerfen. Er folgte nur seiner Ueberzeugung. Leicht wird es ihm gewiß nicht geworden sein, mit seinen fünf Kindern die gute Stelle aufzugeben. Oft essen sie zu Mittag nur Kartoffeln und Schmalz. Ja, das weiß ich."

„Ist ihm ganz recht," sagte der Regierungsrat, im Zimmer umhergehend. „Du hörst doch, welche unangenehme Scene ich deinetwegen gehabt habe. Es ist mir unbegreiflich, wie Deine Mutter Dir erlauben konnte, zu diesen Sektierern zu gehen! Ich verbiete es Dir hiermit ausdrücklich. Hörst Du! Du hast den Gottesdienst im Dom. Da kannst Du Dir genug Frömmigkeit holen. Jede Uebertreibung ist vom Uebel."

Frau Heidling entschuldigte sich verwirrt,

Agathe nicht besser beaufsichtigt zu haben, und der Regierungsrat ging verstimmt auf sein Bureau.

Als er zum Essen nach Haus kam, versuchten die beiden Frauen, ihn auf jede Weise zu erheitern. Mit besonderer Sorgfalt war das Mahl bereitet. Agathe mußte noch einmal selbst zum Fleischer gehen, um ein Stückchen zarte Lende zu bekommen. Und sie hatten Glück, es schmeckte dem Vater. Nach Tisch klopfte er Agathe die Wange und sagte freundlich: „Was so ein kleines Ding immer für Einfälle hat! Ja, ja — Euch muß man ordentlich hüten!"

II.

Der Kreis von Agathes Freundinnen hatte sich im letzten Jahre recht gelichtet. Dem kleinen Schwarzköpfchen, das sich so gern von Onkeln und Vettern küssen ließ, hatte sie als Fee der Jugend den Myrtenkranz gereicht. Auf Lotte Wimpfens Polterabend stellte sie den Frieden des Hauses dar, und Kläre Dürnheim begrüßte sie beim Scheiden von der Mädchenzeit als Genius des Glückes. Und jedesmal hatte sie sich bei diesen Festen himmlisch amüsiert. Das galt als Ehrenpunkt unter den jungen Damen — gerade auf einem Polterabend . . . . man hätte ja sonst denken können . . . . Nein — es wäre geradezu feige gewesen, sich auf den Polterabenden der Freundinnen nicht himmlisch zu amüsieren.

Später verkehrte Agathe nicht mehr allzu gern mit den Verheirateten. Fast ging es ihr da, wie einst in der Pension unter den erfahreneren Genossinnen: kaum waren ein paar von den jungen Frauen beieinander, so steckten sie die Köpfe zusammen, flüsterten eifrig, lachten und hatten endlose Geheimnisse, die Agathe um alles in der Welt nicht erfahren durfte. Denn sie war ein junges Mädchen.

Lisbeth Wendhagen freilich, die ruhte nicht und sagte so lange: Pfui — Ihr seid scheußlich!

bis sie alles wußte, worauf sie neugierig war. Mit ihrem sommersprossigen, spitzigen Altjungferngesichtchen und ihren prüden kleinen Ausrufen war sie die Vertraute in den meisten jungen Haushalten. Es machte den Herren großen Spaß, sie zu necken und zu hänseln. Man ließ sich geflissentlich vor ihr gehn in zweideutigen Scherzen und übermütigen Zärtlichkeiten. Lisbeths entzückte Empörung war zu komisch.

Aber Agathe flößte den Pärchen unbehagliche Scheu ein. Ihr Mund konnte so herbe und verächtlich zucken, ihre Augen waren so traurig. Und sie war so fromm!

Da hieß es: „Schäm' Dich doch vor Agathe!" Dann ging der junge Ehemann ins Nebenzimmer und rief von dort: „Schatzi, komm schnell mal rein!"

Schatzi huschte fort.

Agathe saß allein, blätterte in einem Album und hörte ersticktes Gekicher und das Geräusch zahlloser Küsse.

Es war wirklich besser, mit strebsamen älteren Mädchen zu verkehren.

Sie wurde aufgefordert, an einem italienischen Kursus teilzunehmen und lernte auch eine Weile fleißig die Sprache, obschon sie bei der zunehmenden Kränklichkeit ihrer Eltern keine Aussicht hatte, jemals nach Italien zu kommen.

Auch nahm sie unaufhörlich Musikunterricht. Aber warum sie das that, war ihr noch weniger klar. Bei ihrer nervösen Befangenheit würde sie es niemals bis zum Vorspielen bringen. Und singen konnte sie schon gar nicht mehr. Seit ihrer Krankheit klang ihre Stimme zum Erbarmen dünn und zitterig. Wollte sie es trotzdem versuchen, so überwältigte sie jedesmal eine Traurigkeit, gegen die kein Ankämpfen mehr möglich war. Sie fürchtete sich förmlich vor den alten lieben Melodieen, aus denen die Geisterstimmen so vieler gestorbener und begrabener Hoffnungen ihr entgegenklangen.

Agathes Lehrerin veranstaltete zuweilen musikalische Abende. Sie verband dabei den doppelten Zweck, mit ihren Schülerinnen ein Examen abzuhalten und sich ihrer gesellschaftlichen Verpflichtungen zu entledigen.

Auch Agathe wurde schon eine Woche zuvor auf das Dringendste von Fräulein Kriebler gebeten, ihr die Ehre zu schenken.

Es war ein heißer Sommerabend, kurz vor Beginn der großen Ferien.

Alle drei Fenster des möblierten Zimmers mit Schlafkabinett, welches die Klavierlehrerin in einem Hinterhause bei einem Gerichtsschreiber bewohnte, waren weit geöffnet. Dennoch schlug Agathe, als sie aus der Küche der Frau Gerichtsschreiberin in den mit Damen gefüllten Raum trat, eine Luft entgegen, die von dem Geruch von Braten, Käse und Heringssalat durchzogen war. Niemand ließ sich von der Hitze anfechten. Die Stimmen surrten fröhlich durcheinander.

Kleine Backfische in hellen Kleidern, die

später singen sollten, saßen vorläufig zusammengedrängt in Fräulein Krieblers Schlafkämmerchen auf dem von einem Reiseshawl bedeckten Bett. Sie machten unter sich Bemerkungen von unehrerbietig jugendlichem Witz über das Buffet, das auf dem Waschtisch arrangiert war.

Das Wohnzimmer wurde von Fräulein Krieblers Kolleginnen und Gönnerinnen eingenommen. Außer Agathe war noch eine ältere Schülerin da, die sich seit zehn Jahren ausbildete, anfangs für die Bühne, dann als Konzertsängerin. Es ging auch das Gerücht, sie sei einmal irgendwo öffentlich aufgetreten.

Für Fräulein Kriebler waren die Musikabende ein Ereignis — eine höchst aufregende Sache. Sie hatte ihre kleinen Zimmer dazu gänzlich umräumen müssen. Die gestickten Decken, mit denen sie Tische und Stühle, die bunten Papierblumen, mit denen sie die Wände geschmückt hatte, überall, wo Photographieen, Bücherbretter, Staubtuchkörbchen und gemalte Sprüche ein Plätzchen freiließen, fanden ungeteilte Bewunderung.

Zwei heiße, rote Flecken auf den spitzen Backenknochen des kränklichen, von ruheloser Leidenschaft verzehrten Gesichtes, lief sie unaufhörlich vom Klavier in die Schlafkammer, flüsterte den jungen Kindern Ermahnungen ins Ohr, ordnete ihre Noten, fragte, ob ihre Gäste vielleicht jetzt schon Thee haben möchten, sie dächte, es wäre besser, wenn er erst später käme

— aber wenn sie wollten, dann hätte sie ihre beiden Petroleumkocher bereitgestellt . . . .

Eine dicke, bucklige Lehrerin mit kurzgeschnittenen Haaren hatte schon ein paarmal gefragt, warum sich Fräulein Kriebler nur den Umstand mache? Sie riet jetzt, da sie doch alle beisammen wären, das Konzert nur zu beginnen.

Fräulein Kriebler warf noch einen hilflosen Blick auf eine Dame in Seide, die gerade aufgerichtet im Sofa saß und mit kalten Dorschaugen den zum Instrument getriebenen blonden und braunen seufzenden und sich schämenden Kindern folgte. Sie hatte die meisten der jungen Mädchen unter ihrer mütterlichen Leitung und war daher eine schreckliche und einflußreiche Persönlichkeit in dem Kreise.

Die zitternden, vor Erregung klammen Finger der Lehrerin schlugen an. Dünne, liebe Stimmchen begannen ausdruckslos und ängstlich vor dieser Runde strenger Richterinnen zu ertönen und zu singen von Liebe und Lenz und der seligen Gewalt heimlicher Gluten . . . .

Kaum war das geendet, da rauschten und flatterten die hellen Kleidchen eilig, eilig in die enge Schlafkammer. Und wie vorhin Seufzen und Kichern der Furcht, so nun Seufzen und Kichern der Erleichterung. Es war entsetzlich gewesen! Ach wie gut, daß es vorbei war! Und Erna stahl ein Schinkenbrötchen vom Buffet. Nein, aber — so unverschämt zu sein!

Linchen verschwand hinter der Garderoben-

Gardine, die sich infolgedessen unförmig blähte, und aus der ab und zu ihre nackten Arme herausgriffen, bis sie in schief angezogenem Zerlinenkostüm wiedererschien.

Sie sollte mit der Dame, die sich für die Bühne ausbildete, das Duett aus Figaros Hochzeit singen.

Ja — Fräulein Kriebler verstand ihre Gäste zu überraschen.

Sie hatte der losen Gräfin wie dem loseren Kammerkätzchen förmlich so etwas wie Koketterie beizubringen versucht. Man applaudierte natürlich so viel man nur konnte.

Nachdem noch ein paar Klaviervorträge stattgefunden hatten, wurde das Buffet freigegeben. Auf den beiden Petroleumkochern brodelte das Theewasser. Fräulein Kriebler schenkte unaufhörlich ein. Sie schrie der Schar der Backfische, die ihr beim Servieren halfen, ihre Befehle zu. Eine laute Fröhlichkeit griff um sich. Die kleinen Fräuleins im Schlafgemach hörte man kaum noch, seit sie bei den Schinkenbrötchen und dem Flammerie saßen. Jetzt begannen die Lehrerinnen sich zu amüsieren. Sie hatten sich nicht umsonst mit ihren besten Kleidern und weißen Spitzen herausgeputzt — sie wollten nun auch ihr Vergnügen haben! Die rauhen tiefen und die scharfen kräftigen Organe der energischen, älteren Mädchen tönten in lebhaften Unterhaltungen durcheinander. Fräulein Kriebler lief zwischen ihren Gästen umher, nötigte zum Zulangen und schrie mit ihrer hohen, leidenschaftlichen Stimme: „Nehmen Sie fürlieb — a gipsy tea! Sie müssen sich selbst bedienen. Meine Lakaien sind auf Urlaub! Ein Löffel fehlt? Es waren doch genug Löffel da! Spülen Sie mal einen Löffel ab, Linchen — ein junges Mädchen muß schnell bei der Hand sein! Nein — entschuldigen Sie nur, Fräulein Heidling — a gipsy tea."

Die bucklige Lehrerin mit den kurzen, krausen Haaren erzählte, von Asthma pfeifend, die launigsten Geschichten. Ein sehr kurzsichtiges Mädchen ließ vor Lachen den Kneifer in die Majonaise-Sauce fallen. Endlich forderte eine blasse Person mit einer kolossalen Nase und demütigen Augen, die jedermann um Verzeihung für diese Nase zu bitten schienen, die allgemeine Aufmerksamkeit. Sie hatte den Plan, an ihrem gemeinsamen Wohnsitz ein Heim für alleinstehende, invalid gewordene Mädchen zu gründen. Mit vereinten Kräften. Was sagten die Damen dazu?

Lebhafter, stimmenreicher Beifall folgte. Als hätte sie eine neue, herrliche Lustbarkeit vorgeschlagen, so drängte man sich, um Aufrufe zu erlassen und zu verbreiten, Lotterieen zu veranstalten, reiche Kaufleute um Beiträge anzugehen, den Magistrat um Ueberlassung eines Baugrundes anzugehen. Lauter Dinge, die den von ihrer Hände und ihres Kopfes Arbeit lebenden Mädchen nur neue Lasten auflegten. Aber ihre Tage bestanden doch schon in einem so unaufhörlichen, eiligen Jagen um den Lebensunterhalt, daß es nicht darauf ankam, noch mehr Lauferei und Hetzerei auf sich zu nehmen. Es galt ja ein gemeinsames Interesse, zu jeder einzelnen Vorteil.

— Warum sind nur alle so lustig, dachte Agathe, sie haben doch gar keinen Grund dazu.

Für den Braten und die süßen Speisen, die ihnen vorgesetzt wurden, mußte Fräulein Kriebler mit ihrer nervösen Hast viele Male die ganze Stadt durchtraben und mindestens fünfzehn Stunden geben. Das wußten sie alle. Aber sie wußten auch, daß es Fräulein Krieblers Stolz war — ein nicht unwesentlicher Teil ihrer Menschenwürde, die Kolleginnen einige Mal im Jahr bei sich zu bewirten. Jede von ihnen hielt auf diese Sitte. Und sie ließen es sich behaglich schmecken, während sie von dem Mädchenheim redeten, das ihnen eine Aussicht auf eine gesicherte Zukunft eröffnete. Die Zukunft, die sie sich im besten Falle mit ihrer energischen Arbeit bei Tage und die halbe Nacht hindurch, mit allem ängstlichen Sorgen und Sparen schaffen konnten — eine Stube mit einem Ofen in einem öffentlichen Stift, wo sie ihre paar Andenken um sich sammeln und darauf rechnen konnten, daß ein Fremdes ihnen eine Suppe brachte, falls sie krank wurden — denn dafür sollte ja die Stube sein: um, ohne jemand zu stören, einsam die letzten Arbeitstage hinzubringen und dann zu sterben.

Ihre Heiterkeit war ein wenig laut und gewaltsam. Alle die Damen sprachen mit einer gewissen Aufdringlichkeit von ihrer inneren Befriedigung, von ihren segensreichen Berufspflichten, von den Beschwerden der Ehe und der Schönheit ihres freien Mädchenlebens.

Schönheit — ach Du lieber, gütiger Gott — wo war denn da wohl ein Fünkchen Schönheit zu finden? Wie geheimnisvolle Schuld, die andere Geschlechter ihnen aufgebürdet, mußten die armen Geschöpfe ihre körperlichen Gebrechen, den anmutbaren Frauenleib mit sich schleppen.

Agathe versuchte vergebens, sich zum Mitleid zu zwingen. Ihre tiefsten Instinkte empörten sich — ihre zärtlich geschonte Seele wand und krümmte sich vor Entsetzen, unter diese Schar gezählt zu werden. Und man rechnete sie schon beinahe dazu..... Sie durfte sich doch nicht zu den halbwüchsigen Kindern in die Kammer setzen wollen?

Interesse und Begeisterung für das Frauenheim? — Es schauderte ihr davor, wie vor beginnender Verwesung.

.... Geschenke für die Lotterie — ja, die versprach sie zu liefern, und Lose würde sie gern nehmen.

Sie stand auf, denn sie ertrug es nicht länger — es kam ihr vor, als überschleiche sie die Ansteckung von Häßlichkeit und Alter in dieser harten, glücklosen Heiterkeit.

Fräulein Kriebler zeigte sich empfindlich über ihren frühen Abschied.

„Wir sind doch so gemütlich beisammen! Freilich — viel kann ich ja nicht bieten. A gipsy tea!"

* * *

Agathe hatte darauf gerechnet, sich der verwachsenen Lehrerin anzuschließen, die in ihrer Nähe wohnte. Sie fühlte ein leichtes Bangen, weil sie sich des Abends niemals allein auf der Straße befand. Doch war es noch fast hell, und ganze Ströme von Menschen bewegten sich auf dem Pflaster. Handwerker, Ladenmädchen, Arbeiter, Bürgerfamilien mit Kindern kehrten aus den Biergärten, wo sie bei Militärmusik in Hitze und Cigarrenqualm den Sommer genossen hatten, nach Haus zurück. — — Sommer...

War es zu glauben, daß irgendwo auf der Welt, gar nicht so fern von hier, weite Felder blaßgoldenen Kornes in schweren, langen Wogen, vom duftenden Abendwinde durchstrichen, der Ernte entgegenreiften? Daß der Sommer heut, zu dieser Stunde, in vogelstillen Wäldern den reinen Würzgeruch des Harzes aus dunklen Fichten sog — und durch das hohe Gras der Obstgärten schreitend, ihre Früchte mit Saft und Fülle formte.

Auf den Bänken der Pferdebahnwagen lag der Staub, wie auf den Röcken und Stiefeln der Männer, der Frauen. Er bedeckte ihren kläglichen Putz — ihr Haar, das glanzlos durch ihn geworden war. Und auf den Gesichtern der Kinder zog er graue Schattenstreifen. Schläfrig, mit Scheltworten überhäuft, wurden sie an der

Hand der Eltern vorwärtsgezogen, der schwülen Nacht in der widrigen Luft ihrer ungesunden Heimstätte entgegen.

Sommer...

Warum tauchte er die ganze Natur in Gold und Grün und reifende Fülle und machte nur die Menschen müde, weinerlich oder zänkisch?

War es, weil sie allein sich Kinder Gottes nennen durften und geprüft — gequält — geläutert werden mußten?

Mit vor Traurigkeit ausdruckslosen Augen sah Agathe in das Gewimmel des Volkes, das sich schweißdünstend und schwerfällig an ihr vorüberdrängte. Sie war durstig, ihre Lippen waren trocken und zersprungen. Sie träumte von Wasser, das unter Farnkräutern hell über glatte Kiesel sprang.

Aber die vielen, vielen Menschen hinderten sie, dorthin zu gelangen. Sie war eine von ihnen — nur ein Glied dieser Menge — der Staub des Abends lag auch auf ihr, der Schweiß dunstete auch aus ihren Poren.

Und sie war sehr müde... Die kleinen Backfische hatten gekichert, die tüchtigen Lehrerinnen waren lustig gewesen — die frechen, angemalten Mädchen, die mit ihren bunten Kleidern das Trottoir einnahmen, lachten laut....

Warum konnte sie allein sich nicht freuen? Niemals wieder? Warum sah sie überall mehr als andere, die doch klüger waren und schärfer und die Welt besser kannten, die etwas leisteten

— die ungeheure Armseligkeit und Abscheulichkeit dieses ganzen Gesellschaftslebens, und trug das heimliche Wissen wie einen Stein auf der Brust? — Warum hörte sie immerfort vor ihren Ohren ganz aus der Ferne melodische Lust und klingendes Glück? — —

Das war wieder krankhaft. Und sie wollte nicht krank sein. Sie wollte gesund sein. Mit aller Gewalt wollte sie gesund sein! Was es auch kosten mochte — einmal nur sich an des Lebens Tisch setzen und frisch und fröhlich genießen, was sie nur erraffen konnte ... War sie denn dazu gar nicht mehr im stande?

Vor Agathe gingen zwei Frauen die Straße entlang. Die eine von ihnen trug ein graues Kleid, ein Reisehütchen und eine Handtasche. Unter dem Hut sah Agathe einen kleinen Knoten rotbraunen Haares. Die andere hielt sich schlecht und ging mit nachlässig schleifenden Schritten.

„Nein, nein," sagte die kleine zierliche Reisende, „jede Frau kann einen Mann in sich verliebt machen, sobald er nicht gerade eine andere große Liebe hat."

„Das scheint mir doch gewagt .... Damit behaupten Sie ja, daß jedes Mädchen heiraten könnte?"

„Das kann sie auch — wenn sie ihren ganzen Willen auf das eine Ziel setzt. Natürlich darf sie nicht...."

Die beiden bogen um die Ecke und Agathe sah sie nicht mehr.

Sie hatte nun auf einen daherkommenden Pferdebahnwagen zu achten, in dem sie die letzte Hälfte ihres Weges zurücklegen wollte. Als sie eingestiegen war, machte ein Herr ihr Platz neben sich. Sie erkannte Raikendorf.

„Mein gnädiges Fräulein, so ganz allein in dieser späten Stunde?"

Raikendorf reichte ihr die Hand mit einem zärtlich zögernden Druck. Da Agathe diese seine Art, Damen die Hand zu geben, seit ungefähr sieben Jahren an ihm kannte, machte sie ihr natürlich nicht den geringsten Eindruck mehr.

Jetzt hatte sie Raikendorf lange nicht gesehen. Er war in einer benachbarten kleinen Stadt Landrat. Aber sie freute sich jedesmal, ihm zu begegnen, wenn sie ihn auch im Grunde verachtete. Er verstand es, sie zum Widerspruch zu reizen, sie wurde immer lebhaft und bekam rote Backen, wenn sie mit ihm zusammenkam.

„Ach," sagte sie vertraulich zu ihm, „ich bin sehr schlechter Laune — ganz melancholisch! Ich war in einem Thee mit alten Jungfern."

„Schrecklich!" rief er schaudernd. „Wie kam denn das? Da gehören Sie doch nicht hin!"

„Es waren alles sehr vorzügliche Mädchen," seufzte Agathe. „Nein — es ist schlecht von mir, daß ich so über sie rede."

„Ach seien Sie nicht zu gewissenhaft."

Beide sprachen halblaut, damit ihre Umgebung sie nicht beaufsichtige.

„Nein, wirklich — ich müßte doch Interesse

dafür haben, daß sie versuchen, unser Geschlecht weiterzubringen. Es ist oberflächlich und egoistisch von mir — aber — ich kann es nicht erklären, was mich so abstößt. Sehen Sie — zum Beispiel: wenn man harmlos sagt: ich habe Veilchen gerne — da heißt es unfehlbar: Ja, würden die Frauen ihre Intelligenz mehr zusammennehmen, dann könnten sie Veilchen-Kulturen gründen, die würden guten Ertrag geben. Macht man die Bemerkung: das Bild dort hängt schief an der Wand, muß man hören: Das kommt davon, daß kein System in der weiblichen Erziehung ist. Haben wir erst Gymnasien, so wird kein Bild in der Welt mehr schief hängen .."

Raikendorf lachte.

„Ach, mein gnädiges Fräulein — bei uns Männern ist es auch nicht viel anders. Jeder reitet eben sein Steckenpferd — und schließlich — wohl dem, der eins hat. Aber in allem Ernst — gehen Sie nur da nicht wieder hin! Zu der Gesellschaft, die man frequentiert, wird man schließlich auch gezählt."

„Ich gehöre doch dazu!"

„Unsinn! Pardon .... Sehen Sie mich einmal an. Na — Fältchen sehe ich vorläufig noch nicht — kein einziges ....!"

„Was haben Sie da für wundervolle Rosen!"

„Nicht wahr? Frau von Thielen hat sie mir gepflückt — ich war heute Nachmittag draußen auf dem Werder, in ihrem Garten. Jetzt wollen wir einmal eine heraussuchen für Sie? Eine, die Ihnen ähnlich sieht? Was?"

Seine grünlichen Augen waren nur klein und nicht besonders hübsch, aber sie konnten sehr freundlich blicken. Und er hatte so etwas einfach Natürliches beim Sprechen.

Er wählte eine schöne, zarte Theerose, gab sie ihr schweigend, und sie nahm die auserlesene Blume mit einem flüchtigen „O danke sehr."

Ihre Wangen röteten sich leicht vor Vergnügen.

„Sie werden mir doch gestatten, Sie nach Haus zu begleiten?"

„Ja, sehr gern! Ich fürchte mich des Abends allein auf der Straße."

„Es ist auch unangenehm für eine Dame."

„Wir sollten nicht so unselbständig erzogen werden."

„Aha — die Gymnasien . . .? — Sie sehen doch, daß Sie zu rechter Zeit einen Beschützer gefunden haben."

„Ja — das war aber nur Zufall."

„Alles Gute in der Welt ist Zufall."

„So müssen Sie nicht reden."

„Was wollen Sie — ich möchte auch gern an eine höhere Fügung glauben — aber ich sehe sie zu selten walten. Sie sind fromm — ich finde das sehr schön! Ich könnte Sie mir gar nicht anders denken, mit Ihrem sanften Gesichtchen! — Hier müssen wir aussteigen. So — geben Sie mir die Hand. Vorsichtig!"

Sie waren schon ein Weilchen die letzten Passagiere gewesen und hatten ungestört plaudern können.

„Wollen Sie nicht meinen Arm nehmen?" fragte der Landrat. Agathe zögerte eine Sekunde — es war eigentlich nicht üblich .... Sie hatte so große Lust ....

„Man geht besser in Schritt und Tritt," sagte er überredend, und sie folgte ihm. Er drückte ihren Arm leicht an sich, sie fühlte seinen warmen kräftigen Körper und ging behaglich an seiner Seite. Es war ihr sehr wohl, ruhig und still fühlte sie sich.

„Fahren Sie heut Nacht noch nach Evershagen zurück?" fragte sie.

„Nein, ich bleibe in Mengs Hotel. Da habe ich ein ständiges Absteigequartier. Auf die Weise kann man die ländliche Einsamkeit schon ertragen."

„Ich kann Sie mir gar nicht auf dem Lande vorstellen."

„O jetzt im Sommer ist es hübsch da draußen. Viel Verkehr mit den Gütern. Und Wald in der Nähe. Ich habe mir einen Ponywagen angeschafft. Sie sollten mich wirklich einmal besuchen. Dann fahren wir mit den Ponys in den Wald. Was? Wollen Sie?"

„O ja — ich weiß nur nicht, ob Papa .."

„Wenn ich dächte, daß Sie Lust hätten, würde ich an Ihre Eltern schreiben und mir das Vergnügen erbitten ... Vielleicht kämen Ihre Geschwister auch?"

„Eugenie will an die See und hat noch große Schneiderei," sagte Agathe, es erhob sich in ihr der Wille, Eugenie von der Partie fernzuhalten.

. . . . Jede Frau kann einen Mann in sich verliebt machen, sobald er nicht eine andere große Liebe hat . . . .

Und Raikendorf? Hatte er eine andere große Liebe? —

„Also — zu wann wollen wir Ihren Besuch verabreden?" fragte er.

„Bald," antwortete Agathe schnell, „sonst kommt es gewiß nicht dazu."

Unter dem Schein der Gaslaterne hob sie den Kopf und blickte Raikendorf in die Augen. Niemals hatte sie einen Mann auf diese Weise angesehen. Auch nicht Lutz.

Es wurde ihr ganz schwindelig vor Scham über sich selbst.

„Nun wollen wir den Himmel um Sonne bitten — Sie stehen besser mit ihm, thun Sie es für mich," sagte Raikendorf, nachdem er ihren Blick gleichsam mit den Augen festgehalten hatte.

„Auf Wiedersehen!" Er drückte ihr die Hand. Und sie empfing das leichte Zeichen von augenblicklicher Zuneigung nicht gleichgültig wie sonst unzählige Male.

Als Raikendorf „Auf Wiedersehen" sprach, erschrak sie, wie über eine böse Vorbedeutung — es waren dieselben Worte, die sie zuletzt von Lutz gehört hatte.

Wollte der Herr, ihr Heiland, sie warnen?

III.

Fröhlich spiegelte sich der Sonnenschein auf der Glatze des Landrats, als er den Hut lüftete, um den heranbrausenden Zug mit seinen Gästen zu begrüßen. Der Restaurationswirt, die zwei Kofferträger und der Stationsvorsteher von Evershagen beobachteten neugierig, wen er empfangen würde. Er sah so vergnügt aus. Ein hübsches Bild, wie er dem würdigen älteren Paar aus dem Wagen half, und wie das junge Mädchen leichtfüßig hinterhersprang. Trotz all des Kranken und Wunden in ihr und der schrecklichen Altjungfergedanken bot Agathe in ihrem hellen Sommerkleide noch immer einen Anblick, der jeden unbefangenen Menschen erfreuen mußte. Ihr intelligentes Gesicht lachte in gesunder Blüte unter dem runden Strohhut mit der großen gelblichen Spitzenschleife. — Keine Spur von Ermüdung nach der Fahrt. Sie hatte sich unterwegs die ganze Zeit mit dem jungen Dürnheim genecht, der von den Eltern aufgefordert war, an der Partie teilzunehmen.

Das Puritanische, die strenge tadelsüchtige Miene war zu Haus geblieben. Und dafür diese Fähigkeit, sich zu freuen — dies Entzücken an Luft und Grün und Sonne — übermütige Bewegungen — kecke kleine Antworten ... Das stand ihr! Ja — warum zeigte sie solchen Reichtum an Stimmungen nicht öfter?

Der ersetzte sehr hübsch die blumenhafte Poesie der ersten Jugend.

Ein zarter, kaum merkbarer Stempel von etwas Durchlittenem über allem — das reizte den Landrat mit der Glatze.

Wie viel oder wie wenig mochte solch' ein Mädchen eigentlich vom Leben wissen? Wie würden die verschleierten, schmerzlich glänzenden Augen blicken, wenn . . . .?

Die Liäsons mit den Frauen seiner Freunde — sie waren ja sehr nett — gewiß — allerliebst . . . . aber . . . . Man kannte alles zu genau. Jede sagte doch nur dasselbe, was die Vorige in ähnlicher Situation auch schon gesagt hatte.

Uebrigens — eine tüchtige Hausfrau war die Heidling jedenfalls — der Regierungsrat machte doch Ansprüche im Essen und in allem.

— — Dürnheim verliebte sich heute auch in sie. Nun seh' einer an, wie sie die Freiheiten und Vertraulichkeiten einer alten Kinderfreundschaft benutzte, um ihn zu locken . . . Raikendorf bemerkte es mit Vergnügen — es erhöhte ihm die Spannung, in der er sich dem Mädchen gegenüber seit neulich Abend befand.

Wollte er wirklich 'mal heiraten, so war es hohe Zeit. Er rechnete nach, wie alt er mittlerweile geworden. Wahrhaftig — so nah' den Vierzig!

— — — Also — darüber war er sich jetzt

klar — Agathe gehörte einfach zu den Mädchen, die man nicht im Ballsaal sehen darf. Dazu waren die Farben ihres Wesens viel zu fein. Natürlich wirkte sie ungefähr so, wie ein intimes Aquarell in einer weitläufigen Jahres-Ausstellung. Verrückt von den lieben Eltern — das Hinschleppen der armen Dinger an Orte, wo ihre Gegenwart einfach verfehlt ist.

In kleinem Kreise — in der freien Luft — an so einem netten Kaffeetisch, wie er ihn im Grasgarten hinter seiner Dienstwohnung hatte herrichten lassen — da war sie lieb und fraulich in dem hübschen lichtblauen Kleidchen. Zum Teufel — man sah doch seine Frau öfter am Kaffeetisch als im Ballsaal.

Dem Maler damals hatte sie auch gefallen. Sie würde seinem Geschmack keine Schande machen. Das war sehr wichtig.

Es wäre vielleicht gar nicht dumm von ihm..
— Landrat Raikendorf zeigte den Damen die schönen geschnitzten alten Schränke, die zum Inventar der Wohnung gehörten, die Menge leerer Zimmer — ein wenig niedrig aber von herrschaftlichem Ansehen. Das Haus lag dicht am Thor der kleinen Stadt, mit dem Blick auf einen grünen Wiesenplan, wo im Herbst das Sedanfest gefeiert wurde.

„Hier können Sie sich doch ein reizendes Heim gründen," bemerkte Frau Heidling.

„Ja — gnädige Frau — so ein alter Junggeselle, wer wird sich dessen noch erbarmen?"

„— Glauben Sie mir, man sehnt sich manchmal recht nach einem lieben Verständnis..." Das wurde ein wenig später zu Agathe gesprochen — „prophezeien Sie mir einmal: Können Sie sich vorstellen, daß ein junges, hübsches, kluges Mädchen so einen alten, kahlen Kerl... was? Hat nicht viel Aussicht?"

„Thun Sie doch nicht so bescheiden, im Grunde sind Sie ja schrecklich eingebildet."

„Agathe, Kind, komm einmal her."

„Mama — was möchtest Du?"

„Nimm das Tuch um, es war mir vorhin, als würde es kühl."

Zu den Müttern, die ihre Töchter zu verheiraten verstehen, gehörte Mama Heidling nicht. Sie wünschte es ja so sehr, aber die Erregung machte sie ungeschickt.

Der Landrat fand, es sei vernünftig, sich die Sache noch einmal zu überlegen.

Er küßte Agathe beim Abschied die Hand. Als sie schon im Eisenbahnwagen saß, sprang er auf das Trittbrett, um die dünnen weichen Fingerchen noch einmal zu umschließen.

„Ein schöner Tag," sagten die Eltern befriedigt und waren zärtlich gegen Agathe.

Im Sommersonnenschein — Sieg über ein kühles, müdes Männerherz. Ja — Sieg....

Und untreu allem, was heilig, recht und gut ihr schien.... Das klare, reine Ideal verleugnet! Fehler und Lichter ihres Ich bewußt zu dem Zwecke betrachtet: was läßt sich damit unternehmen? Aus Erfahrung und Beobachtung ein Vorbild zusammengefügt und sich danach gerichtet — ihre Rolle durchgeführt!

Das Gemeinste, dessen ein Mädchen sich in ihren Augen schuldig machen konnte, war gethan — von ihr selbst.

Sie wollte ihn heiraten — den sie nicht liebte. Und gerade der Mann mußte es sein, der auf jenem ersten Ball ihr die unvergessene Demütigung angethan und ihr den Vorgeschmack gegeben hatte von dem gallenbitteren Trank ihrer Jugend.

So also wurden Männer gewonnen?

So einfach war es? Nur ein Rechenexempel? Und sie hatte vierundzwanzig Jahr alt werden müssen, um das zu lernen?

Nicht weiter so — nein — nicht wiederholen... Brennende Verachtung — ein wunder, blutender Haß — resignierte Freude..... Und ganz im nächtlichsten Dunkel der Gefühle kauernd, das zitternde, gierige Verlangen, sich an dem Gewonnenen zu berauschen.

Ja — ein schöner Tag.

IV.

Hatte sich Agathe früher die Ehe unter dem Bilde eines jungen Paares vorgestellt, das Schulter an Schulter gelehnt, von den lilienweißen Wolken des bräutlichen Schleiers umhüllt, in einen dunklen Park hinausblickt — jetzt sah sie, sobald sie an ihre mögliche Heirat mit Raikendorf dachte, zuerst den Kaffeetisch im sonnigen Garten der Landratswohnung vor sich. Auch die geschnitzten Schränke beschäftigten ihre Phantasie. Sie schloß sie mit den großen, geschnörkelten Schlüsseln auf, legte Stöße von Leinenzeug hinein und Säckchen und Büchsen mit Kaffee und Zucker. Die vielen leeren Zimmer in dem schönen alten Hause mußten möbliert werden. Der Salon mit seiner dunklen Holztäfelung — dazu würden weinrote Tuchportièren einen herrlichen Eindruck machen — in der tiefen Fensternische einen Sessel mit Greifenköpfen und weichen braunen Lederkissen, wie im Atelier von Woszenski.

Ob sie Raikendorf von Lutz sagen mußte?

Verglich sie beide, dann wurde ihr sehr bange.

Als sie Lutz liebte, hatte sie niemals an Einrichtung und an das Mieten einer Köchin gedacht.

Nachdem sie Raikendorf noch zweimal wiedergesehen hatte und erkannte, daß er ernsthaft um sie warb, verglich sie nicht mehr.

Ihre exaltierten Schmerzen legten sich zur Ruhe. Wie gut es that, so friedlich und vertrauensvoll zu fühlen. Daß ein wenig Resignation dabei war, versöhnte vielleicht den Neid der Götter. Uebrigens glaubte sie ja auch nicht an Götter, sondern an einen lieben Vater im Himmel. Ein verständiges Glück würde er ihr am Ende eher gönnen, als die ausschweifende, wilde, unsinnige Seligkeit, die sie einmal von ihm verlangte.

Den kahlen Kopf, die müden, farblosen Augen des Landrats, seinen goldenen Kneifer und das beginnende Bäuchlein — den Wert, den er aufs Essen legte — an alles dies gewöhnte Agathe sich mit sanfter Freude. Jede Unvollkommenheit kam ihr fast wie eine neue Garantie für ihre Zukunft vor.

Die Mädchen müssen nehmen, was ihnen geboten wird.

Ihr Los wird ähnlich sein, wie das ihrer Mutter, ihrer Freundinnen. Sie wird eben in ihrem Kreise bleiben. Eine Beamtenfrau — sie kennt das ganz genau. Sie kennt eine Menge von Beamtenfrauen, und alle denken und thun und reden und erleben so ziemlich dasselbe. Was sie in der Seele trug von Keimen zu köstlichen seltenen Blüten, das würde da wohl verborgen bleiben. — Aber wer sagt ihr denn, daß die edlen Kräfte, das Streben nach freier Größe nicht eine vermessene, thörichte Selbsttäuschung gewesen?

War sie ihrer ersten unglückseligen Liebe treu geblieben? — Nein.

War sie ihrem Heiland eine treue Magd geworden? — Nein.

Schließlich war sie doch nichts Besseres, als all die anderen Mädchen auch.

Nur nicht mehr ausgeschlossen daneben stehen, neben den tiefen, heiligen, reifenden Erfahrungen des Lebens.

* * *

Im Wilhelmsgarten, beim Gartenkonzert wollten sie sich treffen. Der Landrat hatte versprochen, von Evershagen hereinzukommen.

Mama wurde von ihrer Migräne befallen. Und weil Papa bei der Sonnenglut auch lieber zu Haus blieb, schickte Frau Heidling zu Eugenie. Aber Eugenie schlug die Bitte, Agathe zu begleiten, übellaunig ab. Warum hatte man sie nicht zu dem Ausflug nach Evershagen aufgefordert? Als ob sie sich den ganzen Tag zu ihrer Schneiderin stellte! Es schien, daß Agathe es auf den Landrat abgesehen hatte — Mama Heidling entschuldigte sich so wunderlich konfuse wegen der Evershagener Geschichte. Wenn sie sich da nur nicht wieder Dummheiten in den Kopf setzte! Solche Leute, wie der Landrat Raikendorf, die Carrière machen wollen, nehmen eine Siebzehnjährige — wenn's geht, adlig — mit Vermögen — oder eine junge Wittwe. Lieber Gott, die arme Agathe war doch eigentlich über das

Heiratsalter hinaus. Gelegentlich mußte sie dem Landrat mal auf den Zahn fühlen, damit das gute Kind sich nicht blamierte. Vielleicht konnte man ihm vorschlagen, auch nach Heringsdorf zu kommen. Das wäre eigentlich ziemlich amüsant.. Aber heute? — Bildet Euch doch nur nicht ein, daß der Landrat bei der Hitze kommt! Gebt die Idee auf!

Agathe gab die Idee nicht auf. Sie war seelensfroh, daß Eugenie sie nicht begleiten wollte. Tapfer versuchte sie ihr Heil bei Wendhagens — die waren auch bei zwanzig Grad zu jedem Vergnügen bereit. Mit Lisbeth fühlte sie sich viel sicherer und munterer als unter Eugeniens scharfen Beobachteraugen. Und einmal der liebevollen Fürsorge ihrer Mutter entflohen zu sein — ja — schrecklich! — aber es war ihr jedesmal ein kleines Fest.

Raikendorf würde sie nach Haus bringen, denn Wendhagens wohnten in der Vorstadt. Da hatten sie noch einen weiten Weg allein miteinander. Ob er ihr wieder den Arm bieten würde?

Er that es und nahm den ihren, ohne zu fragen, mit einer heiteren Besitzermiene.

Sie wußte, daß er nun sprechen würde. Sie hatte ihn doch sehr, sehr gern.

Es kam ganz natürlich und war nicht so aufregend, wie sie sich vorgestellt hatte. Er sagte ihr einfach, daß er sie zu seiner kleinen Frau haben möchte, er brauchte gar keine romantischen

Worte. Wie zwei gute Kameraden redeten sie
davon.

Die Hausthür war schon verschlossen. Er half
ihr beim Oeffnen, und als sie ihm entschlüpfen
wollte, hielt er sie im Schatten des Eingangs fest
und zog sie an sich.

„Agathe . . . .!" bat er leise.

Ein Kuß — der erste Kuß auf ihre Lippen...
Bebende Freude flog durch ihre Sinne . . . Doch
ein Licht erhellte plötzlich den Flur, aus der
Parterrewohnung drangen Stimmen und Tritte
ihnen entgegen — Agathe fuhr zurück. Raikendorf gab sie frei und zuckte ungeduldig die Achseln.
Er preßte ihre Hand.

„Auf morgen, Agathe!"

„Auf morgen! Gute Nacht!"

Agathe lief die Treppen hinauf. Wie lieb sie
den Mann jetzt hatte! Morgen —

Morgen wird er sie wieder so weich und fest
in den Arm nehmen, und sie wird die Augen
schließen . . . .

„Mama — meine liebe, liebe Mama! Er
kommt — morgen früh — zu Papa . . . . Ach
— mein Herzensmütterchen . . . . Ich bin ja so
froh! So froh! — Ich dachte ja gar nicht . . .
Ach freust Du Dich auch? — Er ist lieb — nicht
wahr? Weißt Du — er . . . Ich kann's Dir nicht
sagen . . . . wie er zu mir ist — so gut!

— — Mama — er sprach von seinem Ein-
kommen — ob es reichen würde für uns beide.
Ich habe ihm gesagt Du hättest Vermögen . . .

Das durfte ich doch? Du giebst mir doch davon, nicht wahr?"

„Mein Herzchen — was mein ist, ist doch auch Dein!"

„Ich will ja auch sparsam sein! Aber so sparsam! Ach Mama — glaubst Du . . ."

„Was denn, mein Kind?"

Agathe lachte leise.

„Nichts! Ich dachte nur . . . Nein — so weit will ich gar nicht denken, sonst werd' ich noch närrisch vor Freude. Sag' Du's Papa. Er wird nichts dagegen haben? Nein — nicht wahr?"

„Was sollte er! Papa schätzt Raikendorf. Er soll höheren Ortes sehr gut angeschrieben sein. — Geh nun, schlaf, mein Liebchen, damit Du morgen hübsch frisch aussiehst! Ach, mein Kind, daß ich Dich hergeben soll!"

Dankbarkeit — tiefe, immer neu in ihrem Herzen quellende Dankbarkeit überflutete gleich einem breiten, stillen, sonnenglänzenden Strom die ganze Empfindungswelt des Mädchens. Dankbarkeit war nun ihre Liebe. Retter, Erlöser nannte sie den Mann in ihrer heimlichen Seele.

Nicht jauchzendes Hinwerfen ihres Selbst in allgewaltige Flammen — kein Aufglühen zu höchster erhabener Schönheit in trunkener Leidenschaft . . . . .

Nein — demütiges Empfangen, bescheiden-emsiges Hegen und Pflegen des Glücksgeschenkes — das war, was sie nun einzig begehrte.

Nie — nie wollte sie Raikendorf vergessen,

daß er ihr den Abend — die Fülle von freundlichen Hoffnungen gegeben. Ihr ganzes Leben sollte ein Dienen dafür sein. Nicht genug konnte sie sich darin thun, ihn als ihren Herrn zu erhöhen und sich zu erniedrigen. War es möglich, daß es Augenblicke gegeben, in denen sie ihn verachtet — über ihn gehöhnt hatte? Ihn? Dem sie heut die Füße hätte küssen wollen, sie mit ihren Thränen baden und mit ihren duftenden Haaren trocknen?

— — In der Frühe, als sie das Wohnzimmer betrat, erinnerte sie sich plötzlich an den Abend, an dem ihr Martin Greffinger die sozialistischen Schriften gegeben hatte, um ihr zu helfen.

Du lieber Gott!

Sie mußte wahrhaftig darüber lachen. Was ging das Volk sie wohl an! Es war ihr ganz gleichgültig! Eben so gleichgültig, wie es sie gelassen hätte, wenn sämtlichen Fürsten der Erde auf einmal die Köpfe abgeschlagen worden wären.

Und wonach sie verlangte — was sie brauchte — was ihr einzig die Welt bedeutete, das sollte sie auf dem Schoße halten dürfen in seiner hilflosen, weichen, entzückenden Kleinheit — ein Kind! Ein Kind!

— Mein Gott — wenn man ihr gesagt hätte, sie müsse sich von Raikendorf schlagen — mißhandeln lassen, mit diesen Hoffnungen beschäftigt, würde sie lächelnd und zerstreut geantwortet haben: „Ja — gerne!"

Ihr Vater saß hinter der Zeitung. Sein Gesicht, als er es flüchtig bei ihrem Morgengruß erhob, war ernst und sorgenvoll. Er antwortete ihr nicht.

Agathe ging ihrer Mutter nach.

„Was ist mit Papa? Freut er sich nicht?"

Ihre Mutter hatte geweint.

„Liebes Kind, Du kannst nicht von ihm verlangen, daß er Dich gern hergiebt. Du bist doch unser Sonnenschein. Er ist .... ich dachte ... er äußerte sich immer so günstig über Herrn Raikendorf. Nun mit einem Mal ... aber das wird sich schon geben! — Weißt Du, Agathe, es ist ihm sehr unangenehm, daß Du die Aeußerung über mein Vermögen gethan hast."

„Ja aber — ich mußte doch ..."

„Ich habe mich nie um die Verwaltung bekümmert. Das versteht Papa ja viel besser. Aber Papa sagt, wir hätten Verluste gehabt. — Laß nur gut sein! Wir richten uns schon ein. Wir nehmen eine kleinere Wohnung, und wenn Du fort bist, brauchen wir auch nur ein Mädchen. Ich habe es Papa schon vorgerechnet. Dein Glück steht uns doch am höchsten."

Die Unterredung zwischen dem Regierungsrat und Raikendorf dauerte sehr lange. Agathe konnte einen gereizten Ton in der Stimme ihres Vaters vernehmen. Worte verstand sie nicht. Wieder wurde hinter verschlossenen Thüren über ihr Schicksal verhandelt — wie damals, als die Aerzte berieten, ob sie an einer langwierigen

Krankheit zu Grunde gehen oder gesund werden würde. Und man erlaubte ihr nicht, mitzusprechen, zu fragen, das Für und Wieder zu hören. Geduldig mußte sie sitzen, die Hände im Schoß, und warten, was über sie beschlossen wurde.

Mein Gott, mein Gott, erbarme Dich doch!

Sie wendete sich nicht an den Heiland — sie fürchtete ihn — er forderte Entsagung und Kreuztragen. Instinktiv drängte es sie zu Gott dem Vater, dem Schöpfer und Erhalter alles Lebens.

Immer war ihr, als müsse sie jetzt, wie in jener anderen fürchterlichen Stunde, das befreiende Lachen hören . . . .

— Eine Thür wurde geöffnet. Leise, vorsichtig sprachen Papa und Raikendorf miteinander — so dumpf . . . als wäre etwas gestorben. — Ging er . . . ohne zu ihr zu kommen?

Sie hielt sich am Fensterkreuz und starrte auf die Straße. Raikendorf trat aus der Thür, und ohne emporzublicken, ging er langsam fort.

"Mama!" schrie Agathe heiser auf, "geh doch, sieh doch!"

Ihr Vater kam herein. Als er Agathe ansah, das angstverzerrte kleine Gesicht, winkte er seiner Frau. Er konnte es ihr nicht sagen. Die Mutter fand wohl bessere Worte. Sie mußte ihr ja auch schon früher einmal den ersten Schlag beibringen.

„. . . Du bist ein verständiges Mädchen . . . . Papa hat es uns bisher verschwiegen . . . er meinte, wir würden die Diskretion nicht gewahrt haben — wegen Eugenie. Walter hatte Schulden — gespielt — ehe er sich verlobte. Papa mußte sie bezahlen, sonst . . . . . wegen seiner Stellung . . . . Er hat auch so strenge Ehrbegriffe. Wir haben viel verbraucht — von meinem Vermögen ist nichts mehr da. Er hat mir den Kummer ersparen wollen . . . Mein gutes, verständiges Mädchen . . . ."

Frau Heidling hielt Agathes Hand und streichelte sie immerfort, als könne sie ihr damit das zuckende Herz in magnetischen Schlaf streicheln.

Sie hatte eine Angst um Agathes Gesundheit . . . . Und beinahe feige, hinterlistig, die Schuld von ihrem Manne abzuwälzen, begann sie: „Wenn Dich Raikendorf wirklich lieb gehabt hätte . . . ."

„Mama!" schrie Agathe empört heraus, „er kann doch nicht! Er hat auch Schulden zu bezahlen! Er ist ehrlich gegen mich gewesen!"

Sie riß ihre Hand aus der ihrer Mutter und ging auf ihr Zimmer.

* * *

Am Abend aßen Walter und Eugenie bei den Eltern. Sie wollten in den nächsten Tagen nach Heringsdorf reisen. Es sollte das letzte Beisammensein werden. Der Regierungsrat wünschte nicht, daß seine Frau ihnen absagte.

„Dadurch wird die Sache nur herumgesprochen. Es schadet dem Mädchen nicht, wenn sie sich zusammennimmt."

„— — Höre mal, Agathe, was ist Dir denn in die Milch gefallen?" fragte Walter bei Tisch. „Du machst ja eine höchst sentimentale Jammermiene! Hat Dich Dein Landrat geärgert?"

„Laß Deine Schwester in Ruhe, sie hat Kopfweh," befahl sein Vater ärgerlich.

Agathe überfiel ein Zittern, ihr ganzes Gesicht verzog sich zu einer erschreckenden Grimasse. Sie stand auf und ging eilig hinaus: wäre sie geblieben, so hätte sie sich auf ihren Bruder gestürzt — sie fühlte plötzlich etwas wie eine innere wilde, schreckliche Kraft, die sich aus Fesseln losrang und nicht mehr zu halten war.

„Da hört doch aber manches auf!" rief Walter. „Nicht mal einen harmlosen Spaß kann man noch mit ihr machen! So ein albernes, empfindliches Frauenzimmer!"

„Du drückst Dich recht hart aus," sagte seine Mutter beklommen. „Agathe hat auch ihr Teil zu tragen."

„Aber Mama, unausstehlich reizbar ist sie wirklich," sagte Eugenie.

„Was hat sie denn zu tragen," fiel Walter ein. „Sie sollte Gott danken, daß es ihr so gut geht. Was denn? Unsereins hat seinen Dienstärger, die Plage mit den Rekruten und die Schinderei von den Vorgesetzten. Dagegen so ein junges Mädchen .... Nichts auf der ganzen weiten Welt zu thun, als sich zu putzen und vergnügt auszusehen ... Alte Jungfernschrullen, sage ich."

„Schließen wir mal die Augen, ist doch niemand da, um für sie zu sorgen," klagte Frau Heidling in einem dürftigen, jämmerlichen Ton.

Ihr Mann warf ihr einen strengen Blick zu. Es verletzte seinen Stolz, mit Walter und seiner reichen Frau von dieser Geschichte zu reden.

„Erstens hat es mit dem Sterben noch lange Zeit," begann der junge Offizier, „und dann hat sie doch uns."

„Ja — nicht wahr, Walter, Du versprichst mir, daß Du Deine Schwester nie verläßt!"

„Aber selbstverständlich, Mama!" Diese unnötige Feierlichkeit jetzt plötzlich zwischen Salat und Rührei — was die Frauen doch alles schwer nehmen. Na, Eugenie hatte Gott sei Dank keine Nerven. „Agathe kommt natürlich zu uns. Nicht wahr, Frauchen?"

„Sie kann ja mit den Kindern spazieren gehen, wenn sie sich nützlich machen will — da sparen wir ein Fräulein," sagte Eugenie leichthin.

„Siehst Du, Mama," schloß Walter befriedigt das Gespräch, „sie findet schon Arbeit bei uns. Wenn wir erst das kleine Mädchen zum Jungen haben ... Na, gieb mir noch ein Stück Braten."

V.

Es schien doch, als ob Agathe mit der Zeit vernünftiger geworden war. Sie bekam keinen Blutsturz. Sie meinte nicht einmal, daß nun jede Hoffnung für ihre Zukunft am Ende wäre, sondern biß die Zähne aufeinander und dachte: „Dann also Dürnheim!"

Mehr denn je verwandte sie Zeit und Interesse auf die Pflege ihres Körpers und auf ihren Anzug.

Wie hatte Onkel Gustavs geschiedene Frau es möglich gemacht, daß der Majoratsherr sie geheiratet? Jung war sie doch nicht mehr gewesen — gewiß älter als Agathe und von schlechtem Ruf noch dazu. Die Tochter eines Gesindevermieters. Was zog die Männer zu ihr? Nicht etwa Abenteurer, sondern gute, anständige Männer wie Onkel Gustav, und vornehme Konservative wie den Majoratsherrn, ihren zweiten Gatten? Agathe begann zu entdecken, daß in diesen Dingen andere Kräfte im Spiel waren, als ihre Erzieher ihr gelehrt hatten. Sie wäre sich gern darüber klar geworden, um ihren Entschluß zu treffen, ob sie sie anwenden wollte und konnte oder nicht.

Immer war sie stolz darauf gewesen, zu sein, was sie schien: ein unschuldiges, unwissendes junges Mädchen. In den letzten Jahren hatte das Christentum noch eine festere, strengere Mauer um sie gezogen, als um ihre Freundinnen. Sie hatte nichts hören wollen von den Dingen dieser Welt, sondern den Himmel gewinnen, eindringen in die dornenumzäunte Pforte zu der unaussprechlichen Ruhe der Kinder Gottes.

Seit Raikendorf sie beinahe geküßt hatte, träumte sie nur noch von diesem Kuß — nicht mehr von ihm, von seiner Persönlichkeit, sondern einzig von dem Kuß, den sie schon zu fühlen meinte und der ihr dann in Luft verhauchte. Er war ihr letzter Gedanke beim Einschlafen, ihr erster beim Erwachen.

Dabei verschwand ihr der Glaube an Gott fast vollständig. Der Heiland, den sie so innig zu lieben sich bestrebt hatte, war ihr fremd und gleichgültig geworden. Sie zweifelte nicht — die religiösen Empfindungen und Vorstellungen verloren nur mehr und mehr die Macht, sie zu beeinflussen. Sie wandte sich mit einem stillen Widerwillen von ihnen ab.

Ein Durst nach Verstehen dessen, was um sie her vorging, war an ihre Stelle getreten.

Agathe wurde immer lebhafter in ihrem Wesen, sie sprach und lachte so viel wie niemals zuvor. Ihr Augen verloren den tiefen, schwärmerischen Ausdruck und richteten sich bestimmt auf Dinge und Menschen.

Mit Eifer und Vergnügen begann sie Romane zu lesen — solche, die man jungen Mädchen nicht erlaubt, und die sie verbarg, sobald jemand kam. Zu ihrem Erstaunen bemerkte sie, daß ihre Mutter die Bücher auch gern las, obgleich sie darüber schalt und nicht begriff, wie Menschen so unsinniges Zeug zusammenschreiben konnten.

War in Gesellschaft von einem der Bücher die Rede, und wurde Agathe gefragt, ob sie es gelesen, so antwortete sie, ohne zu erröten: „Nein, ich denke, das kann man nicht."

Die Herren ihrer Bekanntschaft setzten ihr dann auseinander, daß mancher der Dichtungen ein gewisser Wert nicht abzusprechen sei. Aber sollten sie sich vorstellen, daß sie mit einer jungen Dame verkehren müßten, die dergleichen gelesen hätte — nein, das würde ihnen außerordentlich peinlich sein.

Zuweilen dachte Agathe: wenn sie noch heiratete, so könne es nun nimmermehr eine ideale Ehe für sie werden. So vieles, was ihr schon durch den Kopf gegangen, durfte sie keinem Manne je gestehen. Und eine wahre Ehe war nicht möglich ohne völliges, gegenseitiges Vertrauen. Also bemühte sie sich kaum noch um des Zieles willen, sondern nur, weil eine innere Unruhe sie antrieb, immerfort nach Liebe und Bewunderung zu suchen.

Nur einmal geküßt werden, das war eine fixe Idee.

Mußte es denn eine regelrechte Verlobung sein? Es waren doch auch andere Küsse denkbar? Ja — denkbar schon ... denkbar! Aber die Gewohnheit eines ganzen Lebens deckte Agathe mit einem festen Schilde. Sie träumte die leidenschaftlichsten Abenteuer . . . . und blieb doch nach außen das vornehme, zurückhaltende Mädchen. Nicht aus Heuchelei. Sie konnte nicht anders — wenn sie auch wollte. Sie spielte mit der Gefahr, nach der sie sich sehnte, bis sie vor der leisesten physischen Annäherung eines Mannes instinktiv zurückschauerte.

Nicht in keuscher Unschuld — denn sie war kein Kind mehr — sie war erwacht, ein reifes, temperamentvolles Weib. Ihr Phantasie- und Gefühlsleben war nicht mehr unschuldig. Es war nur ein fortwährender Streit zwischen ihrer individuellen Natur und dem Wesen, zu dem sie sich in liebendem Eifer nach einem ehrwürdigen, jahrtausende alten Ideal gemodelt hatte. Und es war wilder, scheuer Hochmut in ihr: Sich selbst — diese gehütete Kostbarkeit, einem Manne geben, der nur Talmi verlangte? Und der sie, Agathe Heidling, dann sein Leben lang für Talmi halten durfte?

Die Eltern freuten sich, daß Agathe sich die Enttäuschung so wenig zu Herzen nahm. Sie tanzte im nächsten Winter, so viel es ging, lockte mehrere junge Leute auch an, bei Heidlings Besuch zu machen. Man sagte ihr Schmeicheleien, wie sie sich konserviere — bei Abend könne man sie gut noch für ein ganz junges Mädchen halten. Nur liebenswürdiger sei sie als früher.

Dürnheim besann sich zwei Winter hindurch,

ob er nicht vielleicht anhalten sollte — sein Vetter Raikendorf hatte ihn zwar gewarnt . . . . schließlich feierte er dann doch seine Hochzeit mit der kleinen Romme. Sie bekam dreißigtausend Thaler bar mit in die Ehe, wußte Onkel Gustav.

Zwei Winter hatte Agathe mit erlahmenden Kräften gekämpft — nicht gerade um Dürnheim allein — um jede neue Männererscheinung — um einen Blick — um ein Lächeln. Und die heimlichen Niederlagen, von denen nur sie selbst wußte! Die Reue — die Scham — die Langeweile — zuletzt mehr und mehr ein Gefühl, als habe sie sich selbst verloren und schwanke — eine welkende Form ohne Inhalt, ohne Seele — durch der Erscheinungen Flucht.

.

VI

Heidlings feierten ein schönes Fest. Der alten Küchendorte wurde der Preis für fünfundzwanzigjährige treue Dienstleistung bei einer Herrschaft und für tadellosen sittlichen Wandel verliehen.

Alle Mitglieder der Familie hatten sich versammelt, die treue Magd zu ehren. Sie bildeten einen Kreis um Dorte, als der Regierungsrat ihr im Allerhöchsten Auftrage die Bibel und das silberne Kreuz, das die Kaiserin zu diesem Zwecke gestiftet hatte, überreichte. Er verlas mit lauter, feierlicher Stimme das amtliche Begleitschreiben.

Frau Heidling und Agathe trockneten sich die Augen — wenigen Herrschaften konnte man heutzutage nachsagen, daß ein Dienstbote so lange bei ihnen ausgehalten habe.

Die übrigen Mädchen des Hauses, die sich bescheiden und neugierig in der Thüröffnung drängten, sollten sich ein Beispiel an der Jubilarin nehmen.

Der Regierungsrat ergriff die Gelegenheit, einige warme Worte von dem Segen, der die Pflichterfüllung kröne und tiefere innere Befriedigung gewähre, als die heutzutage überhand nehmende Genußsucht, in die Feier zu verflechten.

Die Mädchen weinten vor Rührung: der Herr Regierungsrat redete auch zu schön!

Dann wurde Dorte an den Geschenktisch geführt. Ihre in unzähligen Fältchen fast versteckten Maulwurfsaugen blinzelten, geblendet vom Funkeln der fünfundzwanzig Lichter, die eine in der Mitte prangende Torte umgaben.

Mit undeutlichem Brummen, das ihre Zufriedenheit ausdrücken sollte, betastete Dorte das von der Rätin gestiftete Cachemirkleid — ein Portemonnaie mit Goldstücken gefüllt — hundert Mark! und die Gaben, die Fräulein Agathe, die jungen Heidlings und Onkel Gustav beigesteuert hatten.

Der kleine Wolf, ein stämmiges Bürschchen, hielt in seinen dicken Pfötchen einen Karton mit einem weißseidenen Tuch. Er sollte es der Jubilarin überreichen. Aber weil das bunte Bild auf dem Deckel ihm gefiel, wollte er es nicht hergeben, rannte damit fort und brüllte fürchterlich, als seine Mutter ihn einfing und es ihm abnahm. So wurde die feierliche Stimmung gestört. Doch war es die einzige Gelegenheit, bei der ein Lächeln, wie ein blasser Wintersonnenstrahl durch graues, trockenes Baumgezweig, sich mühsam durch die Runzeln von Dortes verdrießlichem alten Gesicht arbeitete.

„Ne aber! Das Wölfchen!" sagte sie voll andächtiger Bewunderung, bröckelte ein Stückchen von der selbstgebackenen Festtorte und schob es in das weitgeöffnete Mäulchen, das sich, mitten im vollen Schreien, getröstet über der Süßigkeit schloß.

„Dorte — Du sollst doch nicht...!" mahnte Frau Eugenie.

„Heute darf Dorte alles, was sie will — sogar unserm Jungen den Magen verderben!" rief Lieutenant Heidling gut gelaunt, und die Hausmädchen kicherten.

Sie mußten sich auch die Geschenke ansehen — Line von Kommerzienrats und Rike von Professors oben und Lieutenants Sophie — vielleicht hatte es doch einen guten Einfluß auf die leichtsinnige, wanderlustige, faule Bande, dachte die Rätin.

Das pommersche Dorfkind Wiesing war schon längst nicht mehr bei Heidlings. Mitten im Vierteljahr hatte man sie fortschicken und sich mit einer diebischen Aufwartefrau behelfen müssen. Und das Mädchen machte anfangs einen so netten Eindruck.

Mittags aß Dorte am Tische ihrer Herrschaft. Das graue Zöpfchen ihres Haares zu winzigem Knötchen gedreht, ein bescheidenes Filettuch über den spärlichen Scheiteln, im schwarzen Abendmahlskleide, auf der Brust das silberne Ehrenkreuz — so saß sie still und steif auf ihrem bekränzten Stuhl. Eine fremdartige Gestalt in dem Kreise der vornehmen Bürgerfamilie, der sie ein Vierteljahrhundert gedient hatte — ihr die Nahrung bereitend — in Winterskälte und Sommersglut am Herde, wenn sie noch schliefen, und mit

18*

dem Geschirr klappernd, wenn sie schon die Ruhe suchten — einen Tag wie alle Tage — fünfundzwanzig Jahre lang.

War es ihr nun eine hohe Ehre, daß sie einmal — nur einmal an dem Tische sitzen durfte, für den sie so lange gesorgt hatte?

Wer von der Familie, die ein Vierteljahrhundert mit ihr in demselben Hause gewohnt, unter demselben Dache geschlafen, hatte eine bestimmte und klare Vorstellung, was hinter diesen kleinen, trüben, rotgeränderten Augen für Gedanken und Gefühle wohnten? Sie klopften ihr die Schulter, sie drückten ihr die von Gichtknoten gekrümmte Hand, sie sagten ihr freundliche Worte der Anerkennung — eine Fremde war und blieb die alte Küchendorte ihnen doch. Und das Gespräch stockte, weil man durch ihre ungewohnte Anwesenheit am Tische sich geniert fühlte.

Als man auf ihr Wohl mit den Weingläsern angestoßen und sie ein Stück Torte auf ihrem Teller in Empfang genommen hatte, stand sie auf und begab sich, trotz aller Proteste in ihre Küche zurück.

Dort fand Agathe sie später, das amtliche Schreiben vor sich ausgebreitet, die Brille auf der Nase, mühselig Wort für Wort des verschnörkelten Kanzleistiles entziffernd.

Dafür hatte sie nun gelebt.

Das Abendmahlskleid war bereits wieder abgelegt, das Kreuz zu dem Gesangbuch in die Truhe versenkt, und Dorte streifte sich die Aermel von den braunen Knochenarmen und goß kochendes Wasser in die Schüsseln, um abzuwaschen.

"Aber Dorte, laß das heute doch dem Hausmädchen!"

"Die wird gerade fertig," knurrte die Alte. "Alle Minuten vor der Thür und aufpassen, ob ihr Mannsbild nicht dasteht. Gehn Sie man rein, Fräulein."

Agathe hätte ihr gern etwas gesagt von Hochachtung oder Bewunderung. Aber es wollte ihr nichts über die Lippen. Eine Ahnung, als habe man das verschrumpfte alte Geschöpf mit diesem Amtsschreiben, der Bibel, dem Ehrenkreuz auf irgend eine Weise, die ihr doch nicht klar war, um des Daseins besten Teil betrogen, hinderte sie zu reden, wie sie es gewünscht hätte.

* * *

Aus Agathes Tagebuch.

— — Nur einmal in sich selbst hineinschauen ... Da stürzen gleich die Wasser der Trübsal, die an den schwachen Stellen meines Herzens lecken und wühlen, über alle vom Verstand aufgeschütteten Dämme. Hilfloses Ringen — die Angst eines Ertrinkenden. Und dabei Gardinenkanten häkeln und Deckchen sticken. Wieviel Deckchen habe ich eigentlich schon in meinem Leben gestickt?

— — Kein großes Leiden, das erhebt und läutert ... Ich weiß schon — fleischlich. Qualvoll, qualvoll — aber gemein — niedrig.

— Langsames Verhungern einer Königin, die nicht zu betteln gelernt hat!

Ja — das klingt schön . . . .

Aber — —

Warum stehlt ihr nicht, wenn ihr hungert, armes Pack? Man besingt die Sieger, nicht die Besiegten! . . . . Man besingt Messalinen . . . . .

* * *

Ein dunkelblauer See . . . hoch, hoch in den Alpen. Ganz einsam. Kahles, graues Gestein — und Schneegipfel. Und Abend müßte es sein — Rosen auf das tiefe Blau gestreut — Rosen der niedergehenden Sonne.

Leise — langsam — allmählich . . . Wie das Wasser, von den Lichtstrahlen des Tages durchwärmt, an den Gliedern emporquillt — bis zum Herzen — und die Augen schließen . . . Der Boden schwindet . . .

Wenn die Fische leicht und stumm ihre Flossen über meine Stirn streifen werden . . . . Wenn lange schleimige Wasserpflanzen aus meinen Augenhöhlen wachsen . . . wenn das Feuchte dort unten tief im Dunklen mein Fleisch durchsickert und zerstört — ob ich dann immer noch Schmerz fühlen werde?

VII.

Eine alte Frau war zur Hintertreppe heraufgekommen und hatte verlangt, das gnädige Fräulein Heidling selbst zu sprechen. Als Agathe in die Küche trat, gab sie ihr ein fleckiges, nur flüchtig zusammengefaltetes Papier.

Ein Bettelbrief.

Große, steife Buchstaben von einer ungeübten Kinderhand mit Bleistift niedergekritzelt — für Agathe nur schwer zu entziffern.

„Hochgeährdestes Frölen Heidling!

Entschuldigen Sie, wenn ich mich an Ihnen wende, mit meiner kroßen Not, hochgeährdestes Frölen mein Kleines is mich gestorben und wollen sies auf die Anadomie schicken bei die Studenten und ich bin zu liegen kommen wer soll den Sarg Bezahlen? hogeährdestes Frölen wenn doch die krosse Güdde hädden und eine Gabe für das, es is mich zu hart das mein Kleines nich soll auf den Friedhof liegen hochgeährdestes Frölen bitte Ihnen inständigst um Verzeihung wohne bei Witwe Krämern.

Untertänigst
Luise Groterjahn."

„Luise Groterjahn..." wiederholte Agathe, vor ihre Erinnerung trat die freundliche Gestalt des kleinen, rundlichen, flachsköpfigen Hausmädchens.

„Luise hat ja hier im Hause gedient, und sie wäre mit dem gnädigen Freilein zum heiligen Nachtmahl gegangen, sagt sie," erklärte die Alte mit großer Zungenfertigkeit, und ihre schielenden Blicke liefen an Agathe auf und nieder. „Da sagt ich bei sie: Luise, sag ich, wende Dich doch an das gnädige Fräulein. Die Miete is se ja auch schon zwei Monat schuldig, aber man is ja ein Christenmensch, un auf die Straße werf' ich kenen, ne Freilein, da soll mich Gott vor bewahren, un man thut ja auch gern den Weg un läuft vor so 'n armes Mächen, und erst konnt' ich die Nummer nich finden . . . ."

„Woran ist das Kind gestorben?" fragte Agathe ungeduldig.

Die Alte hob die Augen wehleidig zum Himmel. „So 'n Engelchen," jammerte sie mit einer unangenehmen Sentimentalität, „ich hab's immer gesagt, Luise, hab ich bei sie gesagt, der Wurm verhungert Dir noch. Freilein — unsereens — weeß Gott, mer hat selber seine liebe Not. Nu liegt se mit'n Bluthusten schon an de vier Monat — keen Verdienst un nischt nich — da is so 'n Kleenes balde hin. — Ne, großer Gott, daß mir so was passieren muß in meinem Hause."

„Ich will kommen," murmelte Agathe. „Heut noch. Was muß man thun, damit das Kind nicht . . . . Mein Gott, ich ahnte nicht, daß so etwas geschehen könnte!"

„Ach Freilein —" sagte Dorte grimmig, „— die armen Leute — da fragt keiner nach, ob die sich die Seele aus'n Leibe heulen."

Die Alte erbot sich, mit dem Totengräber zu reden und alles Nötige zu besorgen. Kriechende Demut wechselte mit listiger Schlauheit im Ausdruck ihres Gesichtes. Vertrauenerweckend schien sie nicht, doch mußte man sich wohl ihrer Hilfe bedienen.

„Dorte," sagte Agathe bedrückt, „wir wollen Mama nichts von den Sachen sagen. Ich will erst sehen, wie alles steht."

Die alte Köchin murrte etwas Unverständliches.

Vier Jahre lagen zwischen heut und dem Abend, als Wiesing mit ihrer Lade und dem Dienstbuch, dem Vierteljahrslohn und den bunten Bilderchen aus ihrer Kammer schluchzend abzog.

Viele Herrschaften beurteilten ja die Liebschaften ihrer Mädchen nicht so streng. Das war der Rätin unbegreiflich. Wutrows hatten eine Köchin schon zweimal wieder in Dienst genommen. So ein Frauenzimmer um sich zu haben — ein greulicher Gedanke! Sie kochte allerdings vorzüglich.

Nun — Frau Wutrow ... man war verwandt durch die Kinder und kam in Höflichkeit und Frieden miteinander aus, aber deswegen mit allem einverstanden zu sein, was Frau Wutrow that, das konnte niemand verlangen. Die Wutrow drückte oft ein Auge zu, wo der materielle Vorteil ins Spiel kam. Agathe hatte kein Wort für Wiesing eingelegt. Das Mädchen war ihr unangenehm durch die Erfahrung, die sich an ihre Person knüpfte.

Agathe ging langsam die einförmige, von hohen schmutzigen Häusern besetzte Straße hinab, die nach der Stadtgrenze führte, wo die große Infanteriekaserne lag. Hier waren die Schaufenster nicht mehr elegant und glänzend, sondern mit geschmacklosem Plunder vollgestopft. Restauration drängte sich an Kneipe und wieder diese an Wurstkeller und armselige Obsthökereien, wo die Marssöhne sich ihr Frühstück holten. Die Kinder auf den Fußsteigen spielten Soldaten, Trupps von Militär zogen aus und ein.

Agathe fand nach einigem Suchen das Haus, wo die Krämern wohnen sollte. Auf der Schwelle hockte ein blasses Kind mit einem Säugling auf dem Arm, es starrte Agathe neugierig an.

Im Flur führte rechts eine Glasthür mit ein paar Stufen zu einer Destille. Der Hausflur war wie ein finsterer, übelriechender Schlund. Agathe tappte sich zu der steilen Treppe und begann hinaufzusteigen. Sie las mühsam in der spärlichen Beleuchtung die Schilder an den Thüren. Steiler und gefährlicher, schlüpfrig von feuchtem Schmutz wurde die Treppe. In traurigen Gedanken hatte Agathe nicht darauf geachtet, wie hoch sie gestiegen, und wußte nun nicht, an welcher der vielen Thüren sie klingeln oder klopfen sollte, denn hier gab es keine Schilder mehr. Da sah sie, daß das Kind von der Thürschwelle ihr nachgekommen war. Es hinkte und schleppte doch den schweren Säugling.

„Kannst Du mir sagen, ob hier Frau Krämern wohnt?"

Es antwortete nicht.

Agathe klopfte endlich aufs Geratewohl. Ein Mann in einem wollenen Hemd öffnete.

„Frau Krämern?" fragte Agathe schüchtern, „oder Luise Groterjahn?"

„Die? Zu der wollen Se?"

Eine höhnische Verachtung drückte sich in seinem Ton aus. „Da drüben."

Er starrte ihr nach, bis sie hinter der bezeichneten Thür verschwunden war. Das hinkende Kind drängte sich mit Agathe hinein.

„De Krämern is nich da," sagte das Kind nun.

„Aber ich möchte Luise Groterjahn sprechen."

Das kleine Mädchen wies schweigend auf eine innere Thür.

Agathe trat in eine schräge Dachkammer. Sie enthielt weiter nichts als ein Bett und einen Holzschemel. Das Licht fiel aus einer Luke in der Decke gerade über die Kranke auf dem Strohsack. Sie lag regungslos, Agathe glaubte, sie schlafe, weil sie den Kopf nicht wendete, als sie eintrat. Doch ihre Augen standen offen und blickten auf die graue Wand am Fußboden des Bettes — wenn man dieses gleichgültige Starren einen Blick nennen konnte.

Erst als Agathe dicht neben dem Bett stand

und ihre Hand leise und weich auf die des kranken Mädchens legte, als sie herzlich sagte: „Wiesing, armes Wiesing," wandten sich die glanzlosen Augen ihr zu.

Agathe hatte sich eingebildet, Wiesing würde sich freuen, sie zu sehen. Aber die Kranke lächelte nicht. Sie weinte auch nicht. Ihre Züge blieben ganz unbewegt.

Agathe dachte an ihr rundes Kindergesicht, das gesund und fröhlich in die Welt geblickt hatte. Die Gesundheit war davongewischt — es trug eine leichenhafte Farbe mit grüngelben Schatten um den Mund und um die Augen, und es war sehr abgemagert. Aber das war es nicht, wodurch Agathe so tief erschüttert wurde. Es war die unermeßliche tote Gleichgültigkeit, die darauf ruhte.

Sie verwunderte sich, daß dieses Wesen überhaupt noch um Hilfe gerufen hatte.

Die Thränen stürzten Agathe vor Weh aus den Augen. Sie beugte sich und küßte das Mädchen auf die Stirn. Dann setzte sie sich zu ihr auf den Bettrand, nahm ihre Hand und liebkoste sie leise.

Wiesing ließ alles schweigend mit sich geschehen.

„Dank auch, daß Sie gekommen sind," murmelte sie nach einer langen Weile.

„Wiesing — warum hast Du nicht eher geschickt?"

„Die Frau Rätin waren so böse."

„Ach, das ist ja lange her — das ist ja

längst vergessen." Agathe wußte, daß sie log. Ihre Mutter war immer noch böse.

„Wiesing — warum bist Du denn nicht wieder in Dienst gegangen?"

„Ich war immer schwächlich — das Kleine kam so schwer. Und dann war es immer krank. — — Wir wollten auch heiraten — wenn er mit zwei Jahren loskäme."

Wiesing schwieg und starrte wieder auf die graue, verschabte, mit Namen und widerlichen Kritzeleien beschmierte Wand.

„Ist er nicht losgekommen?"

Ein leises Schütteln des Kopfes.

Agathe versuchte noch einmal, die Geschichte dieses Lebens zu erforschen. Dann ließ sie davon ab. Es war nutzlose Grausamkeit.

Die blassen, von einer trockenen Borke bedeckten Lippen der Kranken blieben fest geschlossen, wie über einem schweren Geheimnis.

„Ist denn die Krämern gut zu Dir?"

Wiesing entzog Agathe ihre Hand und wandte den Kopf nach der Mauer.

Beide Mädchen schwiegen.

Draußen schlürfte ein Schritt, die Thür wurde aufgeklinkt, die Krämern drängte sich hastig herein, mit ihr das hinkende Kind mit dem schmutzigen Säugling.

„Ne aber, das gnädige Lämmchen haben sich herbemüht! Ne aber, Luise, so 'ne Ehre! Allens habe ich nu besorgt, en' Sarg für das Engelchen, und der Herr Pastor will dazu beten — es liegt

schon auf 'n Leichenhause. — Hier, alles is uf-
geschrieben — kein Pfennig zu viel. Morgen soll
Dein Kleenes in die Erde kommen. Ach — so 'n
Elend. Ne, ich sage jo."

Sie schneuzte sich in die blaue Schürze.

Ein leises Wimmern drang von dem Strohsack her.

„Soll ich Dir einen schönen Kranz bringen
für Dein Kindchen?" flüsterte Agathe sich zu dem
kranken Mädchen niederbeugend.

Wiesing öffnete die geschlossenen Lider. „Ach,
Frölen!"

„Ja, morgen bringe ich ihn. Verlaß Dich
darauf."

Sie gab der Alten Geld zu Suppe und Wein.

Auf dem Rückwege holte sie Blumen. Heimlich in ihrer Stube flocht sie den Kranz. Sie hatte
ein schweres, gemartertes Gewissen.

Am Nachmittag des folgenden Tages, als
sie eben gehen wollte, kam Besuch. Sie wurde
bis um fünf Uhr aufgehalten und mußte eine
Menge Vorwände suchen, um nur fortzukommen.

Eilig schritt sie durch die von einem harten
scharfen Ostwind durchblasenen Straßen. Wie
früh es schon dunkel wurde.

Als sie an der Kneipe im Erdgeschoß des
Hauses vorüber wollte, erschienen ein paar
Männerköpfe in der Thür. „Fräulein, kommen
Sie rein!" schrie man ihr zu.

Atemlos lief sie die Treppen hinauf. Oben
nahm sie den Kranz aus der Tasche und legte ihn

vor Wiesing aufs Bett. Die Kranke sagte nichts, leise tasteten ihre Finger über die bunten Blumen. In den starren blassen Augen sammelte sich ein feuchter Glanz, langsam liefen zwei Tropfen über die grauen Wangen.

Die Krämern kam, sobald sie Agathe hörte. Und gleich nachher polterte auch das hinkende Kind herein. Mit einem alten, neidischen Lachen stellte es sich vor Agathe hin und sagte:

„En schenen Gruß von die Herren unten, und das Freilein sollte mal runter kommen und Gänsebraten essen."

Agathe verstand das Mädchen zuerst gar nicht. Die Krämern mußte das Anerbieten erklären. „Ne Freilein, sag' ich's nich! Jede gute That bringt doch gleich ihren Lohn! Dafür, daß Sie die Luise besuchen, schenkt der liebe Gott Ihnen nu ooch gleich den Gänsebraten!"

Agathe stand erstarrt vor dieser naiven Gemeinheit. Hier hatte Wiesing gelebt — diese vier Jahre hindurch —.

— Wie sollte sie unten an der schauerlichen Thür vorübergelangen? Ihr Vater hatte doch recht, ihr die Armenbesuche auf eigene Hand zu verbieten. Furcht und Hoffnungslosigkeit senkte sich wie ein Nebel über ihr Denken.

„Soll ich nicht an Deine Mutter schreiben, daß sie Dich nach Haus holt?" fragte sie unschlüssig.

Wiesing schüttelte ganz wenig den Kopf. Sie begann zu husten, versuchte vergebens, sich aufzurichten, um Luft zu bekommen. Agathe faßte sie und hielt sie — so hatte auch sie selbst einmal geröchelt und gerungen.... Was war alles für sie geschehen!

„Wiesing — ich will Dir einen Doktor schicken...."

O — der entsetzliche Geruch in der Kammer! Und die Eiskälte..... Wie schmutzig das Bett war.

„Kein Doktor!" stammelte die Kranke, und ihre Hände schlugen fieberisch unruhig durch die Luft.

Agathe wollte doch ihren Hausarzt bitten, nach dem Mädchen zu sehen.

Die Krämern versuchte dienstfertig, sie hinunterzubegleiten, aber Agathe wies sie steif und hochmütig ab.

Auf der Treppe fiel ihr der Mann mit dem Gänsebraten wieder ein.

Er stand wartend an der Glasthür und lachte laut, als er sie sah. Agathe wurde schwindelig vor Schrecken.

„Nicht so eilig!" brüllte er und faßte nach ihrem Arm. Sie riß sich los und stürzte auf die Straße. Ein dröhnendes Gelächter scholl ihr nach. Sie lief mehr, als sie ging — nur fort — fort aus dieser Gegend.

Mit betäubenden Kopfschmerzen kam sie nach Haus.

Mehrere Tage lang konnte sie sich nicht entschließen, Wiesing wieder zu besuchen. Sie war krank und elend. Sie konnte ihr ja auch nicht helfen. Mit einer schauerlichen Klarheit zeigte ihr die Gänsebraten-Geschichte plötzlich die Bilder aus dem Leben der schmutzigen Tiefe, in die das unglückliche Mädchen gestürzt war.

Sie wagte nicht mehr, ihrem Hausarzt Mitteilung zu machen — als habe sie nur allein Kenntnis von der grausigen Welt dort erhalten und dürfe niemand — niemand davon sagen.

Aber es ließ ihr keine Ruhe. Sie mußte das Mädchen aus der Umgebung retten — sie mußte wenigstens dafür sorgen, daß sie zu essen bekam. Ging sie des Morgens früh, so saßen wohl auch keine Männer in der Kneipe, von denen sie belästigt werden konnte.

Diesmal trat ihr aus der Thür, die der Wohnung der Krämern gegenüberlag, eine Frau entgegen. Sie sah sauber aus, wie eine ordentliche Arbeiterfrau, deshalb blieb Agathe höflich stehen, als sie sie anredete.

„Fräulein — wollen Sie denn wieder zu der da?" fragte sie.

„Ja. Kennen Sie Luise? Sie scheint mir sehr krank."

„Gestern haben sie sie fortgeschafft."

„Fort —? Wohin?" fragte Agathe.

„Na — ins Leichenhaus."

Agathe schwieg bestürzt.

„Mein Mann sagt, das Fräulein weiß gewiß nicht, was das für eine war?"

Agathe seufzte.

„Ach, liebe Frau, sie hat doch so viel Kummer gehabt."

„Das will ich ja nich gesagt haben — nu wenn die Krämern so 'n Mädel in die Hände kriegt . . . . ."

„Meinen Sie, daß die Krämern nicht gut zu ihr war?"

„Die —? Das alte Vieh? Fräulein . . . die löffelte Ihnen die Suppe hier draußen — na — und den Wein, den soff sie gleich unten in der Destille. Ne — davon hat das Mädchen nich'n Droppen geschluckt. Ja — wenn die reichen Leute man wüßten, wem sie ihr Geld zuwenden. Ich und mein Mann, wir bitten keinen um 'ne milde Gabe — wir schlagen uns durch — wir arbeiten — ja — aber so'n Pack — die verstehen's!"

„Ach, — sie ist doch nun tot," sagte Agathe traurig.

„Na ja — gegen das Mädchen will ich ja nichts sagen — das geht denn so — die Krämern hat die gehörig ausgenutzt. Was sollte sie machen? Der kleine Wurm wollte doch leben. Ne — mein Mann sagt — wir zieh'n auch — die Polizei kommt nich aus'n Hause — so 'ne Wirtschaft!"

Agathe wandte sich um und ging die Treppe wieder hinunter. Vielleicht trieb nur der Neid die Frau an, so zu reden. Wer doch je die Wahrheit erfahren könnte!

VIII.

Wäre Mama damals nicht so empört gewesen und hätte Wiesing nicht so schonungslos fortgejagt — und sie selbst hatte sich ja auch voll Abscheu von ihr abgewandt, — hätte man sich um sie gekümmert in ihrer schweren Stunde und dafür gesorgt, daß das Kind zu ordentlichen Leuten gethan wäre, und vielleicht den Lohn des Mädchens erhöht, damit sie ein gutes Kostgeld für das Würmchen zahlen konnte — wäre sie dann in die Hände dieser Krämern gefallen und hätte ihr junges Leben so geendet, mit dem stumpfen Blick auf die graue, schmutzige, zerkratzte, von hundert Namen und widerlichen Bildern bedeckte Wand?

Aber das wäre unmoralisch gewesen, und darum durfte es eben nicht geschehen.

Freilich — furchtbar leichtsinnig mußte ein Mädchen schon sein, um sich so weit zu vergessen.

— Und wenn Lutz gewollt hätte....?

O mein Gott, warum wurde das Unrecht, die fürchterliche Schande plötzlich ein gutes Recht, nachdem der Pastor ein paar Worte gesprochen? Das war ein schauerliches Geheimnis.

Agathe hatte nun das Elend gesehen — das tötliche Elend. Und die Polizei hatte auch dabei zu thun gehabt? Wer mochte wissen, was für abscheuliche Dinge sich da noch verbargen.

Und das alles hatte dieses kleine Mädchen, das mit ihr zusammen am gleichen Tage fröhlich ins Leben hinausgetreten war, in den paar Jahren, in denen sie sie aus den Augen verloren, gesehen, erfahren, durchlitten.

Und sie und ihre Mutter waren schuldig. Ja — ja — ja — sie waren schuldig.

Aber Mama würde das niemals verstanden haben. Agathe ging zu ihr und sagte ihr von Luisens Tode und von dem Leiden, das sie um sie trug — und Mama blieb ganz ruhig und kühl. „Ja — diese Frauenzimmer — sie taugen alle nichts — sie sind zu unserer Qual erschaffen," war ihre Antwort.

Wie kam es nur? Ihre Mutter war doch sonst eine gutmütige Frau? Warum war sie in dieser einen Beziehung so ganz blind?

Ein hartes Urteil fiel ihr ein, das Martin Greffinger einmal über die Frauen der Bourgeoisie gefällt hatte — über ihre verknöcherte Engherzigkeit. Aber der war doch Sozialdemokrat oder irgend so etwas Aehnliches. Er durfte nicht Recht behalten! Er durfte nicht!

— — Agathe hatte wahrhaftig keine Ursache, beständig so verstimmt zu sein und ihr Los zu beklagen. Das heißt: äußerlich merkte man ihr ja die Verstimmung noch nicht an — so viel Selbstbeherrschung hatte sie denn, Gott sei Dank, doch noch. Sie hatte es ja auch so gut im Vergleich mit dem armen Geschöpf. Und nun sah sie, wohin es führte, wenn man den Liebes-Gedanken Raum gab und sich nicht dagegen wehrte. Freilich, kein Mann würde es wagen, sie, Agathe Heidling, Tochter des Regierungsrats Heidling, in Versuchung zu führen — ach, lieber Himmel, gegen sie waren die Herren ja alle die vornehmste Anständigkeit — es war schon beinahe langweilig.

Ja — aber — zeigte das nicht erschreckende sittliche Verderbtheit, daß sie oft wahrhaftig beinahe wünschte ... So weit war sie schon gekommen. Wer weiß, wie schnell es da weiter ging — hinab — hinab ... ohne Halt — ohne Wiederkehr!

Kein gefallenes Mädchen richtet sich wieder auf, sagte Papa einmal, und unerbittlich sah er dabei aus, wie der Engel mit dem feurigen Schwert an der Paradiesespforte.

Wahrscheinlich hätte alles nichts genutzt, was für das kleine Hausmädchen geschehen konnte — also nur schnell und ordentlich in den Schlamm hinunter.

Und Eugenie? Und der Commis in der Stube mit den Cigarrenproben? Es war gräßlich, daß Agathe immer noch daran denken mußte.

Alle ihre Träume und Phantasieen waren von dem Gift der Sünde befleckt. Wie schlecht, wie durch und durch verdorben war sie!

Hohe Zeit, daß ein Abschnitt gemacht wurde! Alles Beten und Jammern zu Gott dem Herrn um Hilfe hatte nichts gefruchtet. Wer konnte wissen, ob es einen Gott gab? Jedenfalls hatte er sich Agathe nicht geoffenbart und sie im Stich gelassen.

Sie mußte sich nur einmal recht klar machen, daß ihre Jugend vorbei und es einfach schmachvoll war, sich nun noch — in reiferen Jahren — so dummen Ideen hinzugeben. Nur ein- für allemal keine Hoffnungen. Das Haar ging ihr auch schon aus, und wenn sie lachte, so hatte sie kein niedliches Grübchen mehr, sondern eine richtige Falte.

Wie viele Mädchen heiraten nicht. Das Leben bot ja auch sonst noch so viel Schönes! Und Pflichten hatte sie genug — die brauchte sie wirklich nicht außer dem Hause zu suchen. Hatte sie denn ihr Gelübde, einzig und allein für ihre Eltern zu leben, so ganz vergessen? Sie mußte viel liebenswürdiger und heiterer sein!

―――――――

Wenn Papa nach Berlin versetzt würde.... Das wäre doch mal wieder ein neuer Anfang! Sie wollte sich nur nicht zu sehr freuen, sonst kam es schließlich nicht dazu.

Und es kam auch nicht dazu. Irgend ein Minister hatte Differenzen mit einem anderen Minister, oder er vertrat ein Gesetz, das im Reichstag nicht angenommen wurde — kurz, er mußte sein Portefeuille niederlegen, und Papa wurde nicht vortragender Rat in Berlin, sondern bekam seinen Abschied. Wie das zusammenhing, hörte Agathe natürlich nicht. Sie hätte es doch nicht verstanden, und es wäre dem Regierungsrat überhaupt nicht eingefallen, ein junges Mädchen in Berufsangelegenheiten einzuweihen.

Man mußte sich nun mit der Pension einrichten. Und Papa zahlte außerdem viel an die Lebensversicherung. Man entließ also das zweite Mädchen und nahm eine kleinere Wohnung, von der man ein Zimmer an Onkel Gustav vermietete.

Onkel Gustav hatte nicht viel Glück mit dem Jugendborn gehabt. Außer Agathes Freundinnen, denen er es schenkte, hatte niemand nach dem Toilettenwasser gefragt. Und so war die Menschheit nicht schöner und Onkel Gustav nicht reicher geworden. Er beschäftigte sich zwar immer noch in Gedanken damit, irgend eine reizende junge Erbin zu heiraten, um seine Erfindung mit ihrem Vermögen zu poussieren. Aber inzwischen hatte er sich bei seiner Schwägerin in Pension gegeben, denn sein Magen konnte das Gasthofsessen nicht mehr vertragen. Agathe rechnete nach, daß das bescheidene Kostgeld des guten alten Onkels Bedürfnisse bei weitem nicht deckte. Aber Mama glaubte jedesmal, wenn er am ersten des Monats seine zwei Goldstücke ablieferte, sie habe einen unversiegbaren Schatz in Händen.

Die arme Mama hatte durch die Veränderungen, die durch Papas Abschied notwendig wurden, jede Fassung verloren. Sie brach bei dem geringsten Anlaß in Thränen aus und wurde von der Furcht gepeinigt, sie müßten am Ende alle miteinander verhungern. Kam indessen eine Spitzenfrau ins Haus, so konnte sie nicht widerstehen, geklöppelte Einsätze zu Kopfkissen für Agathes Ausstattung zu kaufen. Das geringste Vergnügen mußte man sich versagen — und immer die wunderliche Idee, für die Ausstattung zurückzulegen!

Agathe hatte jetzt tüchtig zu thun, um den Hausstand reinlich und in geregeltem Gange zu erhalten. Auf die alte Dorte war auch kein rechtes Verlassen mehr. Agathe war nicht an wirkliche Arbeit gewöhnt, und sie litt viel an krankhaften Zuständen, die sie sogar ihrer Mutter verheimlichte. Denn dann würde vielleicht Papa davon gehört haben, und das wäre Agathe unerhört peinlich gewesen. Auch geriet er gleich ganz aus dem Häuschen, wenn einem von ihnen beiden etwas fehlte.

Es that nicht Not, seine Stimmung noch mehr zu verdüstern. Er war ohnehin gereizt genug. Kein Wunder! Wie hatte er sich abgearbeitet, bis tief in die Nacht über den Akten gesessen, um dem Staat zu dienen. Nun warf der ihn plötzlich über Bord wie ein lästiges, überflüssiges Möbel — den kräftigen Mann, der jetzt mit seiner Zeit nichts anzufangen wußte, als in allen Zimmern herumzugehen und zu suchen, wo er etwas zu tadeln fände. Was hatte schließlich die unaufhörliche Angst, nirgends anzustoßen, nicht oben und nicht unten, nicht rechts und nicht links, dem armen Papa genützt?

Aber um Gottes willen! wenn Agathe das dem Papa einmal vorgehalten hätte .... Das Gesicht, das sie da zu sehen bekommen haben würde!

Die ganze Welt war vollgestopft mit Heiligtümern, an die man nicht rühren durfte, wie Großmama ihr Nippesschrank, dessen Inhalt Agathe als Kind ehrfürchtig durch die Glasscheiben betrachten durfte. — Sie wurde von lauter Gedanken gequält, über die sie sich Vorwürfe machen mußte. Es gährte ein fortwährender Aufruhr in ihr gegen jedes Wort, das die Eltern sprachen. So lange man wartete und immer wartete, so lange morgen vielleicht das neue Leben für uns selbst anbrechen konnte — so lange war es leicht gewesen, Geduld zu haben. Aber nun man sah, daß das neue Leben niemals kommen würde — daß man sich mit gegebenen Verhältnissen einrichten mußte, so gut es ging — nun war es fast nicht mehr zu ertragen, immer noch als ein liebes unverständiges Kind behandelt zu werden, über dessen Meinungen man lächelte und scherzte, oder das man unterwies und erzog.

Sie mußte sehr viel Geschicklichkeit aufwenden, damit Mama nicht merkte, daß sie thatsächlich den Haushalt führte — sie mußte fortwährend lange Konferenzen über die einfachsten Dinge mit ihr führen, weil nur so Mama die Ueberzeugung behielt, sie regiere selbst und Agathe werde von ihr angeleitet. Wünsche, Bedürfnisse und Launen der drei alten Leute —

eigentlich waren es vier, denn auch Dorte war alt und hatte Launen — mußten erfüllt werden. Wenn sie sich direkt widersprachen, so mußte man doch jedem anscheinend den Willen thun oder ihn auf eine feine, nette Weise zu befriedigen suchen.

Papa wurde böse, sobald der geringste Angriff auf seinen Komfort und auf den vornehmen Anstrich der Haushaltung gemacht wurde. Onkel Gustav hatte allerlei Restaurant-Gewohnheiten und war schwer zu überzeugen, daß die in der beschränkten Wirtschaft große Opfer kosteten. Und Mama verfiel mit ihrer Knauserigkeit beinahe ins Krankhafte. Traf sie mit Frau Wutrow zusammen, so ließ sie sich von der immer neue Sparsamkeitsrezepte mitteilen. Bei Wutrows wurde für die Näherinnen Kartoffelbrei unter die Butter gemischt. Das wollte die Rätin auch einführen. Agathe hatte einen ordentlichen Zank mit ihr, weil sie sich vor den fremden Mädchen schämte. Neuerdings verlangte Mama, daß der Teppich im Wohnzimmer, um seine Farben länger frisch zu halten, alle Abend mit einer weichen Bürste abgekehrt und zusammengerollt werde. Frau Heidling wollte es selbst besorgen, um ihrer Tochter ein gutes Beispiel der Demut zu geben. Das konnte Agathe nicht mit ansehen. Unglücklicherweise kam Eugenie dazu, als sie mit den Knieen auf der Erde herumrutschte, und machte moquante Bemerkungen.

Sie brauchte so etwas freilich nicht zu thun — — hatte ihre Mutter dergleichen Gelüste, so war das ein Privat-Vergnügen, das Eugenie weiter nicht störte. Die jungen Heidlings hielten einen Burschen, die Köchin, das Hausmädchen und das Fräulein für den kleinen Wolf. Der alte Wutrow mußte zahlen.

„Weißt Du — ich, als Offiziersfrau..." sagte Eugenie und bekam auf diese Weise alles, was sie wünschte.

Jeden Abend weinte Agathe ein paar heimliche Thränen auf den Teppich — sie fand es so mesquin und völlig unnötig und unpraktisch, ihn fortwährend zusammenzurollen und wieder auseinanderzubreiten.

O war das Leben langweilig — langweilig — langweilig, in dieser Fülle von zweckloser Arbeit!

Wenigstens verschonte man sie jetzt mit den Bällen. Es lud sie einfach niemand mehr ein. Aber die zwei oder drei Diners, zu denen sie noch gebeten wurde, waren auch gerade keine berauschenden Vergnügungen.

Und der Verkehr mit den Freundinnen — denen, die gleich ihr unverheiratet geblieben waren? In dem Augenblick, wo sie diese oder jene Bekannte besuchen wollte, ergriff sie oft ein solcher Widerwille, daß sie sich nicht entschließen konnte, hinzugehen.

Sie durfte ja doch kein Wort von dem reden, was sie dachte. Sie hatte beständig ein böses Gewissen. Wenn jemand geahnt hätte, was das feine, ernste, gesetzte Fräulein Heidling für Stun=

ben durchmachte! Einmal sich aussprechen — ja, das mußte eine Erleichterung sein. Hören, wie es den anderen erging, wie sie sich durchhalfen, ob sie resigniert waren oder traurig — ob sie ihr Los tapfer oder verzagt trugen . . .

Sonderbar — als kleine Schulmädel hatten die Freundinnen sich in die Ohren getuschelt, was sie von den Geheimnissen des Lebens, die man vor ihnen verbarg, nur herauskriegen konnten. — Als naseweise Backfische unterhielten sie sich ganz frech und vergnügt von allem Möglichen, und jede steuerte aus dem Schatz ihrer Kenntnisse bei. Nun sie achtundzwanzig bis dreißig Jahre über diese Erde gewandelt waren und keine von ihnen doch das Unglück hatte, blind oder taub geboren zu sein — nun hatten sie alle ihre Erfahrungen vergessen. Sie wußten von nichts, sie ahnten von nichts — selbst wenn sie ganz unter sich waren.

Zuweilen beklagten sie sich sogar, daß sie noch so dumm wären.

„. . . Denke Dir, neulich habe ich mich schrecklich blamiert," sagte Lisbeth Wendhagen. „Ich fragte nach der Geschichte mit der Russin, von der jetzt immer so viel die Rede ist. Findest Du da etwas dabei?"

Agathe fand natürlich nichts dabei.

„Eugenie sagte nachher, danach hätte ich als junges Mädchen nicht in Gegenwart von Herren fragen dürfen. Ich verstehe gar nicht, was sie meinte."

„Na ja — die jungen Frauen — die sind natürlich au fait."

Agathe ekelte sich oft geradezu vor ihren Freundinnen. Aber man mußte doch auch selbst sehr vorsichtig sein.

IX.

Da hatte sie neulich ein wundervolles Buch in Papas Bibliothek aufgestöbert. Bei der großen Herbstreinigung war es entdeckt. Nachdem sie, in Staub und Zug vor dem Bücherschrank knieend, ein Kapitel gelesen, konnte sie sich nicht wieder trennen, nahm es mit in ihre Schlafstube und las alle Abend im Bett — denn es wurde im Zimmer nicht geheizt — und auch nach Tisch, wenn Mama schlief.

Sie hätte geglaubt, es wäre für Frauen einfach unverständlich. Zu ihrem größten Erstaunen konnte sie dem Verfasser ganz gut folgen — sie brauchte nur aufzumerken und am Tage bei ihren Beschäftigungen das Gelesene in ihrem Kopfe sinnend zu bewegen.

Wie es sie aufrüttelte von dem geistigen Halbschlaf, dem mißmutigen Hindämmern, daß sie sich die Augen rieb, sich auf feste Füße stellte und wißbegierig um sich blickte.

Einer weiten Weltreise war es in seiner Wirkung zu vergleichen — einer Weltreise mit erhabenen Rückblicken in ungeheure Vergangenheiten und Fernsichten auf eine von Entwickelungskräften erfüllte Zukunft — mit Vergessen des Ich und erstaunlicher Erkenntnis des eigenen Werdens durch zahllose Ahnenreihen —

mit Entdeckung neuer Verwandtschaften.... mit Gewitterstürmen und brechenden Masten — mit Verlieren des Reisegepäcks und der Erwerbung ungeahnter Reichtümer.

Daß solch ein Buch existierte, und sie hatte es nicht gewußt! In dem Glasschrank stand es, unbeachtet — sie hatte beim Abstäuben seinen Titel wer weiß wie oft gesehen:

Häckels „Natürliche Schöpfungsgeschichte."

Und ihr Vater hatte nicht vor Freude geschrieen, als er es las — wie seltsam!

— Immer nur die Witze über unsere Abstammung von den Affen, die eine Zeit lang Mode waren, bis man ihrer überdrüssig wurde und man in guter Gesellschaft nicht mehr davon redete.

Agathe erinnerte sich auch, vom Domprediger gehört zu haben, daß die Gelehrten längst über Darwins und Häckels Standpunkt zur Tagesordnung übergegangen seien.

Wie mochte es sich damit verhalten?

Agathe konnte es nicht glauben.

Von einer so großartigen neuen Welt-Anschauung kehrt man nicht einfach zu der langweiligen Tagesordnung zurück.

Ach, Männer, die sich hier vertiefen — die weiter forschen und grübeln durften — die Glücklichen! Die Glücklichen! Denen brauchte freilich die dumme Liebe nur etwas Nebensächliches zu sein! Am Ende fand auch sie in den neuen Gedanken ihren Frieden. Sie sah doch nun, daß es so sein mußte — daß die Natur unerhört grausam war, daß Millionen Keime fortwährend untergingen, damit die andern Raum bekämen, sich zu entwickeln. So war sie eben auch einer von den schwächlichen, unnützen Keimen — was war da weiter? Daß es eine solche Verschwendung gab, hatte sie allerdings vorher auch schon gewußt. Aber sie bezog das nie auf sich, sie hatte immer für sich selbst einen Platz außerhalb der Natur gesucht und mit einem Gotte gehadert, der Wunder thun konnte und nur keins ihr zu Liebe thun wollte!

Versinken in diesem vielgestaltigen, unermeßlich reichen All! Ganz still werden — ganz still. Und doch wieder lebendig! Wie war die Natur ihr interessant geworden. Wie konnte man sich von den widerwärtigen Menschen erholen bei den Käfern und Blumen und den fabelhaften Rädertierchen. Und dann wieder die unglaublichen Beziehungen zu den Menschenwesen. Von allem mußte sie noch viel, viel mehr erfahren.

Als Weihnachten kam, freute sie sich endlich einmal wieder auf das neue Jahr.

In der „Natürlichen Schöpfungsgeschichte" fand Agathe auf der letzten Seite ein Verzeichnis von Büchern, die empfohlen wurden, falls man sich auf naturwissenschaftlichem Gebiet weiterbilden wollte. Von Häckel selbst empfohlen — von diesem herrlichen Manne!

Sie schrieb sich eine Menge von den Namen auf. — Hätte sie nur noch ihr Toilettengeld gehabt, wie früher! Es war eine alberne Gutmütigkeit gewesen, darauf zu verzichten, im ersten Schrecken über die notwendigen Einschränkungen, die die Eltern sich auferlegen mußten. Jetzt bat sie nur um Geld, wenn eine Anschaffung durchaus nicht mehr umgangen werden konnte.

So wählte sie lange, ehe sie zwei oder drei der Bücher auf ihrem Weihnachtswunschzettel setzte. Welche mochten die interessantesten sein? Welche zu kennen die notwendigsten? Eigentlich war's ein Lotteriespiel. Nun — auf jeden Fall würde sie sich zum Geburtstag wieder ein Buch wünschen und dann immer so weiter. Sie war schon so alt, sie mußte sich wahrhaftig eilen, um nur noch einen Teil des gewaltigen Wissensschatzes sich zu eigen zu machen!

Das hätte sie nicht haben können — dazu hätte sie nicht Zeit gefunden, wenn sie verheiratet gewesen wäre. Endlich schien es doch zu etwas gut, daß sie alte Jungfer geworden war!

— Ob Papa ihr wohl die drei Bücher schenken würde? Oder nur zwei? Er war so entsetzlich erstaunt gewesen, als sie ihm ihren Wunschzettel überreichte.

„Du willst ja gewaltig hoch hinaus," hatte er lächelnd gesagt. „Was willst Du Dir denn für unverständliches Zeug in Dein kleines Köpfchen packen?"

„Ach Papa — ich muß mich ein bißchen bilden!"

„Nun ja — dagegen bin ich durchaus nicht."

„Die natürliche Schöpfungsgeschichte habe ich ganz gut verstanden."

„So — die hast Du also gelesen? Das war recht überflüssig. Ein andermal fragst Du mich, ehe Du Dir etwas aus meinem Bücherschrank holst. Verstanden? Junge Mädchen fassen dergleichen Werke oft ganz falsch auf."

„Das Buch mit den schrecklichen Illustrationen?" fragte Frau Heidling. „Aber Agathe, so etwas möchte ich doch nicht lesen."

„Mama, es ist wirklich sehr interessant. — Und wenn — wenn man nicht heiratet, muß man doch irgend etwas haben, was einem Spaß macht."

Agathe schämte sich über die kindische Art, in der sie von einer Frage redete, die wahrhaftig schwer und ernst genug war. Aber sie konnte nichts dafür — es kam ihr geziert vor, zu sprechen, wie es ihr eigentlich ums Herz war.

„Na — wir wollen einmal sehen," sagte der Regierungsrat.

Sie fiel ihrem Vater um den Hals und küßte ihn stürmisch.

„Du Wirbelwind," bemerkte er zärtlich, ihr die Wangen klopfend. „Und das nennt sich alte Jungfer!"

Agathe hatte die schönsten Erwartungen. Nein — so grausam — so grausam konnten die Eltern nicht sein . . . . sie würden ihr schon den Wunsch erfüllen!

— — Auf ihrem Weihnachtstisch fand sie ein reizendes Jabot aus rosa Krepp — sie hatte es einmal in einem Schaufenster bewundert — und einen Prachtband mit bunten Bildern: die Flora von Mitteldeutschland, zum Gebrauch für unsere Töchter, — daneben eine geschnitzte Blumenpresse.

„Siehst Du, liebes Kind," sagte ihr Vater freundlich, „hier habe ich ein sehr hübsches Werk gefunden, das besser für Dich paßt, als die Bücher, die Du da aufgeschrieben hast. Ich blätterte in den Sachen — sie wollten mir gar nicht für mein Töchterchen gefallen. Hier findest Du eine Anweisung, wie man Blumen trocknet — daraus fabriziert Ihr ja jetzt allerliebste Lichtschirme! Das wird Dir auch Spaß machen!"

Agathe sah stumm vor sich nieder. Sie mußte an den Herwegh denken, den man ihr einst gegen die fromme Minne eingetauscht .. Wiederholte sich denn jedes Ereignis immer aufs neue in ihrem Leben? Und würde sich's nach zehn Jahren ebenso wiederholen?

Entwickelten sich denn alle Wesen in dieser Welt zu höheren Daseinsformen und nur sie und ihresgleichen blieben davon ausgeschlossen? Sie war „das junge Mädchen" — und mußte es bleiben, bis man sie welk und vertrocknet, mit grauen Haaren und eingeschrumpftem Hirn in den Sarg legte —?

Wußte denn keiner, daß es grausam war, eine Blume, die nach Entfaltung strebte, durch ein seidenes Band zu umschnüren, damit sie Knospe bleiben sollte. Wußte keiner, daß sie dann im Innern des Kelches verrottete und faulte?

— — Jedesmal, wenn Agathe durch ihres Vaters Zimmer ging und ihr Blick den Bücherschrank streifte, der nun verschlossen war, stieg heißer Zorn gegen ihren Vater in ihr auf.

Er wußte ja nicht, was er that, dachte sie, um ihn gegen sich selbst zu verteidigen.

Täglich nahm er sie in den Arm und küßte sie, des Morgens und des Abends — aber was sie ihr Leben lang empfunden und durchgerungen, davon ahnte er nichts. Wie zart und geübt, wie gütig und geschickt hätte die Hand sein müssen, der es gelungen wäre, die dunklen Instinkte, die gährenden Gewalten, die in verschwiegenem Kampf sie zerwühlten, bis in die Form des Wortes herauszulocken.

X.

Onkel Gustav war gestorben. Mama hatte ihn heute morgen tot im Bett gefunden — fast in derselben Stellung, in der sie ihn am Abend zum Schlaf zurechtgelegt hatte. Er war sehr leidend gewesen in der letzten Zeit, aber der Arzt versicherte stets, er könne bei der guten Pflege noch Monate, ja noch Jahre leben. Mama und Agathe saßen still zusammen und flochten an einer Guirlande. Frau Heidling reichte ihrer Tochter kleine Sträuße von Grün und Blumen, aber sie machte es oft ganz verkehrt. Beide sahen müde und abgezehrt aus — besonders Mama konnte sich kaum noch aufrecht halten. Ihre Kräfte waren durch die Anforderungen des Kranken bis auf den letzten Rest verzehrt.

Was sie und Agathe sich auch ausdachten an guten stärkenden Bissen — nichts hatte ihm geschmeckt. Verdrießlich schob er den Teller zurück und erzählte von diesem oder jenem Hotelkoch, der gerade das eine Gericht so wunderbar schön zu bereiten verstand. Beständig wollte er unterhalten sein und unterbrach doch meistens die Bemühungen seiner Nichte mit der trübseligen Bemerkung: „Ach, Kind — das interessiert mich ja gar nicht!" Für nichts auf der Welt empfand er Teilnahme. Es war fast noch ein Glück zu nennen, daß die Pflege seines Körpers viele

Stunden des Tages ausfüllte, denn sauber und appetitlich blieb „die Kirschblüte", wie Onkel Gustav bei Agathes Freundinnen genannt wurde — bis zuletzt. Freilich sank die arme Mama, die dem alten, schwachen Herrn allein bei der Toilette helfen durfte, immer halb ohnmächtig vor Ermattung hinterher aufs Sofa.

Nun war der große Lehnstuhl am Fenster, in dem Onkel Gustav, mit einem langen, grauen Schlafrock bekleidet, ein halbes Jahr hindurch gesessen, leer geworden. Auf dem Tisch lag seine hübsche blonde Perrücke, ohne die er sich der Nichte niemals gezeigt hatte.

Die Angehörigen sprachen wehmütig über das Leben, das so still zerronnen. Frau Heidling erzählte von der strahlenden Jugendblüte ihres Schwagers. Zu der Zeit habe man gemeint, es könne ihm an Erfolg nicht fehlen. Jeder habe ihm eine reiche Heirat prophezeit.

Der Regierungsrat ging ernst im Zimmer auf und nieder.

„Das war sein Unglück," bemerkte er, stehen bleibend. „Gustav stellte seine Hoffnung und seine Pläne auf die Frauen, statt auf sich selbst. Dabei konnte natürlich nur ein verfehltes, thörichtes Leben herauskommen. Man soll von den Toten ja nichts Uebles reden — aber was hat die menschliche Gesellschaft, was er selbst von seiner Existenz gehabt? — Keine Pflichten — kein Beruf — kein Streben nach eigener Vervollkommnung.. Nur immer die Frauen — die Frauen! Schließlich haben die Frauen ihn auch nur genarrt!"

Der Regierungsrat schwieg — vor Agathe durfte man den ferneren Gedankengang nicht gut laut werden lassen.

Agathe nahm ihre Guirlande und trug sie hinüber in das Sterbezimmer, wo der gute Onkel im Sarge lag. Mit leisen, vorsichtigen Bewegungen schlang sie das Grün um sein weißes Kissen. Wie er zusammengefallen war, nun man ihm auch die falschen Zähne herausgenommen hatte. Ein sehr alter Mann — und doch hatte er noch nicht die Sechzig erreicht.

Niemand grämte sich über seinen Tod — auf der weiten Welt niemand — die Frauen hatten ihn nur genarrt.

Wer wird sich einmal um sie grämen? Niemand — auf der weiten Welt niemand. Die Liebe hatte sie auch nur genarrt.

* * *

Bei Onkel Gustavs Begräbnis holte Mama sich eine Erkältung, und nun brach sie vollends zusammen.

Das war eine andere Pflege, als die von Onkel Gustav. Schlaflose Nächte — wochenlang in tötlicher Aufregung, ein zitterndes Bangen und Erwarten.... O Gott — o mein Gott — mußte sie von hinnen?

Agathe verzweifelte fast bei der Vorstellung.

Nein — dann war das Leben länger nicht zu ertragen — dann machte auch sie ein Ende! Sicherlich! Papa konnte zu Eugenie und Walter gehen.

„O Herrgott — o barmherziger Heiland — strafe mich nicht um meines Unglaubens willen! Laß mir doch mein liebes Mütterchen noch! Ich habe ja weiter nichts — weiter nichts!"

Sie wollte auch gar kein Verständnis, keine geistige Gemeinschaft — nur das bißchen Liebe und Zärtlichkeit nicht verlieren.

Der gleiche Kampf, Tag und Nacht . . . . Agathe war es oft, als ringe sie Körper an Körper mit dem Tode und als müsse sie siegen, wenn sie alle Kräfte bis aufs äußerste anspannte — keine Sekunde nachließ — immerfort auf der Wacht blieb . . . .

„Wie Agathe das aushält, ist mir unbegreiflich," sagte Eugenie. „Ich hätte dem Mädchen so viel Stärke gar nicht zugetraut."

„In der Not sieht man erst, was in dem Menschen steckt," bemerkte Walter achtungsvoll.

Sie sollte eine Diakonissin zur Hilfe nehmen.

Ja — schon gut! Aber was wußte die Krankenschwester von dem heimlichen Kampf? Würde sie mitten in der Todesangst sich das Hirn zermartern, welche Listen nun angewendet werden mußten, um das Furchtbare zu vertreiben, das da unsichtbar und wartend im Zimmer stand — dicht neben Agathe — sie fühlte es — sie roch es — sie spürte seine Gegenwart ungreifbar in ihrer Nähe — entsetzte sich mit kalten Schauern, die durchs innerste Mark drangen . . . Und doch fand sie dabei ein liebes und tröstendes Wort für die Kranke.

Nein — das würde die fremde Pflegerin nicht thun — das konnte sie einfach nicht. Sie wußte ja doch nicht, was davon abhing, daß die alte, müde, traurige Frau nicht starb! Und darum half ihre Gegenwart Agathe auch nichts. Allein mußte es durchgeschafft werden.

— — In der letzten Zeit betete Agathe nicht mehr. Ihr Herz war gefühllos geworden, wie in allen Krisen ihres Lebens, sie glaubte auch nicht, daß sie ihre Mutter wiedersehen werde. Sie vermochte sich das geduldige Antlitz, den alten, schmerzensvollen Leib, welchen sie mit tausend Zärtlichkeiten pflegte, nicht in verklärter Gestalt zu denken. Das würde ja doch nicht ihre Mutter mehr sein.

Die Kranke sprach oft vom Himmel und von ihren gestorbenen Kinderchen, die sie dort erwarteten. Dann nahmen ihre Augen einen so sehnsüchtigen Ausdruck an, daß man ahnen konnte, wie viel von ihrem Herzensleben die Frau mit ihnen ins Grab gelegt hatte. Sie war mit dem lebenden Sohn und der Tochter nicht gewachsen — sie war immer die Mutter der kleinen Kinder geblieben. In lichten, schmerzfreien Augenblicken erzählte sie Agathe Geschichtchen aus deren Säuglingsalter und flüsterte ihr die Kosenamen zu, in denen sie einst mit dem unbewußten, zappelnden kleinen Tierchen auf ihrem Schoße gespielt hatte.

Unzählige Male mußte Agathe ihr versprechen, für den Papa zu sorgen, daß er alles genau so bekäme, wie er es gewohnt sei, immer bei ihm zu bleiben, ihn zu pflegen und lieb zu haben. Und Agathe versprach alles — wie sollte sie auch nicht? Sie war ja nun mit ihrem Vater vereinigt in einem Kummer.

Als Mama gestorben war, klammerten sie sich aneinander und weinten zusammen, wenigstens in den ersten Stunden nach ihrem Tode. Später fand Papa seine ruhige, würdige Haltung wieder, und Agathe verbarg ihre Thränen, um ihn nicht noch mehr zu betrüben.

Ihr ganzes tägliches Dasein, ihre geringsten Handlungen waren nun gleichsam überschattet von dem Andenken der Toten. Unsichtbare Geisterhände regierten im Hause und leiteten nach wie vor alles dem Willen und den Eigentümlichkeiten der Dahingeschiedenen gemäß.

Wie zu ihren Lebzeiten bürstete Agathe jeden Abend den Teppich im Wohnzimmer ab und rollte ihn zusammen, und jetzt fielen Thränen der Sehnsucht nach der Vergangenheit darauf nieder.

Sie hätte nun den Haushalt führen können, wie sie wollte. Aber sie fand keine Freude mehr an diesem Gedanken. Sie leitete ihn auch nicht für sich, sondern betrachtete ihn als ein ehrwürdiges Vermächtnis der Toten. Die Verantwortung, welche sie übernommen hatte, peinigte sie, und sie hetzte sich ab in einer fieberhaften Thätigkeit, damit niemand ihr vorwerfen könne, sie zeige sich ihrer heiligen Aufgabe nicht gewachsen.

XI.

Agathe stieg auf den Boden. Sie hatte begonnen, eine Inventur all der Dinge aufzunehmen, die nun ihrer Obhut unterstellt waren. Zu dem Zweck sollten auch die Kisten und Kasten dort oben untersucht werden. Bei dieser Gelegenheit bat Eugenie, die im Winter das von Walter langersehnte Töchterchen zu den zwei Jungen bekommen hatte, ihr von den kleinen Kindersachen zu geben, die Mama noch immer aufbewahrte. Mama war so eigensinnig gewesen in der Beziehung — sie gab nicht ein Stückchen heraus. Aber Agathe nützten die Sachen ja doch nichts mehr.

Indem Agathe die letzte steile Treppe erklomm, fühlte sie plötzlich dasselbe Leiden, von dem ihre Mutter lange Jahre hindurch heimgesucht war; thalergroße Stellen an ihrem Körper, in denen ein Schmerz tobte, als habe ein wütendes Tier sich dort mit seinen Zähnen festgebissen

Ihre Mutter wußte, warum sie diese Qualen litt. Sie — die zarte Frau — hatte sechs Kinder geboren, und vier von ihnen hatte sie sterben sehen müssen. Da war es ja verständlich, daß ihre Kräfte erschöpft waren und die mißhandelte Natur sich rächte. In gewisser Weise war Mama immer stolz auf ihr Leiden gewesen. Sie trug es wie einen Teil ihres Lebens, als die Dornenkrone des Weibes — ihr von Ewigkeit her vorbestimmt.

Wie kam Agathe als junges Mädchen, das geschont und gehütet war und niemals für das Menschengeschlecht auch nur das Geringste geleistet hatte, zu diesem schrecklichen Erbe? Das war ja geradezu unnatürlich, war wie ein boshafter Hohn des Schicksals! Der Gram um ihre Mutter?

War es nicht auch unnatürlich, wenn sie der Tod einer müden, alten Frau, die ihre Aufgabe erfüllt hatte, mit einer so maßlosen Verzweiflung ergriff, daß sie in jedem Augenblick des Alleinseins weinte und weinte und sich nicht zu fassen vermochte?

So ging es nicht weiter! — Sie richtete sich ja zu Grunde!

Sie sah es ja — sie fühlte es!

Und sie faßte plötzlich den Entschluß, alle die Schmerzen des Leibes und der Seele durch die Kraft ihres Willens zu bezwingen. Sie sammelte alle Energie in sich und stachelte sie zum Kampf, richtete sie auf ein Ziel. —

Sie begann zu lächeln und sich selbst einzubilden, nichts thue ihr weh. Sie raffte sich auf und ging mit leichten, elastischen Schritten, wie ein glücklicher, von Thatenlust überströmender Mensch an ihre Arbeit.

Warme, dumpfe Luft erfüllte die Boden=

kammer. Agathe stieß eine Dachluke auf. Ein Strom von Sonnenlicht schoß herein und verbreitete sich unter dem Balkengewirr, zwischen all den verstaubten Gegenständen, die im Laufe der Jahre hier heraufgewandert waren. Sie blickte durch das kleine Fensterchen. Die Schieferdächer der Stadt umgab ein leichter, bläulich-goldener Duft — von Ferne leuchtete die grüne Ebene des freien Landes mit ihren gelben Rapsfeldern und den Blütenbäumen an den Chausseen freundlich herüber.

Agathe begann vor sich hinzusummen:

> Es blüht das fernste, tiefste Thal —
> Nun, armes Herz, vergiß die Qual,
> Es muß sich alles, alles wenden . . .

Dabei zog sie eine Kiste hervor, schloß auf und kniete davor nieder. Obenauf lagen ihre Puppen. Als sie die verblichenen, zerzausten Wachsköpfchen wiedersah, wurde sie mit einer gewaltsamen Deutlichkeit in jenen Tag zurückversetzt, an dem sie sie eingepackt hatte.

War es auch eine andere Bodenkammer, der Sonnenstrahl tanzte ebenso lustig in dem grauen Staubwust umher, und niemand hatte seitdem die Kiste geöffnet. Unter der rosenroten Decke fand sie, zerknittert und verdrückt, wie sie es in der glückseligen Aufregung ihrer siebzehn Jahre eilig hineingesteckt hatte, das feine, spitzenbesetzte Hemdchen.

Sie wollte tapfer sein — sie wollte keine Thräne weinen . . . . Und erbleichend in der An=

strengung, die es sie kostete, packte sie hastig alle die hübschen kleinen Dinge in ihre Schürze, um sie Eugenie zu bringen, während sie ganz sinnlos noch immer vor sich hinsummte:

<blockquote>
Es blüht das fernste, tiefste Thal —
Nun, armes Herz, vergiß die Qual,
Es muß sich alles, alles wenden . . .
</blockquote>

Als sie sich aufrichtete, stieß sie an eine andere kleine Kiste. Es klirrte darin wie Glasscherben. Sie war angefüllt mit leeren Fläschchen, alle von der gleichen Größe. Dazwischen lagen Bündel bestaubter Etiquetten. Agathe nahm eine Handvoll heraus — sie trugen alle die gleiche Inschrift:

— Heidlings Jugendborn. —

Das war alles, was von Onkel Gustav auf Erden geblieben war.

Agathe biß die Zähne in die Lippe. Nur nicht die leeren Hülsen gescheiterter Hoffnungen so hinter sich zurücklassen!

Nur tapfer sein, zu rechter Zeit einen Abschluß machen!

Im Eßzimmer wartete Eugenie.

Als sie anfing, die lieben Sächelchen gegen das Licht zu halten, schadhafte Stellen mit dem Nagel zu prüfen, und ihr vieles nicht mehr gut genug war, als sie wegwerfend bemerkte: „Mützen trägt jetzt kein Kind mehr, die kannst Du Dir pietätvoll einbalsamieren," hätte Agathe sie ins Gesicht schlagen mögen. Aber diese dumpfe Wut war thöricht — sie mußte auch überwunden werden.

Agathe legte ihr freundlich beiseite, was sie gewählt hatte. Die Schwägerinnen küßten einander, und Frau Heidling junior entfernte sich in ihrer eleganten Trauertoilette mit dem Kreppschleier, der ihr lang und feierlich über den schlanken, geschmeidigen Rücken wallte. Sie würde den Burschen schicken, um den Korb zu holen.

Nun noch das Spielzeug. Cousine Mimi Bär war vorstehende Schwester der Kinderstation im Krankenhause, die konnte dergleichen immer brauchen. Mimi war erfreut, als Agathe ankam, und forderte sie auf, ihre Gaben selbst unter die Kleinen zu verteilen. Wenn's nun auch nicht die eigenen sein konnten — es kam doch so jedenfalls Kindern zu gute. In dem großen, geweißten Saal saßen oder lagen sie reihenweise in ihren eisernen Gitterbettchen, armselige Geschöpfe, manche mit Gazeverbänden um die kleinen Köpfe, von Skropheln und Ausschlag entstellt oder von Fieber verzehrt, mit gereiftem, leidendem Ausdruck in den blassen Gesichtchen. Aber alles war hell und sauber, die Bettchen so schneeig — es machte doch einen traulichen Eindruck. Als Schwester Mimi eintrat, wendeten sich alle die Köpfchen ihr zu. Ungeduldige Stimmchen riefen ihren Namen. Sie ging von Reihe zu Reihe, mit einem behaglichen Frohsinn auf ihren großen Zügen unter der steifgestärkten Haube. Sie scherzte hier, strafte lustig dort — Agathe beneidete sie als friedliche Herrscherin hier in diesem Reich der Krankheit und des Todes.

Sich überwinden — glücklich sein mit anderen — bis zur Selbstvergessenheit — bis zur Selbstvernichtung — das ist das Einzige — das Wahre!

Und sie verteilte alle ihre lieben Andenken unter die armen, geplagten Kinder des Volkes, sie spaßte und spielte mit ihnen. Da war ein kleines Mädchen — häßlich wie ein braunes Aeffchen, aber voller Lebendigkeit, wie das die arme verblaßte Prinzessin Holdewina in ihrem Bettchen Purzelbäume schlagen ließ — nein, das war zu komisch! Agathe verfiel in ein lautes Lachen — sie lachte und lachte …

„Aber Agathe, rege meine Kinder nicht auf," mahnte die ruhige Mimi. Agathe wollte sich zusammennehmen — die Thränen quollen ihr aus den Augen — das Lachen that ihr weh, es schüttelte sie wie ein Krampf — die Kleinen blickten furchtsam nach ihr, die Töne, die sie ausstieß, waren fern von Fröhlichkeit.

Mimi nahm sie am Arm und trug sie fast hinaus. Sie öffnete ein Fenster und pflegte Agathe sorgsam und mit Bedacht, bis diese sich endlich beruhigte und zu Tode erschöpft auf Mimis Lager ruhte.

„Armes Kind," sagte Mimi mit ihrer überlegenen Güte, „Du mußt etwas für Dich thun. Du bist sehr überreizt."

XII.

Der Regierungsrat Heidling hörte von allen Seiten, daß seine Tochter sich durchaus eine Erholung gönnen müsse. Er selbst hatte nichts dergleichen bemerkt, sie war ja doch nicht krank und that ihre Pflicht. Aber da der Hausarzt es auch meinte, so sollte natürlich etwas geschehen. Ihm würde ein wenig Zerstreuung auch wohlthätig sein. Er vermißte seine arme Frau mit jedem Tage mehr. Agathe gab sich ja alle Mühe — aber die Frau konnte ihm so ein junges Mädchen ja doch nicht ersetzen. Seine Gewohnheiten waren trostlos gestört.

So reiste er denn mit Agathe nach der Schweiz.

Auf dem Wege besuchten sie Woszenskis für ein paar Stunden. Sie lagen noch immer in hartem Kampf mit der Tücke, der Häßlichkeit und Dummheit ihrer lebenden und toten Umgebung. Noch immer hinderten boshafte, mit seltsamen Gebrechen des Leibes und Geistes behaftete Köchinnen Frau von Woszenski am Arbeiten. Noch immer wurden auf dem Kunstmarkt lachende Neger und gut frisierte Jäger mehr begehrt als nackende Anachoreten und ekstatische Nonnen. Noch immer war es ein Leiden, daß Michel nichts essen mochte. Der Blödsinn seiner früheren Gymnasiallehrer wurde aber noch übertroffen von dem Stumpfsinn der Akademieprofessoren, unter denen er jetzt studierte. Noch immer hatte Herr von Woszenski die barocksten Pläne und Einfälle, und noch immer fehlt es ihm an Stimmung zu ihrer Ausführung.

Sein langer Bart und das wirre Haar waren ergraut, die Adlernase trat noch schärfer hervor, die blauen Augen sahen aus tiefen Höhlen schwermütig in die närrische Welt. Mehr als je glich er seinen von wunderlichen Visionen heimgesuchten Anachoreten.

Als Agathe auf dem mit einem verschossenen persischen Teppich bedeckten Diwan saß, ihre Blicke über die buntbemalten, steifen Kirchenheiligen, die dunklen Radierungen an den Wänden und die gelben Einbände französischer Romane auf den geschnitzten Stühlen glitt, als sie den scharfen Duft des Terpentin und der ägyptischen Cigaretten in der Wohnung spürte, war es ihr zu Mut, als kehre sie aus einer sehr langen, öden und gehaltlosen Verbannungszeit in ihre Heimat zurück.

Aber es war Thorheit, sich dem hinzugeben. Sie mußte noch an demselben Abend wieder Abschied nehmen. Und sie konnte so tiefe Empfindungen, wie sie sie einst in diesem Hause durchlebt, jetzt kaum noch in der Erinnerung vertragen.

Sie hörte, daß Adrian Lutz sich verheiratet habe mit ihrer alten Pensionsgefährtin Klotilde, der Tochter des Berliner Schriftstellers. Die Ehe war nicht glücklich, — man sprach bereits von Scheidung. In Agathe regte sich Verachtung und Widerwillen der wohlerzogenen Bürgerstochter gegen das Unsichere, Schweifende solcher Künstlerexistenzen. Eine geschiedene Frau — hätte es so geendet, wenn sie die Seine geworden wäre?

Als Maler habe Lutz bei weitem nicht erreicht, was er einst versprochen. Seine Schülerin, Fräulein von Henning, habe ihn förmlich überholt. „Das heißt — von Geist und Grazie hat die Person ja keinen Schimmer," sagte Frau von Woszenski. „Aber die Energie! Damit macht sie mehr, als hätte sie Talent! Stellt in Paris im Salon aus . . . ."

„Nun, Talent hat sie doch auch," meinte Woszenski gütig.

„Ach, mein Mann nimmt's mit den Damen nicht so genau," rief Mariechen und lachte scharf und laut.

Agathe bemerkte wohl, daß ihrem Vater die Art von Woszenskis nicht sympathisch war. Wie sollte sie auch.

Sie fragte, was aus dem Bilde geworden sei, an dem Herr von Woszenski damals arbeitete — die Ekstase der Novize. Ob er es verkauft habe.

„Ach, verkauft! Ich arbeite noch daran."

Er blickte über die Brille nachdenklich auf Agathe.

„Warum habe ich Sie nur damals nicht als Modell genommen?"

Er brachte eine Farbenskizze zu dem neuen Entwurf. Es war im Laufe der Zeit ein völlig anderes Bild geworden.

Statt des himmlischen Sonnensturmwindes, der die üppige rot und goldene Pracht des Hochaltars wirbelnd bewegte und in dem Tausende von Engelsköpfen die niedergesunkene Gottesbraut selig=toll umflatterten, glitt nun ein leichenhaftes, blaues Mondlicht durch den Säulengang eines Klosters. In dem stillen Geisterschein schwebte ein bleiches Kind mit einer Dornenkrone zu ihr hernieder. Die Nonne war nicht mehr das rosige Geschöpf, welches den kleinen Erlöser in ihren Armen empfing und mit unschuldig strahlendem Lächeln an ihr Herz drückte. Im Starrkrampf lag sie am Boden, die Arme steif ausgestreckt, als sei sie ans Kreuz geschlagen — die roten Wundenmale an der blassen Stirn und den wächsernen Händen.

„Man versucht eben auf mancherlei Weise auszudrücken, was man meint," sagte Woszenski leise: „Mit den Jahren verändern sich dabei die Ideeen."

Er seufzte tief und stellte die Leinwand, die Agathe schweigend und lange betrachtet hatte, beiseite.

„Mein Freund Hamlet" nannte Lutz einmal den grüblerischen Künstler. Und der Tag, an dem sie Lutz zum ersten Male gesehen, stand wieder vor Agathe. Zwischen damals und heute lag ihr Leben. Und nun nichts mehr? Ein langsames Erstarren in Kälte und Entsagung?

Sie blickte nieder auf ihre wächsernen Hände, und fast meinte sie, das blutige Stigma müsse dort sichtbar werden . . . .

Was ihr für wunderliche, sinnlose Gedanken bisweilen kamen . . . .

* * *

Acht Tage später saß Agathe auf der Veranda einer Schweizer-Pension und sah über Geranien- und Nelkentöpfe nach den hohen Bergen. Vom schwindenden Abendlicht wurden sie in braunviolette Tinten getaucht und standen mit ihren gewaltigen Linien gegen den südlich warmen blauen Himmel.

Gott — war das schön! — Auf alle ernsten, tiefen Menschen wirkt die große Natur beruhigend, erhebend, heilend. So mußte denn auch Agathe beruhigt, erhoben, geheilt werden. Es war das letzte Mittel. Es mußte helfen!

War es umsonst — dann — Ja dann? —

Sie wollte nicht daran denken, an die schreckliche Angst, die immer in ihrer Nähe lauerte, bereit, über sie herzustürzen . . . .

Nur die Nächte . . . .

Durch die lange Zeit des Wachens am Krankenlager ihrer Mutter hatte sie das ruhige Schlafen verlernt. Zwar nach den weiten Spaziergängen mit Vater sank sie, trunken von der Gebirgsluft, übermüdet in ihre Kissen und verlor sofort das Bewußtsein. Doch nach kurzem fuhr sie mit jähem Schrecken empor — es war, als hätte sie einen Schlag empfangen. — Etwas Furchtbares war geschehen . . . .! Sie konnte sich nicht besinnen, was es gewesen . . . . Der Schweiß rieselte an ihr nieder, das Herz klopfte ihr . . . . O Gott, was war es denn nur?

Jemand war im Zimmer — dicht in ihrer Nähe! — Es sollte ihr etwas Böses geschehen — sie fühlte es deutlich.

Mit weit aufgerissenen Augen starrte sie in die Dunkelheit.

Sie mußte sich gewaltig zusammennehmen, daß sie nicht laut aufschrie in Furcht und Grauen.

Dann redete sie sich Vernunft ein. Ihr Vater war ja nebenan. Sie horchte, es drang kein Laut zu ihr. Papa schlief ganz friedlich.

Diebe . . . .? In dem fremden Hotel. Es konnte ja sein — es war sogar wahrscheinlich.

Wieder horchte sie angestrengt.

Aber vorige Nacht hatte sie dasselbe durchgemacht und die vorige auch. Einbildung — alles war nur Einbildung.

Kaum legte sie sich auf ihrem Lager zurecht — da war es auch schon wieder . . . . Das Fremde — Geisterhafte — Unbegreifliche . . . Was konnte es nur sein?

„O Gott, lieber, lieber Gott, hilf mir doch," betete sie schaudernd und kroch mit dem Kopf unter die Decke. „O Gott, lieber Gott, laß mich endlich wieder einschlafen!

— Aber kein Gedanke an Schlafen. Und sie lag und lauschte auf das harte Plätschern des Springbrunnens vor ihrem Fenster.

Er hatte eine Sprache — aber sie verstand sie nicht. Er sang einen Rhythmus — sie mußte ihn doch endlich heraushören .... Vergebens. Immer das gleiche harte Plätschern. Wenn es doch einmal enden wollte — nur für eine Sekunde .... Es war ihr, als läge sie dort im Brunnen und das Wasser plätscherte auf ihre Stirn — immerfort — wie weh es that.

— — Heut Mittag — der Herr ihr gegenüber an der Table d'hôte .... Sonderbar sah er sie an .... Wenn er ihr auf einem einsamen Spazierwege begegnete.

Und der Schiffer, der sie übergefahren, hatte sie auch mit dem Blick verfolgt. Er war eigentlich ein schöner Kerl ....

Mein Gott, mein Gott — was ergriff sie denn?

War sie so tief gesunken, sich mit einem Schifferknecht zu beschäftigen?

Strafte Gott sie für ihr Abfallen vom Glauben, indem er sie der Gewalt des Teufels überließ? Wenn es nun doch eine Hölle gab? Ewige Verdammnis — ewige ... Ewiges Bewußtsein seiner Qual .... Schon fühlte sie ihre Schrecken in dieser Verlassenheit — diesem Ekel an sich selbst.

— Adrian .... Adrian Lutz .... Ja, den

allein hatte sie geliebt. O du Einziger, Schöner — Süßer....

Nein — es war ja gar nicht Adrian, an den sie eben dachte — es war Raikendorf. Und Raikendorf auch nicht.... Martin — Martin Greffinger! Damals in Bornau hatte er sie doch lieb gehabt! Hätte sie ihm den Kuß gegeben, um den er sie bat.... Sich dann mit ihm verlobt! So viele Mädchen verloben sich mit Schülern... Martin hätte sie mit sich hinausgenommen in sein fremdes, abenteuerliches Leben .... Sie hätten für eine große Sache gekämpft, und sie wären selbst groß und frei und stark dabei geworden. O ja — sie hätte schon eine ganz tüchtige Sozialistin abgegeben!

Wie konnte sie nur von seiner warmen, schönen jungen Liebe damals so ungerührt bleiben?

— — Wenn Adrian sie verführt hätte — wie die Daniel?

O mein Gott!

Sie richtete sich auf und zündete Licht an. Die endlose Nacht war nicht zu ertragen! Mit bloßen Füßen lief sie zum Fenster, lehnte sich hinaus und atmete die frische, düftegetränkte Bergluft.

Wie müde — wie müde...

In der Morgendämmerung schlief sie zuweilen noch ein.

Unglücklicherweise hatte Papa die Leidenschaft der frühen Ausflüge. So wurde sie oft nach einer halben Stunde schon wieder geweckt. Und sie wagte ihm nicht zu sagen, daß sie schlecht schlief. Es würde ihm die Sommerfrische verdorben haben.

Der Beginn des Tages war ja auch köstlich. Aber um zehn Uhr befand sich das Mädchen schon in einem Zustand von Abspannung und nervöser Unruhe, der nur durch eine krampfhafte Anstrengung aller Selbstbeherrschung verborgen werden konnte.

Es war auch so schwül. Früh brannte und stach die Sonne in das weite, schattenlose, von den hohen Felsengebirgen umschlossene Thal. Abends entluden sich schwere Gewitter. Sie kühlten die Luft kaum. Nur ein feuchter Dampf quoll von den Matten, aus den Obstgärten, schwebte über dem wilden rauschenden Bergwasser, das den Ort durchströmte, und der warme Dunst senkte sich ermattend auf die nach Erquickung schmachtenden Menschen nieder.

Dabei verging dem Regierungsrat die Lust, weitere Partieen zu unternehmen. Man saß auf der Veranda oder unter einer Edelkastanie des Hotelgärtchens — Agathe mit ihrer Handarbeit, Papa mit einer Cigarre und der Zeitung — so ziemlich, wie man daheim im Harmoniegarten auch gesessen hatte.

War das Gewitter schon gegen Mittag eingetreten, so schlenderte man um die Zeit des Sonnenunterganges zum See hinaus.

Sie hatten eine Gerichtsratsfamilie mit einer ältlichen Tochter zum Umgang gefunden — so blieb man hübsch in dem gewohnten Geleise der Unterhaltung.

Agathe fragte sich zuweilen, warum sie eigentlich nach der Schweiz gereist waren.

Sie sah die Felsenberge an in ihrer stummen, gewaltigen Größe — sie starrte in das eilig brausende Gewässer — sie betrachtete die Kastanien und Nußbäume, die thaufunkelnden Farne — die Granaten in den Gärten — die ganze schon südlich sie anmutende Vegetation — und an alle that sie die gleiche Frage. Die Felsen schwiegen in steinerner Ruhe, das Wasser brauste hinab zum See — die Granaten blühten, und die Bäume reiften ihre Früchte. Sie gaben Agathe keine Antwort. Und die aufdringliche Schönheit, die üppige Pracht dieser Natur ermüdete, beleidigte, empörte sie.

XIII.

Papa spielte Domino mit einem Herrn, der ihn kürzlich angeredet hatte, einem vielseitig gebildeten Mann, Professor in Zürich. Heut war er von einigen seiner Schüler im Vorüberwandern aufgesucht worden. Die jungen Männer tranken ihren Wein und aßen ihren Käse gleichfalls auf der Veranda.

Die Thüren nach dem Eßsaal waren geöffnet.

Plötzlich setzte einer der Studenten hastig seinen Kneifer auf und beugte sich vor. Drinnen ging ein Mann in einem grauen Anzug mit einem Strohhut vorüber.

„Herr Professor," rief der Student eifrig, „da ist er — ich hatte doch recht! Warten Sie — er wird gleich unten aus der Thür treten."

Der Züricher Professor warf seine Dominosteine um in der Hast, mit der er aufsprang und sich über das eiserne Geländer bog. Auch die jungen Männer sahen hinaus. Dann wandte der Professor sich zurück und setzte sich wieder nieder.

„So — so — also das war der Greffinger... Hat mich doch interessiert, ihn gesehen zu haben!"

„Welchen Namen nannten Sie da?" fragte der Regierungsrat.

„Greffinger!" sagte der Professor, als genüge das und es brauche keine weitere Erklärung hinzugefügt zu werden.

„Papa!" rief Agathe mit der plötzlichen Lebhaftigkeit, die sie zuweilen erfaßte, „ob es am Ende Martin war?"

„Ich habe einen Neffen dieses Namens," erklärte Regierungsrat Heidling obenhin.

Die schweizer Studenten beobachteten den alten Herrn und die Dame mit Interesse. Es schienen wahrhaftig Verwandte von Martin Greffinger zu sein — und dabei wußten sie es selbst nicht einmal genau!

Heidling spielte mit der Hand in dem weichen grauen Bart.

„Ich habe lange nichts von dem jungen Manne gehört," sagte er, überlegend, wieviel er den Fremden von seinen Beziehungen zu Martin mitteilen dürfe, „es freut mich aber, zu bemerken, daß Sie mit Achtung von ihm reden. Wenn wir in der That dieselbe Persönlichkeit meinen..."

„Haben Sie Martin Greffingers letztes Buch nicht gelesen?"

„Halten Sie etwas davon?" erkundigte sich der Regierungsrat.

„Zweifellos! Ich bin nicht mit allem einverstanden. Aber es ist ein tüchtiges und bedeutendes Buch. Es wird seinen Weg schon machen — in zwanzig Jahren wird man mehr davon reden als heut. Dieser Greffinger ist eine ganze, feste Persönlichkeit. Ich wollte, wir hätten mehr ihresgleichen."

„Nun — das freut mich, — das freut mich." Der Regierungsrat beschloß, gelegentlich einmal in das Werk hineinzusehen. Er hielt es für richtiger, die Frage, ob er es kenne, offen zu lassen.

„Ich denke mir, daß Greffinger heut Abend wieder hier vorspricht," meinte der Student, der den Professor auf den Vorübergehenden aufmerksam gemacht hatte.

„Wir wollen doch unsere Frau Wirtin fragen, ob er Nachtquartier genommen hat," rief der Professor lebhaft. „Es sollte mich wirklich freuen, wenn ich durch Sie Gelegenheit fände, den Mann persönlich kennen zu lernen!"

„Wir sind uns ziemlich fremd geworden," bemerkte der Regierungsrat ausweichend.

Agathe amüsierte sich heimlich. Ihr Vater wurde den Menschen bedeutungsvoll, weil er ein Verwandter von Martin war! Man erbat sich von ihm die Freude, Martin kennen zu lernen! Wer das je gedacht hätte . . . . Das warme Gefühl für den Jugendfreund erwachte wieder. Käme er doch!

Der Nachmittag wurde ihr lang bei dem stillen Warten. Sie nahm ihren Hut, ein Stückchen durchs Dorf zu gehen.

Die Studenten standen jetzt vor dem Hotel beieinander und unterhielten sich lachend.

„Köstlicher alter Kunde," hörte Agathe den Aeltesten sagen, als sie vorüberging.

Sie wußte, daß er damit ihren Vater meinte — ihren Vater, der ihr trotz allem, wodurch er sie gekränkt, als ein Mann erschien, an den ein abfälliges Urteil sich überhaupt nicht heranwagen würde.

Köstlicher alter Kunde — sagte der Student von ihm .... Das Wort schnitt Agathe ins Herz. Sie fand es roh. Doch der junge Mann hatte ihr vorher keinen rohen Eindruck gemacht — er sah im Gegenteil intelligent und begeistert aus.

Traurig ging sie an hohen Steinmauern entlang. Sie umgrenzten die Gärten der wohlhabenden schweizer Bürger, welche hier ihre Villen besaßen, und schlossen sie vor allem Fremden ab. Dicker, alter Epheu hing an ihnen nieder. So bestand der Ort aus einem weitläufigen Labyrinth enger Gänge. Niemals konnte Agathe sich zurechtfinden und wußte selten, in welchem Teil sie herauskommen würde.

Am Ende der feuchten, grauen Gasse schimmerte bläulich der See.

Agathe ging schnell und immer schneller, als fliehe sie vor etwas hinter ihr Liegendem, diesem fernen blauen Schein entgegen. Freilich würde es zu spät sein, ihn heut noch zu erreichen, aber sie wollte wenigstens einen ungehemmten Ausblick gewinnen.

Und sie konnte nicht mehr traurig sein. Wenn sie heim kam, würde sie Martin finden! Sie war ganz sicher, daß sie ihn sehen würde!

Plötzlich ließ sie den Gedanken an den See, wendete sich um und lief eilig heimwärts. Aber nun hatte sie einen falschen Gang eingeschlagen, und es dauerte ziemlich lange, bis sie das Hotel erreichte.

Als sie heim kam, sah sie am Geländer der Veranda einen Herrn neben der Kellnerin stehen und über die roten Nelken zu ihr hinunter blicken.

Sie erkannte Martin gleich, obschon er voller und älter geworden war. Mit ausgestreckten Händen kam er ihr entgegen.

„Agathe! Das freut mich aber, Dich hier zu sehen!"

Lachend, bewegt und erhitzt standen sie voreinander und blickten sich glücklich an. Es war, als seien die Jahre ausgelöscht und sie wieder der begeisterte Schüler und der frische Backfisch, die unter der Sommersonne im hohen Grase lagen und von Freiheit und Menschenglück träumten.

Martin ließ Agathes Hände nicht aus den seinen.

„Du hast Dich gar nicht verändert," behauptete er kühn.

„Ist es denn wirklich so lange her, daß wir uns nicht gesehen haben? Unglaublich!"

Sie konnten nicht mehr nachrechnen, wie lange es wohl war.

„Seit ich Dir die verbotenen Bücher brachte? — Ach, war das ein Unsinn! Du warst doch viel zu fest angekettet. Sag' mal — bist Du denn jetzt allein hier?"

„Nein — natürlich mit meinem Vater," antwortete Agathe erstaunt.

„Ach so — natürlich! Ich vergaß — jun[ge]
Damen reisen ja nicht allein."

Er sah sie schalkhaft von der Seite an. [An]
Stelle seiner früheren Herbheit nahm nun ei[ne]
lächelnde Ironie ein, welche Agathe sehr g[ut]
gefiel.

„Ja — also, denke Dir: Ich komme v[on]
meinem Spaziergang zurück, da sagt mir [die]
Kellnerin, eine Gesellschaft warte auf mich, u[nd]
eine junge Dame wäre mir entgegen gegangen[."]

„Aber — keine Rede.... Ich bin Dir ni[cht]
entgegen gegangen," rief Agathe.

„Was — keine Rede.... Und ich stehe hi[er]
und vergehe vor Neugierde, wer die schöne jun[ge]
Dame sein kann, die mich suchen will! — I[hr]
mögt ihr am Ende gar nichts von mir wissen[?"]

„O doch — vorhin haben uns ein pa[ar]
Herren gesagt, Du hättest so ein bedeutendes Bu[ch]
geschrieben?"

Martin Greffinger lachte hell auf.

„Und Ihr dachtet, ich säße irgendwo i[m]
Zuchthaus? Das ist ja ausgezeichnet! — W[er]
waren die Herren?"

„Professor Bürkner aus Zürich."

„So — ja! Der hat mein „Buch der Fr[ei]heit" besprochen. — Ist er noch hier?"

„Ja — er hat sich mit Papa angefreund[et.]
Sage nur, Martin — bleibst Du heut Abend[?"]

„Heut Abend?" rief Greffinger vergnü[gt,]
„ich habe mich vorhin für eine Woche hier [in]
Pension gegeben."

„Ach, das ist hübsch!"

„Ihr wohnt auch hier im Haus?"

„Ja."

Ein Schatten ging über Greffingers charaktervolles Gesicht. Seine Augen blickten nachdenklich zu Boden. Und als sie dann wieder auf seiner Cousine weilten, war die Freude und der Glanz aus ihnen verschwunden.

* * *

Das Urteil des schweizer Professors über Greffinger blieb nicht ohne Einfluß auf den Ton, in dem der Regierungsrat Heidling seinen Neffen begrüßte. Martin schien sich ja doch aus seinen früheren Verirrungen herausgearbeitet zu haben! Man befand sich zudem im Ausland, und an der Carriere war nichts mehr zu verderben. Der Regierungsrat unternahm es, die Herren mit Greffinger bekannt zu machen.

Bei dem schwankenden Schein der Windlichter verlebte man einen vergnügten Abend unter der Edelkastanie des Hotelgartens.

Goldenen Asti im Glase, stieß Greffinger mit Agathe an, auf ihr Wiedersehen in der freien Schweiz.

Eine Fülle von Kindheitserinnerungen überkamen den Heimatlosen — ein Gedenken an die ersten beklemmenden süßen Gefühle, an den ersten Sinnenrausch, den das Mädchen da neben ihm geweckt . . . . Was hatte er empfunden, als sie miteinander den Herwegh deklamierten im sommerheißen Parke von Bornau!

Er fand plötzlich wieder Interesse für alle die Menschen, an die er jahrelang nicht gedacht.

„Wie geht es Eugenie?"

„Drei Kinder — und Walter wird demnächst Hauptmann."

„Mimi? — Diakonissin? Wenn es sie glücklich macht. Der Geschmack ist verschieden!"

„Und Du, Agathe, wie lebst Du?"

„Wie's so geht.... Onkel Gustav war krank, ein halbes Jahr, dann Mama ein Vierteljahr."

„Du hast es schwer gehabt."

Es antwortete ihm kein Blick. Ihre Augen senkten sich, und ihr verblühtes Antlitz wurde noch dürftiger und spitzer.

„Agathe, soll ich Dich morgen auf dem See rudern?"

„Ach Martin, willst Du wirklich?"

———

Sie fuhren auf dem Wasser, oder sie saßen in der Veranda der kleinen Wirtschaft unten am See und sprachen mancherlei. Agathe war dem Professor Bürkner unendlich dankbar, daß er ihren Vater zu weiten Ausflügen beredete, an welchen Damen nicht teilnehmen konnten. Auch Martin hielt sich zurück. Er hatte zu arbeiten. Dann kam er später und holte Agathe ab. Der Gerichtsrätin ältliche Tochter sah ihnen neidisch nach

Greffinger behandelte Agathe wie eine alte Freundin, der man Vertrauen schenken konnte.

Und sie war nicht verliebt in ihn — Gott sei Dank!

Aber was er ihr von seinem Leben, seinem Streben und Denken sagte, interessierte sie brennend und regte sie beinahe ebenso auf, als machte er ihr den Hof. Es war ihr alles so neu, so überraschend, so ganz verschieden von dem, was sie sich vorgestellt hatte.

Die Parteibande der Sozialdemokratie hatte er schon längst durchbrochen.

„Das ist auch ein Wahn und eine Form der Thrannei, die die arme Menschheit erst gründlich durchkosten und dann überwinden muß..."

— Warum er Agathe so tief in sein absonderliches Grübeln hineinsehen ließ? Das fragte sie sich mit Verwunderung. Sie konnte ihm selten antworten, sie redete nicht seine Sprache. Sie verstand seine Ausdrücke oft nicht einmal und stellte sich etwas anderes unter seinen Worten vor, als er meinte.

Und doch erfüllte seine Freundschaft sie mit tiefer, heißer Befriedigung.

.... Nein, sie liebte Martin nicht, Gott sei Dank.

Darum konnte sie ihm auch viel von dem sagen, was sie bedrückte. Nicht alles. Aber von dem Verhältnis zu ihrem Vater sprach sie, und er hörte den angesammelten Zorn in ihrer Stimme klingen.

„Der alte Mann wird Dich stets an allem hindern, womit Du Dir helfen willst. Wenn er seinen Bücherschrank vor Dir abschließt, und wenn er Dir das Leben abschließt.... Du mußt Dich von ihm frei machen! Geh' von ihm fort und suche Dir Arbeit und Freude, die Dich befriedigt."

„O Martin! Das ist ganz unmöglich."

„Ja — Du fühlst Dich doch unglücklich bei ihm. Man sieht es Dir an. Dein Dasein ist unerträglich. Gut — so ändere es."

„Aber lieber Martin, sei doch nur vernünftig. Wie soll ich denn plötzlich meinen Vater allein lassen — ohne Geld und ohne Kenntnisse in die weite Welt hineinlaufen? Er braucht mich. Wer soll ihn erheitern und pflegen? Da draußen in der Fremde, da braucht mich niemand."

„Nein!" antwortete Martin sehr ernst, „da braucht Dich niemand, und Du wirst Zeit bekommen, Dich endlich einmal auf Dich selbst zu besinnen — Dich wiederzufinden — die Du Dich ganz verloren hast!"

„Damit fänd' ich auch was Rechtes!" klagte Agathe kleinlaut.

„Kannst Du noch gar nicht wissen! Glaube mir, es ist sehr überraschend, sich selbst kennen zu lernen."

— Sie wollte ihm doch zeigen, daß es wert sei, sich um ihr Wohl zu sorgen. Ging er, müde und abgearbeitet, nur schweigend neben ihr, so begann sie, ihm vorzuplaudern. Die kleinen Künste wendete sie auf, mit denen sie ihren Vater unterhielt. Das war nun ein Gebiet, auf dem sie Uebung besaß. Sie konnte mit harmlos=drolligen Bemerkungen auch Martin oft zum Lachen reizen und seine düstern Stimmungen verscheuchen.

Der Regierungsrat sah den Umgang seiner Tochter mit Martin nicht ungern. Es war ihm eine tiefe Kränkung gewesen, daß der Sohn seiner einzigen Schwester sich so ganz seinem Einfluß entzog. Vielleicht war er jetzt durch die Tochter wiederzugewinnen.

„Diesen jungen Männern, die toll ins Leben stürmen, thut es am Ende doch wohl, einmal wieder mit gebildeten Frauen zu verkehren," setzte er Agathe auseinander. „Du hast da eine schöne Aufgabe zu erfüllen, mein Kind. Es würde mich freuen, wenn es Dir gelänge, Martin wieder mehr in unsere Kreise zu ziehen."

So arbeiteten in dem stillen Bergasyl zwei Welten daran, sich gegenseitig zu retten.

— Zuweilen wollte es Agathe scheinen, als verfolge Martin einen heimlichen Plan. Im Gespräch versank er oft in Nachdenken oder blickte sie lange forschend an.

Manches andere Mädchen würde sich auf seine Freundschaft viel eingebildet haben. Ging er nicht durch den Garten, stieg über den Zaun und kam herauf in den Wald, wo sie saß und las, während der Professor aus Zürich vorn in der Veranda auf ihn wartete, um sich mit ihm zu unterhalten?

Nun — Gott sei Dank — sie war nicht verliebt in ihn. Sie sah gern auf seine Hände, wenn er die Worte mit ausdrucksvollen Bewegungen begleitete. Es freute sie, daß er gutgepflegte weiße Hände besaß, die dabei kräftig und männlich waren. Aber das konnte man doch nicht Verliebtheit nennen.

Sie prüfte sich ehrlich.

Ganz gewiß nicht? Unter keinen Umständen? — Sie war doch noch widerstandsfähig! Glücklicherweise.

Es handelte sich jetzt auch um ganz andere Dinge als um Liebe.

— — — — — — — — — —

Wie sich die Beziehungen zu Martin durch ihr ganzes Leben zogen.

Das erste kindische Wohlgefallen und Sehnen, es hatte ihm gegolten, wenn sie es sich auch damals nicht zugestand.

Die erste Prüfung ihrer jungen, spröden Tugend — von ihm.

Die große Leidenschaft hatte sie auseinandergerissen — zur selben Zeit die gleichen Schmerzen ihnen beiden.

Und dann der einsame Kampf, sich aufrecht zu halten: er draußen in wilden Wettern und Stürmen die Seele geweitet und befreit — sie daheim im engen Raum die Seele wundgestoßen und zermürbt.

O — es war etwas weit Höheres als Liebe, das sie jetzt zusammenführte.

Nichts von alledem, was sie von Martin erwartet und gefürchtet, war aus ihm geworden. Kein Volksverführer und Aufwiegler zu wilden Thaten — kein Verschwörer und Bombenwerfer — und auch kein feige und vorsichtig zum Alten Zurückkriechender — kein müder Entsager.

Nur ein freier Mensch war er geworden. Weiter nichts.

Und was das heißen wollte — ein freier Mensch. Welche Kluft zwischen einer ganz auf sich gestellten Persönlichkeit, die nach eigenem Gesetz und eigener Wahl das eigene Leben führt, und den Kreisen ihrer Gesellschaft! An solchem Maß gemessen — besaß jede That, jeder Gedanke ihres Daseins überhaupt noch Wert? Das ahnte sie nun erst. Es war ein schauderndes Aufwachen mit ungeduldigem Flügelschlagen ihrer Seele.

Wie reif und fest und ruhig er geworden, fiel Agathe besonders auf, wenn sie ihn im Verkehr mit dem Vater beobachtete. Nichts mehr von dem zornigen Auftrumpfen. Zwar suchte Martin kein längeres Zusammensein mit dem Onkel. Und der Frohsinn, die Jugendlichkeit seines Wesens traten nur hervor, sobald er allein mit Agathe in die Berge wanderte. Aber er wußte ungefährliche Gesprächsstoffe zu finden. Er verstand auch zu schweigen bei den sentenziösen Ausfällen des Regierungsrats gegen die Immoralität und die mangelnde Idealität der jungen Generation.

„Du mußt es mir hoch anrechnen, daß ich hierbleibe," sagte er einmal zu Agathe. „Aber ich habe noch viel zu thun, bis ich alle Raupen aus diesem dummen, kleinen Mädchenkopf heraushabe. Ich Raupentöter!

— Wenn Du nur ernstlich wolltest!"

„Ich will ja, Martin."

„Willst Du wirklich? Ach — ich gebe mir ganz umsonst Mühe mit Dir. Schließlich bist Du auch wie die andern alle."

„Wenn Du das glaubst, warum giebst Du Dir da Mühe?"

„Ja, das frage ich mich selbst! Eines Morgens gehe ich doch auf und davon."

———————————

Endlich machte er ihr den Vorschlag, den Vater allein heimreisen zu lassen und in der Schweiz zu bleiben — bei ihm in Zürich. Sie solle sich dort ein Zimmer nehmen. Er habe eine Arbeit, bei der sie ihm helfen könne. Das heißt, wenn es ihr zusagte. Denn falls sie ihre Kräfte allein erproben wolle, so stehe ihr das natürlich frei. Nur keinen Zwang — keine gegenseitigen Rücksichten.

Bestürzt saß Agathe ihm gegenüber, die Augen gesenkt, ihre Handarbeit im Schoße ruhend, die Finger gegeneinander gepreßt, mit einem innern Erzittern. Was meinte er? — Was bedeutete sein Anerbieten?

Er brachte es mit einer so ruhigen Stimme vor.

— Wußte er nicht, daß er ihr etwas Ungeheures zumutete?

Er hatte nachgedacht. Das ging aus der

Sicherheit hervor, in der er auch auf die praktische Seite zu reden kam.

Er wisse ein Restaurant mit guter Hausmannskost. Dort verkehrten viele Studentinnen, tüchtige Mädchen, die das Leben ernst nahmen, von denen die eine oder die andere ihr gefallen würde.

— Was ihr Unterhalt zu Haus kostete, würde ihr Vater ihr doch nicht verweigern?

„O Martin — das würde er auf jeden Fall. Er würde ja außer sich sein!"

„Ja — ohne Kämpfe geht so ein Schritt nicht ab. Sieht er, daß Dein Entschluß unerschütterlich fest steht, wird er schon nachgeben. Sprich vorläufig nur von einem Jahr, meinetwegen nur von einem Winter!"

Agathe schwieg.

. . . . Ohne Unterhalt würde ihr Vater sie am Ende nicht lassen. Er nahm zu viel Rücksicht auf das Urteil der Menschen und war gewohnt, harte Thatsachen zu verschleiern.

— — Aber fühlte Martin nicht, daß er selbst — seine Gegenwart in Zürich den größten Anstoß erregen mußte?

Wie merkwürdig, daß er's nicht fühlte . . . . Sie konnte ihn doch unmöglich darauf hinweisen?

Der Schritt war ein Bruch mit allem Vorhergegangenen. War er gethan, so gab es keine Rückkehr nach Haus — wenigstens keine innere Rückkehr.

Wollte sie denn überhaupt Rückkehr? Sicher nicht.

„Dein Vater ist ja nicht krank. Würdest Du heiraten, müßte er sich auch behelfen!"

„Darin hast Du Recht!"

„Du brauchst Dich in dieser Stunde nicht zu entscheiden. Aber thue es bald. Und dann schnell gehandelt! Nicht erst noch zurück in die alten Verhältnisse."

Er war doch stark erregt. Sie sah es, als er aufstand von der Bank, auf der er an langem Brettertisch ihr gegenüber gesessen und die Wirtin rief, um Wein und Brot zu bezahlen.

Schweigend kehrten sie heim, einen weiten Weg über fahlgrüne, schwerduftende Matten, auf denen der Sonnenglanz flimmerte. Martins Augen waren tief ernst, sein Blick in sich gekehrt, sein Antlitz ohne Freundlichkeit. Zuweilen hob Agathe den Kopf und befragte stumm sein Profil. Aber er ging schweigend voran. Er hatte gesprochen — sie mußte wählen.

Nur noch einen aufmunternden, überredenden Blick!

Sie fürchtete sich vor ihm.

Oft hatte das Harte, Herrische in seinem Wesen sie abgestoßen, nun empfand sie es wieder.

— Um seinetwillen . . . . ?

— Nein — nicht um seinetwillen — was geschah, sollte sie für sich selbst thun. Konnte sie das nicht aufnehmen, ihr Denken und Fühlen davon durchdringen lassen? Sie vergaß es immer

wieder, und die Gewohnheit der früheren An=
schauungsweise behielt ihr Recht. Was man nicht
um eines anderen willen that, war verwerflich.

Um ihrer Selbst willen . . .

— — Wie dachte er sich das Zusammen=
arbeiten? Wußte er nicht, wofür ein jeder sie
halten würde?

Das war ihm wohl ganz gleichgültig, auf
das Urteil der Welt hatte er niemals viel ge=
geben. Dort in Zürich mochte auch der Verkehr
von jungen Männern und Mädchen freier sein,
als bei ihnen. Und sie war ja auch nicht mehr
jung. Hielt er sie für so ganz ungefährlich? —
Aber wie würde man in der Heimat über sie
urteilen?

Immer hatte sie geglaubt, der große Mensch,
der heroischer Entschlüsse fähig sei, schlafe nur in
ihr. Jetzt rief Martin ihn mit starker Stimme
an. Nun mußte es sich zeigen, ob er überhaupt
noch da war — nicht längst verschrumpft und
verdorrt.

Es war schauerlich aufregend und anziehend,
sich das vorzustellen: Alle Welt hielt sie für eine
Gefallene — nur sie selbst trug das Bewußtsein
ihrer kühlen Reinheit in sich. Und Martin, der
hatte natürlich eine unbegrenzte Hochachtung vor
der stillen Kraft, mit der sie, allen Verläumdun=
gen zum Trotz, den gewählten Weg weiter schritt.
Solche Frau war ihm denn doch noch nicht vor=
gekommen.

— — Er bat sie um Liebe — bat sie immer

wieder — flehte — wurde leidenschaftlich .....
Sie sah ihn vor sich wie nach Eugeniens Trauung, den Kopf in die Gardine gepreßt — schluchzend, durchschüttelt von wildem Verlangen ...

Aber in eine bürgerliche und nun gar in eine kirchliche Trauung würde er wohl niemals einwilligen.

Gott sei Dank — sie liebte ihn nicht . . . .

Nur irgendwie kam ihr der Wunsch, ihre Wange gegen seine Hand zu lehnen, sich von dieser kräftigen weißen Hand über Stirn und Brauen streichen zu lassen.

— Von solchen weiblichen Schwächen durfte sie nicht träumen, wenn sie es wagen wollte, ihren Plan auszuführen.

— — — Nun war es mit dem Schlaf in der Nacht überhaupt zu Ende.

XIV.

„Die Mädchen mit Talent sind doch zu beneiden," klagte Agathe ihrem Vetter. „Jedermann findet begreiflich, daß sie es ausbilden. Sogar die arme steife Frau von Henning hat ihre Tochter nach Paris gehen lassen. Fragt mich mein Vater, was in aller Welt ich in Zürich thun will — ich habe eigentlich keine Antwort. Und wer weiß, ob ich mich dort nicht noch überflüssiger fühle als zu Haus. Zwar — es ist schon wunderschön, einmal sein eigener Herr zu sein!"

„Das wollt' ich meinen," rief Greffinger und und lachte herzlich.

Agathe war ungefähr in der Stimmung, in der sie als Kind auf den Ketten am Kasernenplatz gesessen und mit den Beinen gebaumelt hatte — ein wenig ängstlich, ein wenig beklommen, aber doch so heimlich frech und froh.

Sie saß neben Martin auf dem Deck des Dampfers. Durch das blau aufschäumende Gewässer rauschte ihr Fahrzeug dem jenseitigen Seeufer entgegen.

Agathe wollte mit ihrem Vetter das Hörnli besteigen. Man sollte von dem Felsplateau schon auf mäßiger Höhe einen herrlichen Rundblick genießen. Längst war die Partie geplant. Aber mit Papa und Martin und Gerichtsrats — nein.

von der Zusammensetzung versprach Agathe sich nicht viel Vergnügen.

Nun hatte Papa einen zweitägigen Ausflug mit dem Professor und ein paar anderen Herren unternommen. Martin lockte Agathe auf ihrem Morgenspaziergang weiter und weiter, bis zum Ufer. Dort lag der Dampfer bereit. Und Agathe hatte ihm selbst den Vorschlag gemacht, mit ihr hinüber zu fahren.

„Du fängst ja schon an, Dich zu emanzipieren," rief er fröhlich.

Agathe bedauerte, daß das Dampfschiff nicht gleich bis nach Zürich fuhr. Heut wäre es ihr leicht geworden, ihrer ganzen Vergangenheit, Vater und Freunden und solidem Ruf und allem Lebewohl zu sagen.

Sie waren beide sehr vergnügt und schwatzten lustige Thorheiten. Martin richtete die verfängliche Frage an Agathe, warum sie nicht geheiratet — sie hätte doch gewiß viel Körbe ausgeteilt. Agathe schüttelte den Kopf. — Sie wäre gewiß immer zu abweisend gegen die Männer gewesen? Er erzählte ihr von einem Gymnasiasten, der sich die Buchstaben A. H. mit einer Stecknadel und blauer Tinte auf die Brust tätowiert habe. Agathe plagte ihn um den Namen. Er verriet ihn nicht, fügte nur hinzu: „Ich war es aber nicht."

Agathe glaubte doch, daß er es gewesen.

Martin versprach ihr, wenn sie auf dem Hörnli wären, sollte sie Asti zu trinken bekommen. Er betrug sich heut überhaupt recht wie ein junger Mann, dem der Kopf voll Tollheiten steckt. Oben auf dem Hörnli schrieb er ins Fremdenbuch des Gasthauses: Mark Anton Grausiger, Wäschefabrikant und Gattin. Darüber geriet Agathe ins Kichern wie ein Schulmädchen.

Vor ihnen lag in Totenstille und Mittagsduft die Kette der schneebedeckten Gebirge, der ungeheuren Felsenmassen, deren Farben im Lichtglanz aufgelöst waren. Tief im Thal reckten dunkle Wälder sich zum Wasser nieder, und in fahlem Blau schlummerte der glatte See. Nußbäume gaben Schatten über ihren Köpfen, und die Waldrebe kletterte an den Stämmen empor, rankte ihre zierlichen Klammerzweige mit den weißen Blüten von Ast zu Ast. Aus einem dunklen Gestrüpp von Lärchen und Tannen, durch das der Weg sich emporwand, hauchte es zuweilen wie ein kühler, duftender Atemzug über sie hin. Dort blühten Alpenveilchen im Moose.

Es war heiß, und sie wurden müde und schweigsam im Ruhen und Schauen. Martin hatte den Hut abgenommen, sein Gesicht glühte, und er trocknete sich die Stirn mit dem Tuch.

Eine kleine Kellnerin brachte ihnen das Essen und bediente sie. Das frische Ding, rund, weiß und rot wie ein Borsdorfer Aepfelchen, war appetitlich anzusehen in ihrem schwarzen Sammetmieder und der hellen Schürze. Agathe und Martin beobachteten, daß ein plumper, fettglänzender Mann mit einem großen Siegelring am Zeigefinger, der seine Mahlzeit schon beendet hatte, die niedliche Kleine zu sich winkte, einen Stuhl herbeizog und sie zudringlich nötigte, sich neben ihn zu setzen und ein Glas Wein mit ihm zu trinken.

Sie antwortete ungeduldig; man konnte sehen, es war nicht das erste Mal, daß sie sich gegen ihn zu wehren hatte. Er versuchte, sie am Rocke festzuhalten, sie befreite sich unwirsch, schalt derb auf ihn ein und lief davon.

Agathe wandte die Blicke ab. Die Natur und ihre eigene frohe Stimmung waren ihr entweiht.

"Dem Kerl möcht' ich die Wahrheit sagen," grollte Martin zornig. "Was solch armes Mädel zu ertragen hat!"

Der dicke alte Philister ging, nachdem sein Versuch, einmal über die Stränge zu schlagen, mißglückt war, verdrießlich schnaufend fort.

Wie schön! Nun waren sie allein und konnten unbefangen schwatzen.

Agathe hörte es gern, wenn Martin in Eifer geriet und ihr auseinandersetzte: sie müsse vor allen Dingen das Leben kennen lernen, wie es wirklich sei, nicht wie es wohlerzogenen Regierungsratstöchtern vorgemalt werde. Dann würde das Interesse an dem vielgestaltigen, grausig mächtigen und herrlichen Ungeheuer so stark in ihr werden, daß sie es wieder lieben lerne in seinen Abgründen und Tiefen und schroffen, schrecklichen Höhen, und daß sie gesund und froh werden würde an der Luft der Erkenntnis.

„Bist Du nicht weitergekommen in diesen vierzehn Tagen?" fragte er. „Haben wir nicht schöne Stunden miteinander gehabt? War das nicht besser, als Deine Gesellschaften und Deine Referendare und Lieutenants?"

Agathe bejahte mit einem tiefen, leuchtenden Blick ihrer braunen Augen.

Herrlich sprach er! Welch ein Glück, daß sie ihn wiedergefunden! Es war ja schon fast am Ende gewesen mit ihr. Diese elende, in lauter kleine Leiden und Sorgen und unnötige Arbeiten zerfaserte Existenz der letzten Jahre.

Sie sprach ihm davon. Nie hätte sie geglaubt, so offen reden zu können, und mit einem Manne noch dazu — einem jungen Manne. Aber hier war nicht mehr Mann und Mädchen, hier waren zwei gute Kameraden, die einander helfen wollten in Treue und redlicher Gesinnung.

„Was Du mir sagst, ist sehr interessant, Agathe," rief Martin. „Schreibe es auf — mit denselben Worten, wie Du es mir eben erzählt hast."

„Ach, Martin, ich bin ja keine Schriftstellerin."

„Ich meine nicht, daß Du damit ein Kunstwerk schaffen wirst. Das ist nur die Sache von ein paar Begnadeten."

Er sprach langsam weiter.

„Ich weiß überhaupt nicht, ob es heute darauf ankommt, Kunstwerke zu schaffen . . . . . Wir leben alle so sehr im Kampf! — — Kümmere Dich nicht um die Form! Sag' Deinen lieben Mitschwestern nur ehrlich und deutlich, wie ihr Leben in Wahrheit beschaffen ist. Vielleicht bekommen sie dann Mut, es selbst in die Hand zu nehmen, statt sich von ihren Eltern und der Gesellschaft vorschreiben zu lassen, wie sie leben sollen, und dabei kranke, traurige, hysterische Frauenzimmer zu werden, die man mit dreißig Jahren am liebsten alle miteinander totschlüge! — Na — lockt Dich das nicht? mitzuarbeiten für das Recht der Persönlichkeit? — Komm, stoß an — es lebe die Freiheit!"

Er rief es mit starker Stimme. Sein sonnenverbranntes Gesicht strahlte in freudiger Bewegung. Agathe hob ihr Glas ihm entgegen. Ein feiner, schriller Klang zitterte durch die Mittagsstille. Dem Mädchen war es, als höre sie im Nachhall ihr eigen Herz und ihre Nerven klingen, so gespannt war alles in ihr zu begeisterter Hingabe an das Werk, das er ihr zeigte.

Langsam schlürfte Greffinger den hellen Wein. Agathe sah halb unbewußt, daß sein Blick über das Glas hinweg auf die kleine Kellnerin ging, die sich nicht weit von ihnen mit einer Häkelarbeit beschäftigte. Sie nahm es wahr, während ihre Gedanken ganz erfüllt waren von dem Neuen, das in ihr zu wirken begann. Sie stützte den Kopf in die Hand und schaute nach der großen Tiefe, die zum See hinunterging. Schweigend versenkte sie sich in dieses Neue, das ihrer Zukunft etwas Werdendes versprach.

Etwas Werdendes — —! Darin lag die Befreiung. — — Darum hatte das Zusammenleben mit den Eltern sie so unglücklich gemacht, trotz aller Liebe und aller Pflichttreue: es war ohne Hoffnung. Sie sah nichts als Absterben um sich her. Sie war mit frischen Kräften und jungen Säften angeschmiedet worden an Existenzen, die schon Blüte und Frucht getragen hatten und nur noch in Erinnerungen an die Zeit ihrer Wirkungshöhe lebten. Und mit den Erinnerungen, die sie eigentlich gar nichts angingen — mit den Errungenschaften der vorigen Generation hatte sie sich begnügen sollen.

Etwas Werdendes ... Ein Kind — oder ein Werk — meinetwegen ein Wahn, jedenfalls etwas, das Erwartungen erregt und Freude verspricht, mit dem man der Zukunft etwas zu schenken hofft — das braucht der Mensch, und das braucht darum auch die Frau!

Agathe war ganz stolz und glücklich, als sie aus dunklen Empfindungen endlich diesen Kern entwirrt hatte. Sie mußte ihn Martin mitteilen und wendete sich ihm wieder zu.

Er sah es nicht ...

— Was war denn vorgegangen?

Er blickte noch immer nach der Kellnerin. Waren das seine Augen, in die sie eben noch geschaut wie in zwei klare Sterne, von denen ihr die Verkündigung einer stolzen, hohen Botschaft kam?

War sie denn verrückt geworden, daß sie Martin plötzlich verwandelt sah? Dem widerlichen Kerl, nach dessen Verschwinden sie aufgeatmet hatte — dem sah er ähnlich... Die halbgeschlossenen, blinzelnden Lider, aus denen ein grünliches Licht nach dem Mädchen drüben züngelte.... Das Lächeln um die Lippen — sie sprachen kein Wort — sie lockten und baten doch....

Und — er hatte mehr Glück als der Alte. Lautlos war, während sie abgewendet gegrübelt hatte, eine Verbindung hergestellt zwischen ihm und dem jungen Dinge.

Sie störte die hin- und widerflirrende Werbung.

Martin schenkte sich ein und schwenkte sein Glas mit offener Huldigung gegen die Kleine. „Fräulein!" rief er und trank es leer bis auf den letzten Tropfen.

Dann beugte er sich zu Agathe und flüsterte zutraulich:

„Reizendes Mädel — findest Du nicht?"

Ihr Mund verzog sich seltsam.

Er beachtete es nicht, sondern begann sich mit der kleinen Schweizerin zu unterhalten. Fröhliches, dummes, harmloses Zeug, aber es war ein Unterton in seiner Stimme, den Agathe kannte — aus einer lange entschwundenen Zeit.

Als sie aufstand, um zu gehen, wunderte sie sich, daß die Sonne noch schien.

— — — — — — — —

Wollte Martin sie nur auf die Probe stellen? — Sich überwinden — ihn ihre ungeheure Enttäuschung und Kränkung nicht fühlen lassen! Aber alle Selbstbeherrschung war plötzlich von ihr gewichen.

Er war ihr widerwärtig geworden, aber noch widerwärtiger war sie sich selbst. Was hatte sie an einem solchen Manne finden können? Wie war sie zu der Verirrung gekommen, ihn für groß und bedeutend zu halten?

Und warum riß ein so grausamer Schmerz an ihrem Herzen?

Sie quälte sich und ihn mit finsterer Kälte.

Am Abend nach dem Essen forderte Martin sie auf, noch ein Stück mit ihm spazieren zu gehen.

„Hier können wir doch kein Wort sprechen," fügte er mit einem Blick auf die Gerichtsrätin und ihre Tochter hinzu.

Agathe verstand, daß es ihm um eine Aussprache zu thun sei. Und sie empfand auch deutlich, daß es für sie geratener sei, ihn heute zu meiden.

Aber trotzdem stand sie auf und nahm ihren Shawl von dem Haken an der Wand.

„Wo gehen Sie hin, Fräulein Agathe?" fragte die Rätin.

„Ich will mit meinem Vetter ein Stück spazieren gehen."

„Jetzt?" fragte die Rätin erstaunt. „Aber Sie waren ja heute schon auf dem Hörnli! Und es ist schon ganz dunkel!"

„Was schadet das?"

„Es ist schon neun Uhr vorüber!"

„In einer halben Stunde bringe ich meine Cousine unversehrt zurück," sagte Martin in einem gleichgültigen, höhnischen Ton.

Er ging voran, es Agathe überlassend, ihm zu folgen. Er wußte ja, daß sie ihm folgen würde. Sie that es, obwohl es ihr schien, als handele sie vollständig wie eine, die ihrer gesunden Sinne nicht mehr mächtig ist.

Was die Rätin und ihre Tochter und die Wirtin und die Kellner von ihr denken mußten, wenn sie mit einem jungen Mann in die Nacht hinausging, das war ja klar.

Es war auch zu seltsam, daß die Gerichtsrätin kein Wort weiter äußerte. Wahrscheinlich war sie zu erstarrt über das unerhörte Vorhaben eines jungen Mädchens.

Warum ging sie nur und trottete mit gesenktem Kopf und einem unerträglichen Zittern in den Knieen hinter Martin her, der sich nicht einmal nach ihr umwandte? Es war ihm jedenfalls gleichgültig, ob sie auf dem steinigen Wege Schaden nahm.

Ihnen zur Seite brauste in tiefem Bett der Gebirgsbach, von den Gewittergüssen der letzten

Wochen angeschwollen, große Aeste und losgerissene Sträucher in seinen tobenden Strudeln mit sich reißend. Wolkenmassen standen schon wieder am Himmel. Es war so finster, daß man unter den Bäumen, die ihre Zweige über den Weg bogen, nicht einen Schritt weit sehen konnte.

Betäubt von dem wilden Toben des Wassers, das aus der Dunkelheit kalte Dünste in die schwüle Nacht emporsandte, mit bohrenden Schmerzen im Kopf und über den Augen — mit Aufruhr und Elend in der Brust, setzte sie ihren Weg fort.

Warum war sie ihm gefolgt? Warum nur?

Sie hätte sich von rückwärts auf ihn werfen mögen, auf den dunklen Umriß seiner Gestalt, und ihn packen und hineinzerren in das wilde Wasser, von dem er vor ein paar Tagen sagte: „Wer da hineinspringt, den hole ich nicht wieder!"

Und sie lächelte mit einer grausamen Lust an der Vorstellung, daß er seine Arme so herausstrecken würde, wie die dürren Aeste aus den Strudeln ragten.... Dabei fühlte sie, daß es schon kein Lächeln mehr war, sondern eine Grimasse, die ihre Züge verzerrte. Wie entsetzt er sein würde, wenn er sich jetzt umblickte und das Wetterleuchten ihm ihr Gesicht zeigte ...

Aber er blickte nicht zurück.

Einmal sagte er: „Halt' Dich rechts, sonst fällst Du in den Bach."

Pfui, wie herzlos, wie grausam er war. Wie sie ihn verabscheute!

Sie hatten nicht sehr weit zu gehen, bis sie

an eine Brücke kamen, die ohne Geländer über den Bach führte. Martin überschritt sie und trat in den Hof einer ländlichen Wirtschaft, die von Fremden niemals besucht wurde, für die er allein eine Vorliebe besaß. An einem großen Baum hatte man eine Stalllaterne befestigt. Sie warf einen kargen Lichtkreis auf den Tisch und die zwei Bänke. Ueber ihr glänzten die Blätter in einem harten, metallischen Grün, ringsumher war Dunkelheit. Das laute Lärmen des Wassers trennte den Ort von der übrigen Welt und erregte den Eindruck, als befände man sich auf einer Insel mitten in einer wilden, brausenden Flut.

„Hier sind wir ungestört," sagte Martin.

Der Wirt erschien in Pantoffeln, verschlafen, und stellte zwei Gläser Bier vor sie hin.

„Geh'n Sie nur. Wir rufen schon, wenn wir etwas brauchen."

Agathe hatte sich niedergesetzt. Sie stützte den Kopf in die Hand und starrte vor sich, auf das graue Holz des Tisches. Schweigend nahm sie Martins Vorwürfe hin.

Für so klein und sentimental und weibisch eitel, wie sie sich heut gezeigt, habe er sie nicht gehalten. Er wollte sie für die Freiheit gewinnen. Aber er werde sich nicht unter die Tyrannei eines prüden und thörichten Frauenzimmers beugen.

Was habe sein Gefallen an dem hübschen, frischen Schweizermädchen mit ihrer Freundschaft zu thun? Wenn sie sich einbilde, daß er in Zukunft auf den Verkehr mit hübschen jungen Mädchen verzichten solle, dann habe sie das Gefühl, das ihn zu ihr gezogen, gründlich mißverstanden, darüber müßten sie sich erst auseinandersetzen.

Er wurde endlich von Agathes Schluchzen unterbrochen.

„Höre auf zu weinen, Du beträgst Dich sehr kindisch," sagte er hart.

Es war fast nicht mehr weinen zu nennen, langgezogene, röchelnde Schreie drangen aus ihrer Brust und verloren sich im Brausen des Wassers.

Sie sprang auf, warf den Kopf zurück und rang wild die Hände, wie in Erstickungsnot und Todeskampf.

Martin begann sich um sie zu ängstigen.

„Also gehen wir nach Haus! Vielleicht kann man morgen vernünftig mit Dir reden. Warum in aller Welt bist Du nur so außer Dir?"

„Weil ich Dich liebe!" schrie sie ihn gellend an. Sie wußte ihm in dem Augenblick keine größere Beleidigung entgegenzuschleudern. Und fort war sie — wie der Blitz hinausgeschossen in Nacht und Dunkelheit.

Ueber die Brücke jagte sie, dem Lauf des Baches folgend —

„Zum See — zum See . . ." Das war der einzige Gedanke, der in ihr tobte, in ihren Pulsen hämmerte, in ihrem Atem leuchte.

„Ich will frei sein — frei sein! Von ihm — von ihm —"

Ein lautes Auflachen . . . .

Zitternd blieb sie stehen und lauschte . . . War sie es selbst gewesen?

Sie wagte sich keinen Schritt weiter in der fürchterlichen, einsamen Finsternis. War jemand hinter ihr? Die Zähne schlugen ihr klirrend aufeinander vor Entsetzen.

Sie hatte vergessen, daß sie den See erreichen wollte.

Dicht neben ihr war das rasende Wasser — so tief stürzten die Ufer ab — so tief . . . .

Das Keuchen und Arbeiten in ihrer Brust, das Sausen und Läuten in ihrem Kopfe ließ nach. Sie war totmüde. Ihre Augen schlossen sich — fast verging ihr die Besinnung.

Nur eine Bewegung . . .

"Mama . . . meine liebe Mama . . ." lallte sie, streckte die Arme aus und beugte sich vornüber.

Ein Wetterstrahl fuhr blendend nieder. Sie riß die Augen auf, sah die durcheinandertobenden Strudel unter sich von fahlem Licht erhellt und fuhr zurück. Schreckendurchschüttelt stand sie atemlos, starrte in die Nacht und hörte das Krachen des Donners.

Sie durfte ja nicht — sie durfte ja nicht . . . für Papa sorgen — sie hatte es doch versprochen . . . Sie durfte nicht entfliehen. Mama hatte sie gerufen . . . .

Ihre Kniee schwankten, sie fühlte, daß sie umfallen mußte und ließ sich haltlos zu Boden sinken. So lag sie zusammengekauert und ließ sich vom Brausen des Wassers betäuben. Allerlei sinnloses Zeug ging ihr durch den Kopf — sie wußte nicht wie lange.

Endlich erhob sie sich und schlich durch die Nacht zurück. Jetzt hatte sie Angst, sich zu verirren, und besann sich mit Anstrengung auf die Richtung, die sie einzuschlagen hatte. Und dann lief sie, so schnell sie konnte.

Schaudernd vor innerer Kälte, das Gesicht von Schweiß und Thränen bedeckt, stand sie vor der Thür des Hotels still.

Leise öffnete sie und floh durch den Hausflur die Treppe hinauf.

Da auf dem ersten Treppenabsatz traf sie Martin.

„Agathe, wie konntest Du!" rief er ihr entgegen. „Seit einer Stunde laufe ich in der Dunkelheit herum und suche Dich! Du hast mir einen schönen Schrecken eingejagt!"

Sie schleppte sich abgewendet an ihm vorüber und riegelte sich in ihrem Zimmer ein.

So hatte Agathes Ausflug in die Freiheit ein Ende genommen.

XV.

Frau Lieutenant Heidling wurde durch ein Telegramm ihres Schwiegervaters nach der Schweiz berufen. Der Regierungsrat empfing sie unten am See bei der Dampferstation.

„Mein Gott, Papa — was ist denn geschehn?"

„Ja — die arme Agathe..." Der alte Herr blickte seine Schwiegertochter verstört und bekümmert an. „Kannst Du Dir das vorstellen — den ganzen Tag sitzt sie und weint — aber den ganzen Tag! Und will man sie beruhigen, dann gerät sie in eine Heftigkeit — ich habe gar nicht geglaubt, daß sie so zornig werden könnte. Ich weiß überhaupt nicht mehr, wie ich das Mädchen behandeln soll. Ich bin ganz am Ende mit meiner Klugheit.... Mit Martin, für den sie doch eine entschiedene Vorliebe zeigte, hat sie sich auch überworfen — jedenfalls — denn er ist plötzlich abgereist."

Der Regierungsrat ergriff Eugenies Hände, die Thränen liefen ihm in den Bart.

„Sei mir nicht böse... die weite Reise... Ich dachte, wenn Du — Ihr seid doch immer so gute Freundinnen gewesen. Wenn Du mal mit ihr sprächest! Es muß etwas... Du hast ja keine Ahnung, wie das arme Kind aussieht."

„Na ja, Papachen, das wollen wir schon machen. In der Familie bringt man ja gern Opfer. Das überlaß mir nur alles. Ich will Agathe schon wieder zur Raison bringen."

Als Agathe ihre Schwägerin erblickte, verfiel sie in einen Weinkrampf.

Der Regierungsrat lief nach einem Doktor. Und der Doktor erklärte: die Patientin wäre sehr nervös und auch sehr bleichsüchtig. Die Bleichsucht käme von der Nervenüberreizung, und die Nervenüberreizung habe ihren Grund in der Blutarmut. Es müsse etwas für die Nerven geschehen und etwas für die Bleichsucht — übrigens würde ein bißchen Stahl die Sache schon wieder in Ordnung bringen.

„Weißt Du, Papa," sagte Eugenie, „ich soll auch ein bißchen Stahl trinken — da nehme ich Agathe mit nach Röhren — das wird jetzt so sehr gerühmt. Lisbeth Wendhagen ist auch dort — es soll von einem vorzüglichen Arzt geleitet werden. Dann lasse ich Wölfchen hinkommen, der Junge sieht nach dem Scharlach immer noch so mieserig aus. Und wir amüsieren uns himmlisch miteinander! — Gott — der Mensch hat immer mal so Zeiten, wo ihm alles nicht recht ist, und Agathe hat sich wirklich sehr angestrengt. Ueberlasse sie mir nur ganz unbesorgt."

Der Regierungsrat küßte Eugenien in warmer Dankbarkeit die Hand. Wie klug und praktisch sie war. Er sah schon nicht mehr so schwarz .... es würde ja alles wieder werden!

„Ich will nicht mit Eugenie! Ich will nicht! Laß mich hier allein, Papa — ganz mutterseelenallein," flehte Agathe ihren Vater an. „Du sollst sehn, dann werde ich vernünftig! Ich habe nur eine solche Sehnsucht, einmal ganz allein zu sein — gar nicht sprechen zu brauchen — und gar keine Stimmen zu hören. Ich kann Eure Stimmen nicht mehr vertragen — das ist die ganze Geschichte. Ich will nicht zu einem Doktor."

Eugenie und Papa blickten sich bedeutungsvoll an. Der Regierungsrat seufzte tief.

„Kranke haben keinen Willen," sagte Eugenie energisch und packte die Koffer.

Agathe sah die junge Frau in ihren Sachen herumwühlen, ihre Schachteln öffnen, in ihrer Briefmappe blättern, als sei sie schon eine Gestorbene, auf die man keine Rücksicht mehr zu nehmen braucht.

Und dann doch wieder das beständige Geplauder, um sie aufzuheitern — zu zerstreuen. Oder Eugenie suchte durch geschickte Fragen zu ergründen, ob etwas zwischen ihr und Martin vorgefallen sei.

.... Vielleicht hatte sie schon hinter Agathes Rücken an Martin geschrieben, und er würde alles verraten ... Und Eugenie erfuhr ihre Schmach — den heimlichen Jammer, der sie zu Grunde richtete ....

— — Sie wollte ja leben, sie wollte ja ihre Pflicht thun — aber man mußte sie nicht so furchtbar peinigen. Schon in gesunden Zeiten hatte

jenies leichte, sichere, selbstgefällige Art sie
ßlos irritiert — und nun sollte sie, totmüde
 aufgerieben, wie sie war, wochenlang Tag
 Nacht mit ihr zusammen sein? Sich von ihr
uffichtigen und ausforschen lassen? Das war
nicht auszudenken!

Und Papa nahm keine Vernunft an.

Sie konnte ihm doch nicht sagen, daß sie
jenie verabscheute? Wenn er fragen würde
rum? Sie wußte ja keinen Grund dafür.

— — Aber sie hatte selbst Schuld — sie
in.

Sie wollte nun alles tragen, als eine Strafe
 Gott, für das wahnsinnige Verlangen nach
ick.

Wie Er sich wohl freute, daß Er sie so
rterte ...

— — Anständigen Mädchen kamen gewiß
ie blasphemischen Gedanken ... Anständige
dchen sind nicht mit dreißig Jahren noch eifer-
ttig auf eine Kellnerin ....

Anständige Mädchen — betragen sich die so,
 sie sich betragen hatte? Was war denn nur
ihr?

Sie ist gar kein anständiges Mädchen. Sie
 nur geheuchelt, Zeit ihres Lebens. Aus Feig-
t geheuchelt. Und wenn es schließlich doch ver-
en wird ... Ach, der arme Papa — so ein
elloser Ehrenmann ... wenn es sich zeigt,
ß seine Tochter für ein Geschöpf ist ....

Nur alles über sich ergehen lassen ... Sich

mit aller Gewalt zusammennehmen — ruhig sein — keine Scenen mehr machen! Dann muß der Doktor sie doch für gesund erklären. Darauf kommt jetzt alles an.

Mit einer wahren Verzweiflung klammerte Agathes geängstigte Seele sich an die Konsultation des Badearztes in Röhren. Er mußte sie heimschicken — ganz gewiß.

Aber als sie ankamen, verordnete er ihr gleich eine sechswöchige Kur.

Ob sie nicht allein hier bleiben dürfe?

Nein — dazu wäre sie viel zu schwach; ihre Schwägerin müsse sie pflegen und zerstreuen. Ein Glück, daß sie so eine heitere, liebenswürdige Schwägerin bei sich habe.

* * *

Auf einer grünen baumlosen Hochebene lag das Frauenbad. Sein Kurhaus und die Wohnung des Arztes bildeten den Mittelpunkt, von hier aus streckte sich eine einzige lange Straße von weinumrankten Logierhäusern in die Wiesen hinaus. An ihrem Ende drängten sich die verfallenen Hütten der einheimischen Bevölkerung. Dort saßen hagere Frauen und hustende Mädchen Tag aus, Tag ein über das Klöppelbrett gebeugt und warfen die kleinen Holzpflöcke mit fieberhafter Eile durch das zarte und kostbare Spitzengewebe, das unter ihren Fingern entstand. Von der scharfen reinen Luft drang nur wenig durch die mit Papier verklebten Fensterlöcher. Daß man etwas anderes trinken könne als Cichorienkaffee, daß man sich baden könne, sahen sie wohl, aber sie sahen es wie fremde, unverständliche Gebräuche. Die Milch der Ziegen gehörte den Fremden — die Stahlquellen — die Fichtennadel- und Moorbäder waren für die Fremden. Von den Einheimischen bemerkte man wenig, man erblickte nur die fremden weiblichen Gäste. In den Lauben der dürftigen Gärten, wo ein paar Kohlköpfe und eine Reihe Immortellen wuchsen, saßen sie beieinander. Sie standen gruppenweise in der Dorfstraße und klagten sich ihre Leiden. Ueber die weiten Wiesenflächen konnte man ihre Gestalten verfolgen, wie sie einzeln oder zu zweien die Raine entlang wanderten, kleine Sträußlein von Gräsern und blassen Skabiosen sammelnd als sinnige Gabe für die Freundinnen oder den Doktor.

Frauen — Frauen — nichts als Frauen. Zu Hunderten strömten sie aus allen Teilen des Vaterlandes hier bei den Stahlquellen zusammen, als sei die Fülle von Blut und Eisen, mit der das Deutsche Reich zu machtvoller Größe geschmiedet, aus seiner Töchter Adern und Gebeinen gesogen, und sie könnten sich von dem Verlust nicht erholen.

Fast alle waren sie jung, auf der Sommerhöhe des Lebens. Und sie teilten sich in zwei ungefähr gleiche Teile: die von den Anforderungen des Gatten, von den Pflichten der Geselligkeit und den Geburten der Kinder erschöpften Ehefrauen und die bleichen, vom Nichtsthun, von Sehnsucht und Enttäuschung verzehrten Mädchen

Männer besuchten den Ort nur selten. Ein hysterischer Künstler war jetzt anwesend, ein Oberst a. D., der seine Frau nie allein reisen ließ, und der Arzt.

Um die beiden ersten bekümmerte man sich nicht sehr viel. Aber der Arzt! — Was Dr. Ellrich gesagt hatte, in welcher Stimmung er sich befand, was er für einen Charakter besaß, das bildete den Gesprächsstoff in der Frühe am Brunnen, bei der Mittagstafel und bei den Reunions des Abends. Manche hielten ihn für einen Dämon, andere für einen Engel. Zwanzig Damen fanden, es sei unerhört, wie frei zwanzig andere sich im Verkehr mit ihm benahmen, und ein Dutzend weitere erklärten jene ersten für heimtückisch, kokett und berechnend dem Doktor gegenüber. Die junge Frau eines Bankiers wollte sich um seinetwillen scheiden lassen, aber es war ja nicht daran zu denken, daß er die heiraten würde, er wußte doch am besten, wie krank die war.

Ein höchst aufregender Augenblick entstand, sobald er abends in den Kursaal trat und man nicht wußte, zu welcher Gruppe er sich gesellen würde. Es mochte ja thöricht sein — lächerlich — aber es blieb nun einmal ein Ehrenpunkt, den Doktor an seinem Tisch zu haben. In dieser engen Gemeinschaft, wo das Interesse sich auf so wenige Punkte konzentrierte, unter dem Einfluß der aufregenden Bäder, der scharfen Höhenluft bekam jede Stimmung, jedes Gefühl, jeder Einfall in den Seelen, deren Gleichgewicht schon krankhaft gestört war, eine unnatürlich gesteigerte Bedeutung und wirkte mit gefährlicher Ansteckungskraft. Sie erwarteten alle so viel von diesem Doktor, Gesundheit, Frohsinn, Mut und Lebenshoffnung sollte er jeder einzelnen zurückgeben. Da mußte man ihm doch ein wenig den Hof machen.

„Dieser Doktor ist mir widerwärtig," erklärte Agathe schon nach der ersten Sprechstunde. Wie eine Sensitive erzitterte sie unter seinen scharfen Augen.

Eugenie fand ihn amüsant. „Ein bißchen rücksichtslos und frech — aber — na — sonst kommt er wohl hier nicht durch."

— — Wie sie beobachtet wurden, als er sich abends zu ihnen setzte. Lisbeth Wendhagen kam auch gleich vom andern Ende des Saales hergelaufen. Natürlich kokettierte Eugenie mit ihm — es war ja hier Mode, und sie war zu jeder neuen Mode bereit. Pfui — pfui — ekelhaft.

So einen cynischen Zug hatte dieser Doktor Ellrich am Mundwinkel. Der durchschaute die Frauen ganz und gar — er verachtete sie ... Die frivolen Witze und Andeutungen, die er mit Eugenie über die anderen Patientinnen tauschte! Wahrscheinlich hinter dem Rücken auch über sie. Vor dem mußte man sich in acht nehmen — der meinte es nicht gut. — — Nur fort — fort von hier .... Ein Ort, ein dunkler, stiller Winkel, dahin die Stimmen sie nicht verfolgten, — dahin keine Farbe, kein Licht und kein Klang bringen konnte. Dort sich verbergen und schlafen — schlafen — traumlos schlafen . . . .

———————

Seit Eugenie sie überwachte, durfte sie die Nächte nicht mehr auf einem Stuhl zusammengekauert sitzen und ins Dunkle starren. Aber sie schlief doch nicht. Immerfort mußte sie grübeln, wie sie Eugenie und dem Doktor und all den vielen Frauen, die sie neugierig beobachteten, entfliehen konnte.

Dabei dies Tönen und Dröhnen — als würde eine große Kirchenglocke unablässig in ihrem Kopfe geschwungen.

Das störte sie ja im Denken — sie kam und kam nicht ins Klare. Und es mußte doch etwas geschehen — sehr schnell . . . .

Ehe Martin abreiste, hatte er zu ihr gesagt: sollte sie noch den Wunsch haben, in der Schweiz zu bleiben, so ändere das Geschehene nicht im mindesten seine Bereitwilligkeit, ihr zu helfen.

Seine Haltung war gezwungen gewesen und sein Ton kühl.

Sie hatte ihm keine Antwort gegeben.

Siedend heiß wurde es ihr, dachte sie daran. Nur nie — nie ihn wiedersehn . . .

— — Wenn sie doch zu ihm ginge? Heimlich, ganz heimlich?

Sie mußte ihm beweisen, daß sie nicht so erbärmlich war, wie er glaubte.

Sich rechtfertigen .... Das war nun nicht mehr möglich.

Ihm helfen in stiller, harter Arbeit .... Jawohl! Er würde sie doch nur für zudringlich halten.

Und bei diesem rasenden Abscheu, Ekel und Haß. .... Es konnte wieder über sie kommen, so wie an dem Abend .... Sie — sie — und noch etwas wollen? Etwas, wozu Selbstvertrauen und Kraft gehörte .... Sich verkriechen, sich verstecken, wo kein Mensch sie sah und hörte — wo sie keinen in ihrer Nähe fühlte — — —

Nein — sie wollte nichts mehr, als still bei Papa bleiben — sie wollte gewiß nicht wieder an das alte gewohnte Joch rühren.

Sie hatte es nun gesehen, daß sie in der reinen Luft der Höhen nicht atmen konnte. Sie war nicht für die Bergesgipfel geschaffen — sie erstickte einfach dort.

Freilich die Männer ... die nahmen sich auch auf die Höhen mit hinauf, was sie mochten, was ihnen angenehm schien — nur sie — sie sollte da in Eis und Schnee erstarren. Im Grunde war es also gleichgültig, ob sie unten saß oder mit Gefahr ihres Lebens an den Felsenhängen der Wahrheit und der Freiheit hinaufzuklimmen versuchte — für die Mädchen blieb sich die Sache ziemlich gleich — Entsagung überall. Da — da — da traf sie ihn wieder — den großen Betrug, den sie alle an ihr verübt hatten — Papa und Mama und die Verwandten und Freundinnen und die Lehrer und Prediger .... Liebe, Liebe, Liebe sollte ihr ganzes Leben sein — nichts als Liebe ihres Daseins Zweck und Ziel .....

.... Das Weib, die Mutter künftiger Geschlechter .... Die Wurzel, die den Baum der Menschheit trägt ....

Ja — aber erhebt ein Mädchen nur die Hand, will sie nur einmal trinken aus dem Becher, den man ihr von Kindheit an fortwährend lockend an die Lippen hält — zeigt sich auch nur, daß sie durstig ist .... Schmach und Schande! Sünde — schamlose Sünde — erbärmliche Schwäche — hysterische Verrücktheit! schreit man ihr entgegen — bei den Strengen wie bei den Milden, den Alten und den Jungen, den Frommen und den Freien.

* * *

Sie hatte gezeigt, daß sie durstig war, und sich damit des einzigen Menschen beraubt, der sie hätte retten können.

Und sie sehnte sich so sehr nach ihm.

Sie wollte doch zu ihm flüchten. Bei ihm wird sie gesund ... Sie wußte, wo Eugenie das Reisegeld aufbewahrt ... Nicht einmal das vertraute Papa ihr noch an ....

Sie begann wieder zu weinen.

Meinetwegen mochte er sie verachten ....
Ganz demütig will sie ihn bitten: Lieber, lieber

Mani — behalte mich nur bei Dir, schütze mich nur .... gegen die andern ....

— Besonders gegen Eugenie! Wie sie sie haßte — die mit so einer kalten Gewalt alles an sich zog .... Die ganze Welt beherrschte sie!

Der Doktor hatte sich auch schon in sie verliebt. Da machen sie natürlich gemeinsame Sache gegen sie — und verraten Papa alles, alles — die schlechten Menschen ....

Ach — die Angst — die Angst!

Agathe läuft in ihrem Zimmer herum — immer hin und her — hin und her. Sie ist allein.

Eugenie hat für eine Stunde von ihr Abschied genommen, sie soll sich aufs Bett legen und ruhen unterdessen. Eugenie fährt mit dem Doktor spazieren in seinem offenen Wagen, den er selbst kutschiert. Wie sie da oben thronte — den schelmisch-lauernden Zug um den Mund, das schwarze Hütchen auf dem blonden Haar — aus allen Fenstern blickte man ihr nach. Mit ihm fahren war die höchste Ehre, die der Doktor zu vergeben hatte. Auf die Straße kamen die Damen gelaufen und machten neidische Glossen. Aber Frau Eugenie vergiebt sich nichts. Zwischen ihr und dem Doktor sitzt Wölfchen in seiner strammen, militärischen Haltung mit der kleinen Soldatenmütze.

Und triumphierend hatte sie rings umher gegrüßt und gewinkt, während der Doktor an den Zügeln zog und die Pferde lustig ausgreifen ließ.

Die Heuchlerin .... die Heuchlerin ....
Agathe lachte in der Einsamkeit, ballte die Hände
und schüttelte sie drohend.

Mich hat man nicht mitgenommen, vor mir
fürchten sie sich wohl — aber der kleine Junge,
was kümmern sie sich um den?

Wenn sie draußen sind, wo keiner sie mehr sieht,
da küssen sie sich — der Doktor und — Eugenie
ha ha ha — und Walter küßt sie auch und Wölfchen — alle küssen sich. Martin und die Kellnerin
und der Commis — alle, alle ... pfui! Warum
kommen sie zu ihr ins Zimmer — das ist so
boshaft.

Sie hält sich die Augen zu. Sie darf das
nicht sehen. Sie ist doch ein anständiges Mädchen.

Nein — nein — nicht mit Fingern auf mich
zeigen! Habt doch Erbarmen. Schont doch
wenigstens meinen lieben Papa ....

— — Als Eugenie heimkam, sah sie die Ja-
lousien bei ihrer Schwägerin noch geschlossen.
Aus der frischen, hellen Herbstluft trat sie fröhlich erregt in das halbdunkle Zimmer.

„— Mädchen — was ist Dir?"

In der Ecke zwischen der Wand und dem
Ofen stand ein gestickter Lehnstuhl. Hier kauerte
Agathe, die Kniee hochgezogen, die spitzen
Schultern vorgestreckt, die Ellbogen an sich gepreßt — das gelbe, hohläugige Gesicht mit einem
unbegreiflichen Ausdruck von Entsetzen vor sich
ins Leere starrend.

„Mein Himmel — fehlt Dir etwas?"

Eugenie ergriff sie am Arm und schüttelte sie.

„Du siehst ja aus, daß man sich fürchten könnte."

Agathe starrte ihr schweigend, drohend in die Augen.

„Höre, Du," rief die junge Frau Heidling, „ich schicke zum Doktor..."

Ein gellender Schrei — ein wilder Lärm und der Ruf: Zu Hilfe! — Hilfe...!

Die Zimmernachbarn, Kellner und Wirtin stürzten in wirrem Durcheinander herbei.

Agathe hatte ihre Schwägerin zu Boden geworfen, kniete auf ihr und suchte sie zu würgen. Sie lachte, sie schrie und stieß irre Worte aus.

Mit brutaler Gewalt mußte die Tobende gehalten — der zarte Mädchenkörper gebändigt und gefesselt werden.

— — — — — — —

Bis tief in die Nacht hinein saßen und standen vor dem Kurhaus die Damen zusammen und besprachen das Geschehene.

Ein junges Mädchen hatte den Verstand verloren — es war nichts gar so Seltenes in dem Badeorte. Man zählte die Fälle der letzten Jahre. Und man flüsterte schaudernd und zeigte sich diese und jene, die wohl auch nicht weit davon waren.

Teilnehmend drängte man sich um Eugenie. Sie trug einen Tüllshawl über einer roten Schramme am Halse und gab mit halblauter, mitleidig-ernster Stimme Auskunft.

Zwei Wärterinnen hüteten die Kranke. Es

durfte niemand zu ihr. Morgen sollte sie transportiert werden.

— Nein — man wußte keinen Grund — absolut keinen!

Eine unglückliche Liebe? Bewahre — in früheren Jahren — aber Agathe war immer ein so verständiges Mädchen gewesen .... Gott — prüde, zurückhaltend konnte man sie eher nennen. Nicht wahr, Lisbeth? — Und sie beide hatten sich immer so gut gestanden — sie waren ja Freundinnen von Kindheit her ...

Zu schauerlich — zu entsetzlich ... flüsterte sie Lisbeth Wendhagen zu — die arme Agathe beschuldigte sich, Dinge gethan zu haben — vor dem Doktor und den Krankenwärterinnen — es war ja ganz unsinnig — kein Wort davon wahr! Sie hatte ja nicht die kleinste Backfischliebschaft gehabt .... Und sie nannte sich mit Namen — brauchte Ausdrücke, als ob ein böser Geist aus ihr redete. Eugenie begriff es nicht, wo sie die abscheulichen Worte nur gehört haben konnte.

— Jener Frühlingsabend unter dem alten Taxusbaum, wo sie der kleinen Spielgefährtin die von den Cigarrenarbeitern und Dienstboten erlauschten, unreinen Geheimnisse ins Ohr geflüstert — den hatte Frau Lieutenant Heidling längst vergessen.

* * *

Mit Bädern und Schlafmitteln, mit Electricität und Massage, Hypnose und Suggestion brachte man Agathe im Laufe von zwei Jahren in einen Zustand, in dem sie aus der Abgeschiedenheit mehrerer Sanatorien wieder unter der menschlichen Gesellschaft erscheinen konnte, ohne unliebsames Aufsehen zu erregen.

Sie wohnt bei ihrem Vater und hat soviel damit zu thun, die Vorschriften, welche die Aerzte ihr mitgegeben haben, getreulich zu befolgen, daß ihre Tage und ihre Gedanken so ziemlich ausgefüllt sind. Regelmäßig um drei Uhr sieht man sie neben ihrem Vater spazieren gehen, einfach und gut gekleidet — von weitem kann man sie immer noch für ein junges Mädchen halten. Weil die Aerzte dem Regierungsrat gesagt haben, seine Tochter brauche nur ein wenig geistige Anregung, erzählt er ihr, was er des Morgens in der Zeitung gelesen habe. Nach dem Kaffee begiebt sich Papa ins Lesemuseum, abends spielt er Whist mit ein paar alten Herren, und Agathe legt Patience.

So leben sie still nebeneinander hin — voller Rücksichten und innerlich sich fremd.

Agathes Gedächtnis hat gelitten — in ihrer Vergangenheit sind Abschnitte, auf welche sie sich nicht mehr besinnen kann. Einem längeren Gespräch zu folgen, ist ihr nicht möglich. Sie hat sich eine Sammlung von Häkelmustern angelegt und freut sich, wenn sie ein neues hinzufügen kann. Die Zukunft macht ihr keine Sorge mehr. Sie begreift auch nicht, daß so vieles sie früher aufregen konnte — jetzt läßt alles, was nicht ihre Gesundheit betrifft, sie ganz gleichgültig.

Sie seufzt oft und ist traurig — zumal wenn die Sonne hell scheint und die Blumen blühen, wenn sie Musik hört oder Kinder spielen sieht. Aber sie wüßte kaum noch zu sagen, warum . . .

Walter und Eugenie bemühen sich, eine Stelle für sie in dem neugegründeten Frauenheim zu erlangen. Denn, sollte Papa einmal abgerufen werden . . . . ins Haus nehmen kann man sie doch nicht gut, zu den Kindern — ein Mädchen, das in einer Nervenheilanstalt war . . . .

Und Agathe hat vielleicht ein langes Leben vor sich — sie ist noch nicht vierzig Jahre alt.